民國歷史與文化研究

初 編

第 **7** 冊

權力重構與利益抗爭：
國民黨江浙黨部的政治主張及其實踐（1928～1931）

何志明 著

花木蘭文化出版社

國家圖書館出版品預行編目資料

權力重構與利益抗爭：國民黨江浙黨部的政治主張及其實踐
（1928～1931）／何志明 著--初版--新北市：花木蘭文化出版社，
2015〔民104〕
目 4+238 面：19×26 公分
（民國歷史與文化研究 初編：第7冊）
ISBN 978-986-404-143-5（精裝）
1. 中國國民黨 2. 政黨政治
628.08   103027659

ISBN-978-986-404-143-5

9 789864 041435

民國歷史與文化研究
初 編 第 七 冊   ISBN：978-986-404-143-5

權力重構與利益抗爭：
國民黨江浙黨部的政治主張及其實踐（1928～1931）

作　　者　何志明
總 編 輯　杜潔祥
副總編輯　楊嘉樂
編　　輯　許郁翎
出　　版　花木蘭文化出版社
社　　長　高小娟
聯絡地址　235 新北市中和區中安街七二號十三樓
　　　　　電話：02-2923-1455／傳真：02-2923-1452
網　　址　http://www.huamulan.tw 信箱 hml810518@gmail.com
印　　刷　普羅文化出版廣告事業
初　　版　2015 年 3 月
定　　價　初編 32 冊（精裝）台幣 56,000 元

權力重構與利益抗爭：
國民黨江浙黨部的政治主張及其實踐（1928～1931）

何志明　著

作者簡介

　　何志明，四川省通江縣人，2008 年及 2011 年相繼畢業於四川師範大學、南京大學，分別獲史學學士、碩士學位。現爲南京大學歷史學系博士研究生，研究方向爲中華民國史及中國當代史，已發表多篇文章於《抗日戰爭研究》、《二十一世紀》（香港）、《中共黨史研究》、《當代中國史研究》、《民國研究》、《黨史研究與教學》等刊物。曾前往牛津大學萬靈學院，臺灣中央研究院近代史研究所、香港中文大學中國研究服務中心進行學術訪問及交流研修。

提　　要

　　1928 年中國國民黨在形式上統一全國，標誌著黨國體制最終取代西方式的議會體制。國民黨由此成爲一個非競爭性政黨。國民黨自 1924 年效法俄國列寧主義政黨模式進行改組，決定在「以黨造國」的基礎上，開始「以黨治國」。但國民黨內部的權力分配卻與列寧主義政黨模式大相逕庭。國民黨宣佈實施「訓政」後，在中央層級，其通過「中央政治會議」這個黨政「連鎖」實現了以黨領政，但在地方層級，國民黨地方黨部卻淪爲政府的附庸，黨權大爲低落。雙方由此發生了一系列的交鋒，這實際上暴露了在訓政前期國民黨央地黨部之間的政治分歧。

　　本書通過分析 1928 ～ 1931 年間國民黨江蘇、浙江黨組織爲了實現自身的權力目標而進行的抗爭，以期揭示該時期國民黨內部存在的政治分歧。江浙兩省爲國民黨控制的重心，但通過分析兩省國民黨員的總量變化、職業構成，可以得知兩省黨內鬥爭激烈，並且在吸納新成員方面偏重知識群體，國民黨並未實現由精英黨向大眾黨順利轉型。

　　江浙黨部爲了爭取自身權益，實現「提高黨權」的目標，進行了諸多努力。本文以浙江黨務接收糾紛、江蘇破除迷信運動以及浙江二五減租停辦引發的國民黨中央、江浙省縣黨部及江浙省縣政府三方互動爲分析視角，發現國民黨中央在面臨地方黨政糾紛時，往往採取了偏袒省縣政府一方的態度，而使江浙省縣黨部處於尷尬的地位，後者不僅未能實現重構地方政權的利益格局，反而使自身難以獲得各方認同。

　　訓政前期國民黨央地黨部爲何出現了如此大異其趣的政治分歧？這實際上與國民黨中央對於地方黨部的地位認定不清有關，由於國民黨高層不少成員接受西方精英教育，使他們無形之中將地方黨部定位與「議會」相雷同，其中如胡漢民，他提出的「虛黨」思想，更是使國民黨地方黨部難以達到列寧主義政黨在地方政權中的優勢地位，其利益抗爭舉措最終亦功敗垂成。可見，訓政前期國民黨內複雜的政治生態卻值得我們關注。

教育部人文社會科學重點研究基地重大項目
「國民革命與北伐研究」（13JJD770015）
「國民黨執政實態與能力研究（1927～1937年）」
（08JJD770093）階段性成果

目

次

圖表目次

緒　論

　　眾所周知，中國國民黨（後簡稱國民黨）在發動「清黨」之後，其中央決策層已整體轉向保守，任何激進的運動都不被允許。美國著名學者易勞逸就指出，「當國民黨成為國家的統治核心後，其黨員作為一個整體也許比1924年改組之後要鬆散，也比那時更缺乏為革命目標獻身的精神」〔註1〕。此語大致不錯。但這種「缺乏為革命目標獻身的精神」的主體，以國民黨中央較為恰當。就國民黨地方黨組織及黨員而言，他們在國民黨中央「清黨」後，並未完全喪失其對革命理想的追求，就這方面言之，他們要比中央決策層走得更遠。考察訓政前期國民黨地方黨部在實現自身革命理想方面所提出的諸多政治主張及其實踐，具有鮮明的對比意義，而其政治主張背後的隱含意圖的挖掘，更是耐人尋味。鑒於此，本文擬以考察訓政前期國民黨江浙黨部為踐行其政治主張的努力為中心，進而展現在國民黨中央〔註2〕權力影響下，「黨治」下地方黨政博弈的一個剖面圖。

第一節　研究動機與論題界定

1、研究動機

　　就國民黨史研究而言，當前學術界出現了清晰的「央地分野」之勢，兩

〔註 1〕 易勞逸：《1927～1937年國民黨統治下的中國流產的革命》，陳謙平，等譯，中國青年出版社，1992年，第14頁。

〔註 2〕 在國民黨的黨國體制中，國民黨中央委員多在政府中兼職，中央一級通過黨政一體的形式出現。因此在本文中，「國民政府」與「國民黨中央」二者都代表了超乎地方黨、政權之上的一種權力實體。簡言之，國民政府與國民黨中央相對於地方黨政而言，在本文中的地位並無不同。

者涇渭分明。的確，作爲權力中心的國民黨中央，其人事變動、機構興廢乃至權力嬗遞都成爲關注的目標，而身處「邊緣」的國民黨地方黨組織幾乎被前者耀眼的光環所遮蔽。「清黨」是國民黨歷史上的一件大事，更是影響國民黨走向的一個重大轉折點。與國民黨中央在清黨後迅速走向保守相比，其地方黨組織要顯得相當滯後。對此，他們提出了諸多主張進行其政治訴求表達。針對這個問題，筆者主要從以下三個方面進行了思考：

首先、政治主張的提出。政治主張作爲利益訴求的一種表達方式，充分反映了在清黨後，國民黨內意識形態方面出現的混亂局面。國民黨中央無法解釋自己公然違背孫中山「容共」政策的合理性，特別是在政治主張方面的保守，更是造成了其黨員出現了認識上的困惑：爲什麼中央當下的決策與總理的遺教漸行漸遠？根據陳公博的回憶，當時一些「國民黨的青年，分共本來是他們的希望，但分共之後而致開倒車，則爲他們所恐怖」〔註3〕。可見，地方黨部政治主張的提出背景，內容等均有進一步考察的空間。

其次、主張背後的意圖。地方黨政關係的處理是困擾國民黨中央的難題之一。作爲非競爭性政黨，國民黨從取得執政地位起，就開始在各地建立黨組織，力求將黨的力量滲入到社會的各個角落。但取法蘇俄政黨模式的國民黨，在地方政權中的黨政關係確定方面卻出現了變異。儘管國民黨中央規定黨權與政權不分伯仲，互相制衡，但與執掌行政大權的地方政府相比，同級黨部根本無法直接與之抗衡。面對這一不利處境，地方黨部是如何提出自己的政治主張，並積極推動實施的？在貫徹「黨治」的背後，黨部究竟有哪些政治訴求？這就需要從地方政權中的權力分配格局中去探討。筆者以爲，它們所推動的不論是破除迷信、打倒土豪劣紳還是二五減租，在貫徹來自國民黨中央的意旨的同時，以此來增強對地方事務的話語權，就是一個重要的動因。

最後、國民黨中央的態度。在地方黨政衝突頻頻之際，而「提高黨權」呼聲也甚囂塵上。面對地方黨部積極踐行政治主張所引發的地方黨政衝突，國民黨中央幾乎都作出了站在政府一邊的決定。而這對於標榜「以黨治國」的國民黨來說，這幾乎是難以理解的。因爲黨權低於政權，還談何黨治？國民黨中央除了出於現實的考量外，所謂「黨權」在中央與地方黨部的眼中是

〔註 3〕陳公博：《苦笑錄（1925 年至 1936 年）》，現代史料編刊社，1981 年，第 122 頁。

否還有著不同的理解？這種現象是否在國民黨實施「訓政」之初就已經存在？因此，國民黨中央與地方黨部在一些政治理念上存在的分歧這是本文也需要考察的內容之一。

2、論題界定

　　就時空性而言，國民黨在 1924 年起正式彈奏孫中山「軍政、訓政、憲政」的三部曲。隨著 1928 年二期北伐的成功，使國民黨正式宣告「軍政」時期結束，開始進入「訓政」階段。在北伐戰事接近尾聲之際，國民黨在南京召開了二屆五中全會，蔣介石在開幕詞中就表示，國民黨的軍事時期「告一段落」，並要「開始去做訓政時期的事情」〔註4〕。但對於黨政關係問題，國民黨首次在中央全會上予以確定，即將地方黨部置於與政府平級的地位〔註5〕。這種黨政關係對於地方政府而言並無窒礙，但在黨部方面，其本來就沒有行政權力，又無法干預政府部門的人事，這無疑是將地方黨部置於無足輕重的地位。因此，他們對此進行的抗爭則是需要我們關注的一個重要問題。

　　1928 年至 1931 年為國民黨正式實施「訓政」的前階段，本文將此時段國民黨江浙黨部的政治抗爭確定為研究時域，主要是為了考察國民黨地方黨部在訓政前期為了提高一個非競爭性政黨在地方政權中的地位而採取的諸多舉措，並將國民黨中央對此的反應予以分析，進而揭示作為執政黨的國民黨中央與地方黨部之間出現的政治分歧。這既是限於篇幅的考量，也是突出在執政之初，國民黨內部的分歧就較為明顯的事實。這對於一個執政黨來說，無疑是個危險的信號。國民黨發動「清黨」後，中央層級儘管已經整體轉向保守，但地方黨部不少成員卻繼續保持著革命精神，他們激情滿懷地貫徹著自己的政治理想。但在遭到地方勢力與政府的反擊後，他們中的不少人被排擠，保守分子佔據了地方黨部的主要位置。這從此時期內，黨員的數量和成分變化上可以看出來〔註6〕。

〔註4〕　蔣介石：〈開會詞〉（1927 年 8 月 8 日），榮孟源主編：《中國國民黨歷次代表
　　　　大會及其中央全會史料》上冊，光明日報出版社，1985 年，第 532～533 頁。
〔註5〕　《各級黨部與同級政府關係臨時辦法案》（1928 年 8 月 11 日），《中國國民黨
　　　　歷次代表大會及其中央全會史料》，第 543～544 頁。
〔註6〕　據日本學者三谷孝研究，他通過考察訓政前期南京政府的「破除迷信運動」
　　　　就發現，這一運動的失敗，不僅導致地方黨與傳統勢力的對立，而且國民黨
　　　　中央也乘機對地方黨員進行嚴格的「資格審查」。在江蘇，自 1929 年至 1933
　　　　年，江蘇國民黨員總量持續下降，教員、學生以及 30 歲以下的黨員比例劇減，
　　　　而「自由職業」者和「閒居」者的比例反而有所上昇。見（日）三谷孝，李

　　就地域而言，江浙地區在傳統時代經濟重心南移後就有「東南財賦地，江浙人文藪」之美譽〔註7〕。經濟地位十分重要，特別是在民國時期，江浙財團對於中國政治局勢的影響更是有目共睹。正是在取得了江浙財團的支持後，蔣介石才大膽地發動了「四一二」清黨。1928 年，國民黨雖然號稱完成統一，實現了孫中山「再造民國」的夙願，但仍然無法有效地控制各地方實力派，諸如財政稅收之類的更是如此。作爲一個中央政府，「1927～1937 年所謂的『黃金十年』，國民黨政府能穩穩掌握的，只有江、浙兩省」〔註8〕。要考察訓政前期國民黨地方黨部對於「以黨治國」理念的認識，以及他們爲了重建自己在政權中的權威所作出的努力，進而對其進行深入剖析，將國民黨江浙黨部作爲考察重心，有著特殊的樣本價值。

　　但需要說明的是，本論題之所以沒有將南京劃入研究範圍，主要基於以下原因：一、篇幅所限，南京政治地位爲高於其他省份的特別市，屬於國民政府直接統轄，因筆者研究時間與個人精力所限，若將南京納入研究對象，將增加研究難度，將導致本課題無法進一步深入；二、南京爲首都，且屬於特別市，其無論是在轄區範圍還是經濟影響力，都無法與江浙兩省相比〔註9〕。故而南京雖然位於江蘇境內，但本課題並不將其列入研究範圍內。因此，基於以上考量，本文將論域限定在江浙兩省。

第二節　研究現狀及難點

1、學術史回顧

　　關於國民黨的研究，目前的研究成果已經是蔚爲大觀。在民國時期，由

恩民譯，《秘密結社與中國革命》，中國社會科學出版社，2002 年，第 206～207 頁。

〔註7〕 素影：《論江浙兩省之優劣》，《中央日報副刊・大道》，第 74 號，1929 年 6 月 11 號。

〔註8〕 王奇生：《1949 年前的國民黨爲何失去自己的黨員》，文章來源：http://www.21ccom.net/articles/lsjd/lccz/article_2011022530587.html，共識網，2011 年 2 月 25 日。

〔註9〕 南京在建都後，即開始實施大規模的市政建設。但歷任南京市市長都明確將其作爲政治中心，而非經濟中心。這大概是模仿美國的情況，如美國首都華盛頓就只是一個政治中心，在經濟方面根本無法與紐約等大都市相比。

於國民黨在政權中的地位，學人就予以了相當關注，其中如陳之邁在《中國政府》（上海商務印書館，1946 年版）一書中就對國民黨的黨政關係，監察制度等進行了較爲詳盡的介紹，陳希豪在《過去三十五年中之中國國民黨》一書〔註 10〕，鄒魯的《中國國民黨概史》〔註 11〕等都對國民黨的基本發展脈絡進行了概述。

就宏觀方面研究而言，改革開放以來，隨著檔案資料的逐步開放，大陸學術界關於國民黨的研究開始成爲熱點，其中也湧現了一大批優秀著作。王奇生教授從國民黨的組織結構及其派系演變角度考察 1924 年國民黨改組後至 1949 年敗退臺灣這段時間的組織形態，通過大量第一手資料進行了細緻的論證，得出了國民黨是一個弱勢獨裁政黨這一令人信服的結論，進而將國民黨史研究推向深入。〔註 12〕而近年來宏觀研究國民黨自 1905 年至 1949 年的社會與政治結構演變也取得了很大的成就，作者通過考察國民黨的組織結構、群體結構及其政治理念等方面，揭示國民黨的宏觀演變梗概。〔註 13〕還有學者從國民黨訓政體制這個角度來研究國民黨在黨政關係處理的嬗變來透視作爲一個非競爭性政黨的黨政關係。〔註 14〕田湘波從 1927 至 1937 年的國民黨黨政體制進行了研究，探討了國民黨建立政權後十年內黨政關係情況。〔註 15〕付春楊也對 1925 年至 1947 年的民國政體進行了研究，如對黨國體制建立、蛻變進行了細緻的研究。〔註 16〕

作爲一個非競爭性政黨，在外來監督力量匱乏甚至空缺的同時，需要加強自身監察力度，防止黨的腐化，國民黨的黨務監察體系的建立、運作與績效，值得關注。對此，王舸、何志明對抗戰時期國民黨設置的「黨員監察網」進行了考察，指出國民黨通過設置黨員監察網這種類似特務制度的方式來監控黨員，體現了國民黨領導人在治黨方式上回歸傳統的特徵，難以實現其設

〔註 10〕　陳希豪：《過去三十五年中之中國國民黨》，上海商務印書館，1929 年。

〔註 11〕　鄒魯：《中國國民黨概史》，重慶正中書局，1939 年。

〔註 12〕　王奇生：《黨員、黨權與黨爭——1924～1949 年中國國民黨的組織形態》，上海書店出版社，2003 年。

〔註 13〕　崔之清主編：《國民黨政治與社會結構之演變（1905～1949）》，社會科學文獻出版社，2007 年。

〔註 14〕　王兆剛：《國民黨訓政體制研究》，社會科學文獻出版社，2003 年。

〔註 15〕　田湘波：《中國國民黨黨政體制剖析：1927～1937》，湖南人民出版社，2006 年。

〔註 16〕　付春楊：《民國時期政體研究（1925～1947）》，法律出版社，2007 年。

置初衷。〔註 17〕此外，筆者還就戰前十年國民黨的黨務監察系統及其運作進行了研究，並指出其既難以對黨員進行監督，也難以對政府施加影響，處於「內外皆輕」的狀態。〔註 18〕

近年來，著名學者楊奎松運用國民黨方面的檔案材料來研究國民黨與共產黨的關係處理，提供了一種新的研究視角，由於其運用了大量第一手檔案材料，所以具有很高的學術價值。他指出，以往我們都是運用大陸的材料來研究國民黨對共產黨態度的演變情況，這樣卻容易造成圖象的「失眞」，而兼從國民黨官方檔案來考察這一問題，就給人更為全面的認識。〔註 19〕除此之外，大陸學術界的相關研究還很多。但也有一些著作將國民黨史與中華民國史予以混同，例如將抗戰時期的戰事也納入到國民黨史的範圍。據研究，戰時國民黨「黨力」渙散，而黨組織在部隊中的影響式微，與中共在其軍事武裝中的黨組織兩者則根本無法相提並論〔註 20〕。因此，將抗戰時期國民政府的軍事戰役納入到國民黨史的範圍，不免有些張冠李戴。

在港臺方面，臺灣學者近十年來關於國民黨史研究的專著較多。如蔣永敬的《中國國民黨史》，李敖在其著作中對國民黨建黨九十年來的一些細節如執政弊端、貪污腐化等進行了考察。李雲漢《中國國民黨史述》，《從容共到清黨》，呂芳上《革命之再起——中國國民黨改組前後對新思潮的回應》等〔註 21〕。石歆卉對 1924 年至 1929 年間的國民黨中央監察委員會進行專題研究，分析了其權力架構、人事構成以及工作績效。〔註 22〕在海外學界，也

〔註 17〕王舸、何志明：《戰時國民黨的黨員監察網》，《抗日戰爭研究》，2013 年第 3 期。

〔註 18〕何志明：《內外皆輕：國民黨黨務監察工作及其實施困境探析（1927～1937）》，待刊。

〔註 19〕楊奎松：《國民黨的「聯共」與「反共」》，社會科學文獻出版社，2008 年。

〔註 20〕具體見王奇生：《戰時國民黨黨員與基層黨組織》，《抗日戰爭研究》，2003 年4 期；《「文主武從」背景下的多重變奏：戰時國民黨軍隊政工與黨務》，《抗日戰爭研究》：2007 年 7 期。

〔註 21〕蔣永敬：《中國國民黨史》，台灣商務印書館，2009 年；李敖：《國民黨研究》，中國友誼出版文化公司，2006 年；李雲漢：《中國國民黨史述》，中國國民黨中央黨史會，1994 年；《從容共到清黨》，臺北及人書局，1987 年；呂芳上：《革命之再起——中國國民黨改組前後對新思潮的回應》，臺北中央研究院近代史研究所，1989 年。

〔註 22〕石歆卉：《中國國民黨中央監察委員會之研究（1924～1929）》，碩士學位論文，臺灣師範大學歷史研究所，2009 年。該文僅限於訓政之前的國民黨監察事務，而且是以國民黨中央監察委員會為中心，亦未涉及 1929 年後的監察工作。承蒙臺灣師範大學楊雨亭博士惠寄該文複印件，特申謝忱。

出現了一些研究成果。如有田洪懋（Hung-mao Tien）從國民黨的財政經費，黨政關係等方面考察了戰前的國民黨等相關論著〔註23〕。

在區域性國民黨研究方面，目前大陸學界出版的相關論著並不多。日本學者深町英夫考察了國民黨廣東時期的社會形態、及國家與社會的關係方面探討了黨國體制的具體形成。〔註24〕而在海外，反而出現了一些以區域國民黨為研究對象的論著。如蓋斯特（Bradley Kent Geisert）細緻地分析了 1927 至 1928 年江蘇國民黨內部的派系分際，並指出伴隨著派系鬥爭的進展，江蘇黨內逐漸為保守派所把持，而激進派則被排擠出局〔註25〕。而大衛等人（Tsai, David）考察了 1927 至 1932 年江蘇的黨政關係〔註26〕。這些研究成果都為本研究的順利開展提供了借鑒。

總之，本文將在既有研究成果的基礎上，將研究重心投放於訓政前期的國民黨江浙黨部，主要考察這些地方黨部的黨員數量、職業與年齡構成以及派系分際，同時抓住其在提出與踐行政治訴求上所進行的努力，進而揭示國民黨在訓政前期內部出現的政治分歧。雖不敢妄言填補空白，但避免低水平重複則是為本研究所追求的目標。

2、研究難點

本課題研究存在的困難主要體現在以下幾個方面：

一是文章整體結構問題。本文以點串線，選取幾個案例來將其串聯而成，可能在整體結構上難以把握。訓政前期國民黨江浙黨部提出的政治主張甚多，如何選取其中具有特點的個案就是一個重要問題。本文選取「提高黨權」、「破除迷信」、「二五減租」乃至「打倒土豪劣紳」等幾個方面來展開。因為是選取的是個案，所以各個章節之間的邏輯聯繫可能顯得較為鬆散，有機聯繫不強，使讀者在整體方面難以把握；

〔註23〕 Hung-mao Tien, *Government and Politics in Kuomintang China: 1927～1937,* Stanford University Press, 1972.

〔註24〕 〈日〉深町英夫：《近代廣東的政黨・社會・國家：中國國民黨及其黨國體制的形成過程》，社會科學文獻出版社，2003 年。

〔註25〕 Bradley Kent Geisert, From Conflict to Quiescence: the Kuomintang, Party Factionalism and local Elites in Jiangsu, 1927～1931, *The China Quarterly*, No.108, 1986.

〔註26〕 Tsai, David. 「Party-Government Relations in Kiangsu Province, 1927～1932.」 *In Select Papers from the Center for Far Eastern Studies,* no.1 （1975～1976），Chicago University, 1976.

　　二是主旨提煉問題。一篇論文應該要提煉其主旨所在，本文的旨趣爲以考察國民黨江浙黨部在踐行其政治主張方面所作出的努力，並揭示其背後動因，那就是對地方政權格局進行重構，以此來增加在地方事務中的話語權，進而分析國民黨中央與地方黨部之間存在的政治分歧。但在幾個案例分析中，如何順利地提出本文主旨，則是一個需要突破的難題；

　　三是史料問題。江浙黨部的相關檔案缺乏。由於本文是以江浙黨部爲研究主體，所以檔案資料至爲重要。筆者雖曾前往江蘇省檔案館和南京市檔案館查閱相關檔案，但未能查閱到較爲系統的材料，只見到一些斷簡殘片。特別是在江蘇省檔案館內雖然在目錄上能看到一些縣黨部的材料，但因保存原因，工作人員表示無法找到。而浙江省黨部的材料方面，因條件所限，作者暫無能力前往杭州浙江省檔案館查詢相關檔案，所以不清楚浙檔的相關情況。無奈之下只能查閱當時的報刊，並以此爲主要資料載體。所以，本文在檔案材料方面顯得較爲不足。

第三節　研究思路、資料及文章結構

1、研究思路

　　本課題將以大量史料搜集爲基礎，堅持做到「論從史出」。以實證研究爲主，兼及社會學、政治學的一些方法，如社會學中的偏正結構理論等。按照政治學的觀點，江浙地方黨部的籲請行爲實際上就是一種「抗爭政治」，抗爭政治有抗爭、集體行動以及政治訴求三個特點〔註27〕。有鑒於此，本文擬將訓政前期江浙黨部所作出的利益抗爭也視爲抗爭政治中的一種，分析他們在地方權力重構中的利益訴求。著名學者亨廷頓關於政黨制度化的相關研究，也成爲本文的借鑒。這裡必須提及的是所謂理論指導問題，筆者認爲史學研究必須注重實證，運用第一手的史料說話，得出的結論才具有說服力。但有言道：「橫看成嶺側成峰，遠近高低各不同」，無論是注重實證研究，還是運用西方理論來研究，都是繁榮史學研究的一種手段，各有其優勢之處。能採眾家之長，化腐朽爲神奇，余雖不敏，心甚往之。

　　本文的研究思路大致可以分爲以下幾個方面：

〔註27〕（美）查爾斯・蒂利等著，李義中譯：《抗爭政治》，譯林出版社，2010 年，第 9 頁。

　　第一、將國民黨江浙黨部的政治訴求放在國民黨實施「訓政」的大背景下，進而考察其在訓政前期的所作所爲。1928 至 1931 年爲南京政府建立全國性政權後執政的最初三年，也是其踐行「以黨治國」理論在全國範圍內的嘗試。將這段時間內國民黨地方黨部的一些政治訴求作爲研究對象，可以揭示國民黨在南京執掌全國政權後，其黨內暴露出來的政治分歧。央地黨部在「提高黨權」口號的解釋上各取所需，以致地方黨部，尤其是江浙黨部在貫徹自己主張之時引發的地方黨政衝突都未得到來自國民黨中央的支持。

　　第二、宏觀研究和微觀考察相結合。本文將國民黨江浙黨部的政治訴求及其踐行作爲研究對象，首先需要從宏觀上分析 1928 年至 1931 年間江浙黨部的發展梗概，派系分野乃至黨員構成等，因爲這些直接決定了江浙黨政治理念的提出以及實際行動；在微觀方面，江浙黨部爲了踐行自己的政治主張，在地方政權中進行權力重組，所進行的政治動作相當多。本文選取其中幾個個案來進行詳細分析。如在提高黨權呼聲下的浙江黨務糾紛、江浙黨部在推動破除迷信運動中發生的黨部、政府、中央三者之間的互動以及浙江省黨部在推動「二五減租」中遭遇的衝突等，以這些個案研究來揭示黨部爲了實現權力重組中遭遇到的困境。

　　第三、深入挖掘江浙黨部所提出並踐行的政治主張背後的意圖。在考察黨部的政治主張與實踐方面，不能就事論事，應將其放置於國民黨地方黨政關係變遷軌　的大背景下來審視。在廣州乃至武漢時期，在中共的推動下，不少地方黨部權力大於政府，這符合國民黨「以黨治國」理論，但在南京政府時期，地方黨權大爲低落，無法與政府相提並論。面對這種情況，黨部除了大聲呼籲「提高黨權」外，還積極貫徹自己的政治主張，以此來增加在地方政權中的影響力，實現權力的再分配。因此，在考察其政治訴求時，必須深入挖掘其背後的政治意圖。

2、資料來源

　　本研究論題以史料分析爲主，致力於史實重建（reconstruction）。史料在本研究中就佔據極爲重要的地位。「文章不說一句空」，盡力做到言出有據。對於第一手資料的重要性，梁啓超指出：「史料爲史之組織細胞，史料不具或不確，則無復史之可言」。〔註28〕王國維、陳寅恪、陳垣、胡適等前輩學人立

───────────────

〔註28〕梁啓超：《中國歷史研究法》，上海世紀出版集團，2006 年，第 39 頁。

足乾嘉考據傳統或結合西方近代實證方法進行研究，他們之所以取得斐然的成就，其潛心積累、厚積薄發的學術態度，值得我們學習。本文以國民黨江浙地方黨部爲主體，關注他們在國民黨訓政前期的政治主張及其實踐，由於筆者具備相關地域優勢，因而該研究具有豐富的史料基礎。

在檔案材料方面，江蘇省檔案館及南京市檔案館藏有一些相關資料，如一些縣政公報、黨務沿革調查表、法規彙編、江蘇省政府會議記錄、南京特別市黨部文件等。此外，已編輯出版的檔案材料有中國第二歷史檔案館編：《中國國民黨中央執行委員會常務委員會會議錄》（廣西師範大學出版社，2000年版）、《中華民國史檔案資料彙編》、《蔣中正總統檔案‧事略稿本》等。

而報刊資料更是眾多，如《成都商報》、《大公報》、《地理雜誌》、《海潮音》、《國民政府公報》、廣州《民國日報》、《江蘇黨聲》、《江蘇黨務周刊》、《江蘇省政府公報》、《南京黨務周刊》、《內政公報》、上海《民國日報》、《金陵周刊》、《申報》、《時事月報》、《蘇中校刊》、《蘇州市政公報》、《蘇州市政月刊》、《益世報》、《銀行周報》、《浙江黨務》、《浙江民政月刊》、《中央日報》、《中央周報》、《中央半月刊》、《中央政治會議廣州分會月刊》、《中央黨務月刊》、《傳記文學》、《中華民國史史料外編——日本末次情報研究所資料》、《近代中國史料叢刊》等。特別是南京大學圖書館藏有大量當年國立中央大學、金陵大學保存的民國期刊；

資料彙編有：《中國地方志民俗資料彙編：華東卷（上）》、《中國近代農業史資料》、《中國共產黨江蘇省歷次代表大會文獻彙編（1927～1994）》、《中國現代史資料選輯（1927～1931）》、《革命文獻》、《民國二十年中國大陸土地問題資料》、《土地改革史料（1928～1960）》、《鮑羅廷在中國的有關資料》、《中國國民黨歷次全國代表大會及中央全會史料》、《中國國民黨黨務發展史料（組織工作）》、《中國現代史統計資料選編》、《中國共產黨組織史資料彙編》、《浙江省臨時政治會議及中央政治會議浙江分會會議紀錄彙刊》、《中華民國史史料長編》等。由於主要考察江浙地方黨部，因此地方文史資料就成爲必要的研究資料，如《江蘇文史資料》、《浙江文史資料》以及江浙各縣文史資料等。另外還有相關回憶錄及日記，如《陳布雷回憶錄》、《謝持日記未刊稿》、《邵元沖日記》等。南京大學中華民國史研究中心特藏室亦有大量民國原版書籍，可供筆者使用。特別值得一提是該處藏有1950年代初期中國科學院歷史研究所第三所南京史料整理處組織人力編輯的《中國現代政治史資料彙編》，是開展民國史研究的寶貴資料。

在具有豐富的原始資料之餘，當前學術界已有的研究基礎，即大量研究著作與學術論文爲本書打下了一定的基礎。因此，本文的任何創新之處，均是以當前學界既有研究爲基礎。

3、文章結構

第一章本文主要梳理了 1928 年至 1931 年國民黨江浙黨部的發展脈絡，並對其內部的派系分野，黨員的群體分析，如職業、年齡等，通過考察這段時間內江浙黨員的群體構成，可以爲後文中黨部政治主張實踐的績效考察提供一個思路。如黨員在學歷結構的精英化，年齡結構的年輕化，與民眾形成隔閡，是使其在發動民眾方面成效不彰的重要原因。

第二章主要考察江浙黨部爲提高黨權而做出的政治訴求，並以浙江黨務糾紛爲個案，江浙黨部爲了提高黨權而與浙江省政府進行的博弈，雙方發生激烈的論辯，而國民黨中央的態度出現了幾度更易，這不但與國民黨中央對於地方黨部的定位有關，還與當時面臨的實際情況相連。

第三章主要研究江浙黨部踐行破除迷信的要旨，而在基層開展了一系列破除迷信的運動，本文將細緻地分析其提出意圖，即旨在提高黨部在地方政權中的權威，即實現權力重組。但這種破除迷信運動，由於諸多局限，無法深入民眾，進而引發社會動蕩，遭到了負行政責任的地方政府的抵制，黨政衝突也就由此而起。對此，國民黨中央的態度曖昧。對政府方面採取了默許的態度。

第四章以浙江的二五減租爲考察個案，分析浙江黨部爲了推行二五減租所進行的努力和社會動員。對此省政府方面則予以取締，打擊了黨部的權威。但國民黨中央在二五減租爲國民黨基本戰略的情況下，採取了折中的方案。名義上都兼顧了雙方的面子，但實際上並未支持浙江省黨部。

第五章爲本文的結論部分。在本章中，筆者通過前幾章中分析國民黨中央在面對頻繁黨政衝突之時所採取的措施，認爲國民黨中央之所以不願意提高黨在地方政權中的權力，乃爲其「議會」情結與「虛黨」觀念所致，進而對黨部在地方政權中的地位進行定位。作爲一個非競爭性政黨的執政黨，黨高於政是一個基本原則，否則「黨治」將成爲一紙空文。但在地方黨部而言，黨政平行實際上已經嚴重損害了他們的切身利益。如在黨務經費方面，地方黨仰賴政府撥發，這無疑使後者勒住了栓在地方黨部脖子上的繩索，黨高於

政的努力勢必功敗垂成。對此，為了重組地方政權中的權力格局，他們進行了一系列的抗爭，但這些抗爭都沒有得到國民黨中央的支持。這一切，充分反映了在訓政前期，國民黨央地黨部之間存在的政治分歧。

第一章　訓政前期的國民黨江浙黨務

　　國民政府定都南京後，開始了大規模的國家建設。作爲黨務而言，由於各地方實力派對於國民黨中央黨務工作的抵制，使得國民黨中央的勢力並未能全面滲透進他們的地盤，而眞正屬於國民黨中央完全掌握的江浙兩省，其黨務工作則自然成爲全國的典範。從某種意義上講，江浙兩省的黨務實爲國民黨全國黨務活動的樣本，因而考察訓政前期的江浙黨務，實有窺一斑而知全豹之效。

第一節　清黨到底：江浙黨務整理

　　作爲在當時經濟發展屬於中國前列的江浙兩省，國民黨很早就注重在此地發展組織，尤其是在 1924 年效法列寧主義政黨模式進行改組後，對組織建設的重視得到了前所未有的提高，因而國民黨在江浙的組織也得到了迅速發展。1927 年國民黨的武力清黨，早已爲人所熟知〔註1〕，長期以來，由於既有研究的不足人們對清黨後江浙黨務發展狀況的認知處於混沌狀態，因而本文決定先行將其發展脈絡進行梳理，爲讀者深入瞭解江浙黨務提供參照。

1、清黨前後的江浙黨務

　　早在同盟會時期，江浙地區就成爲其組織發展的重要根據地。在江蘇，

〔註 1〕　頗具諷刺意味的是，清黨這一特殊的黨內鬥爭方式，也來源於國民黨模仿榜樣的蘇俄黨。據統計，1919 年至 1936 年，蘇俄就先後進行了五次清黨，而在 1930 年前就已進行了三次。就在國民黨繼續「第二期清黨」之時，蘇俄黨也在進行第三次清黨。見周尚文等著：《蘇共執政模式研究》，上海世紀出版集團，2010 年，第 457～458 頁。

同盟會就將支部機關則設在南京，名寧支部，以方潛爲支隊長。後復設支部於蘇州，名爲蘇支部，陳陶遺爲支部長。此外，爲便於管理，還設有江北支部。1919 年，孫中山將中華革命黨改組爲中國國民黨後，徐州的劉炳晨、顧子揚、朱季恂等人陸續在蘇北、蘇南進行黨務活動。1924 年，國民黨一大召開，江蘇黨派遣顧子揚、朱季恂、劉雲昭等六人參加。會議閉幕後，國民黨中央召集各省代表籌備各省黨務，江蘇代表推舉劉雲昭、朱季恂等江蘇省黨部籌備員，顧子揚負責蘇北黨務，並選送中等學校學生進入黃埔軍校深造。1924 年 2 月，江蘇省臨時黨部成立，劉雲昭、顧子揚、朱季恂、陳去病等爲執行委員，於上海召開第一次會議，議決江蘇省黨部設於上海，推定劉雲昭、朱季恂、沈兢等三人爲常務委員，黃麟書爲秘書。臨時省黨部後決定由各委員分任各縣黨務的組織，蘇南各縣由朱季恂、沈兢、范雄毅等負責；蘇北各縣由顧子揚、劉雲昭等負責。至此，縣黨部、區黨部及區分部逐漸開始完善。

1925 年 8 月，鑒於多縣已成立正式縣黨部，按照規定應召開全省代表大會，成立正式省黨部，但因爲經濟方面出現困難而未能成行。江蘇臨時省黨部呈經中央黨部上海執行部批准，各下屬縣市黨部以「通函」即信件的方式選舉省執監委員，選舉朱季恂、柳亞子、侯紹裘（中共黨員）等九人爲執行委員，姜長林（中共黨員）、張淩霄等爲候補執行委員；高爾松、王春霖、糜輝爲監察委員，王覺新等爲候補監察委員。由此江蘇省第一屆執監委員會正式成立，辦公地址仍在上海〔註2〕。因共產黨以個人身份加入國民黨，引發操縱國民黨黨務的嫌疑，按照國民黨的說法就是「蘇省黨務實權，均握諸共黨之手，各地重要負責人員，亦大半爲其爪牙，雖經民國十六年夏季之嚴屬清除，其潛伏活動者尙多，遺害蘇省，誠非淺鮮。」〔註3〕雙方分爲兩派，糾紛不斷。

同樣，在浙江，黨務活動進行得也很積極。爲了參加國民黨一大，1923 年該省黨務負責人沈定一（時爲共產黨員）在杭州西湖主持召開了浙江國民黨臨時代表大會，確定了參加國民黨一大的代表，如沈定一、戴季陶、宣中華（中共黨員）等人。會議結束後，遵照孫中山的指示，沈定一等人返回浙江組建省縣黨部。1924 年 3 月 30 日，國民黨浙江省臨時黨部在杭州成立，選

〔註 2〕 江蘇省黨部編：《江蘇省黨務沿革》，出版年不詳，第 1～10 頁，江蘇省檔案館藏檔案，檔案號：1／3／880。
〔註 3〕 趙如珩編：《江蘇省鑒》，上冊，「黨務」，1935 年，第 3 頁。

舉沈定一、宣中華、俞秀松等九人爲執行委員，沈、宣等三人爲常委，省臨時黨部成立後，積極發展組織，決定在各縣黨部成立後，即召開省代表大會，成立正式的省黨部。

　　由於沈定一在戴季陶的影響下加入了西山會議派，並參加了西山會議，而且「西山會議的宣言及決議案大半出自沈定一之手」，〔註4〕沈由此走向反共立場，並決定退出中共，「在退出共產黨的同時，沈定一還計劃從已佔據的省黨部的共產黨人手中收回權力」〔註5〕，他的行動進而引發了浙江省黨部的分裂。1925 年 7 月 5 日，沈定一與戴季陶在蕭山衙前召開省臨時黨部執委擴大會議，另立省黨部，主張清除國民黨中的共產黨員。沈等人此舉遭到以宣中華爲首的共產黨人堅決反對，他們於 12 月 5 日在海寧召開了各縣市黨部聯席會議即東山會議，準備籌建正式省黨部，與沈定一的省黨部對立。由此開始了雙方爭奪市縣黨部的紛爭。在國民黨中央對沈定一等人進行懲處後，1926 年 3 月，國民黨浙江省代表大會通過決議，成立正式省黨部。

　　從國民黨江浙黨務發展的概況可以看出，江浙黨務糾紛始終與國民黨中央內部與「容共」與「分共」的鬥爭密切聯繫。隨著北伐軍勢力進入江浙，蔣介石在擁有了向武漢國民黨中央叫板的底氣及中央監察委員會的支持後，於 1927 年發動了四一二政變。爲了清除共產黨在國民黨內的勢力，南京的國民黨中央於 1927 年 5 月 7 日成立了鄧澤如、吳倚滄、曾養甫、何思源、段錫朋等七人組成「清黨委員會」專門負責清黨事宜，並向其控制區域派遣省市清黨委員，代替國民黨中央清黨。鑒於江浙兩省的實際位置及財賦貢獻力，國民黨分別派出了以吳稚暉、葉楚傖、王柏齡、葛建時、葉秀峰、餘心一、李壽雍、何民魂等十二人和以張靜江、蔡元培、陳希豪、沈定一、蔣伯誠、洪陸東等九人組成的江蘇及浙江清黨委員會〔註6〕。從派遣名單上可以看出，兩省都是國民黨元老親自帶隊，足見國民黨對江浙清黨的重視。

　　蔣下野後，爲了整合寧、漢、滬三方力量，國民黨成立了代行中央執行

〔註4〕周一志：《關於西山會議派的一鱗半爪》，《中華文史資料文庫（八）》，中國文史出版社，1996 年，第 21 頁。

〔註5〕（美）蕭邦奇著，周武彪譯：《血路——革命中國中的沈定一（玄廬）傳奇》，江蘇人民出版社，1999 年，第 142 頁。

〔註6〕《第三次全國代表大會前之組織工作（1926 年 1 月至 1929 年 3 月）》，李雲漢主編：《中國國民黨黨務發展史料（組織工作）》，上冊，中國國民黨黨史會出版，1993 年，第 110～111 頁。

委員會職權的中央特別委員會，但是特委會並不被各方所承認，後迅速因「一一二二」慘案〔註7〕而解散。在各方勢力的妥協下，蔣介石於1928年1月復職。在隨後召開的二屆四中全會中，針對黨務問題通過決議，決定對黨務重新進行整頓，要求「各地黨部，一律暫行停止活動，聽候中央派人整理。各地黨員一律重新登記，在登記期間停止徵求黨員。」同時決定向向省黨部派遣黨務指導委員七至九人組成黨務指導委員會，負責該省黨務整理及登記事宜，時間最多不超過四個月〔註8〕。由此開始了被稱為「第二期清黨」的黨務整理運動〔註9〕。因而，清黨對於國民黨高層而言，絕非僅僅清除共產黨那麼簡單，而還有其他的「一攬子計劃」〔註10〕。對此，蔣介石也指出後期清黨為「根本整理，肅清共產黨徒之根株」，使「一切危害本黨腐化本黨者咸無從立足」〔註11〕。但問題在於所謂「危害」與「腐化」，其標準可以被任意解釋，並成為清除異己的上佳利器。因而，「二期清黨」在國民黨中央與地方自然是同床異夢。

　　國民黨清黨後，元氣大傷的除了本就虛弱的組織肌體以外，其意識形態領域也出現了嚴重混亂。原本奉為圭臬的重大政策，現在都突然被指斥為「反革命」和「共產」了，使很多在大革命時期加入國民黨的青年理想和希望被擊碎，他們認為蔣介石及其派系才應該為1927年的慘劇負責，並認為南京自清黨以後所採行的保守路線是一項嚴重的錯誤，「國民革命」正在走回頭路〔註12〕。正如改組派指出的那樣，「清黨以後，最苦悶的是一般青年，這一般先生決議不肯做共產黨，而苦於中國沒有出路。」因為「分共本來是他們的希望，

〔註7〕 1927年11月12日，國民黨內一些派系不滿中央特委會為西山會議派所把持，舉行了遊行集會活動，會上喊出了打倒西山會議分子的口號，遭到了軍警鎮壓，造成了人員傷亡，這就是著名的「一一二二」事變，該事件引發了國民黨內部對特委會的指責，加速了特委會命運的終結。

〔註8〕 《整理各地黨務案（1928年2月4日）》，《中國國民黨歷次代表大會及中央全會資料》，上冊，第521頁。

〔註9〕 王克文：《汪精衛‧國民黨‧南京政權》，臺北國史館，2001年，第159頁。

〔註10〕 有學者在研究蔣介石的「清黨」時，將主要注意力集中於對共產黨的清洗上而忽視了其對國民黨內部的異己整肅。詳見張瑛：《蔣介石與「清黨」內幕》，國防大學出版社，1992年。

〔註11〕 蔣介石：《對於第二期清黨之意見》，《中央半月刊》，1927年6月15日，第1期。

〔註12〕 王克文：《汪精衛‧國民黨‧南京政權》，臺北國史館，2001年，第156～157頁。

但分共之後而致開倒車，則爲他們所恐怖。」〔註 13〕就在這種黨內危機與日俱增的情況下，國民黨中央藉「黨務整理」運動之機，向各省派出黨務指導委員，重新審查黨員，使「南京事實上得以藉此排除任何反對黨中央各現行保守路線的官員」。〔註 14〕有學者也指出「『清黨』除了『清共』，也是蔣系中央試圖整合地方黨部的政治動作」。〔註 15〕對此，國民黨元老、西山會議派主要成員之一的謝持針對「二期清黨」即歎息「蔣介石置敵不顧，一意內訌，美其詞『先清內部』，實爲己耳。」〔註 16〕因此，清黨對於國民黨中央，現實多於理想；

而在地方黨部看來，清黨的目標也並非僅僅爲共產黨。正如負責浙江清黨的沈定一在進行清黨之初所表示的那樣：「本委員會奉中央使命清黨，務將共、土豪劣紳、貪官污吏、投機分子，一律肅清。可是此次清黨運動中，各地共產分子雖已趕跑，但是土豪劣紳以及貪官污吏，好像復辟一樣，跑到黨裏來了，所以現在清黨是要分三類……」〔註 17〕，其目的是在清共之外，打倒那些混入黨內的投機分子、土豪劣紳，以結束黨內成分不純的現象，最終實現理想中的革命目標。而對於「二期清黨」的必要性，南京市黨部甚至提出質疑：「清除腐化惡化份子，各地進行，尚著成效，捨此以外，便無所謂第二次清黨，否則一再清黨，標準不定，措施任意，糾紛寧有已時」〔註 18〕。所以，「二期清黨」對於國民黨地方黨部而言，理想多於現實。

關於「四一二政變」後至 1931 年的國民黨江浙黨務情況，學術界對此向缺乏較爲清晰的論述，江浙黨務此後發展（訓政前期）的基本線索爲何，目前也並不清楚。實際上，江浙黨務在 1927 至 1938 年的黨務情況區別較爲明顯，二屆四中全會後，國民黨中央向浙江派出黨務指導委員，組成省指委會

〔註13〕陳公博：《〈革命評論〉時代》，《中國國民黨歷次代表大會及中央全會資料》，上冊，第 597 頁。

〔註14〕王克文：《汪精衛‧國民黨‧南京政權》，臺北國史館，2001 年，第 159 頁。

〔註15〕崔之清：《精英與大眾之間：國民黨社會結構與政黨形象流變綜論（下）》，《民國研究》，第 13，14 輯，社會科學文獻出版社，2008 年，第 53 頁。

〔註16〕謝持：《謝持日記未刊稿》，1928 年 1 月 3 日，第五冊，廣西師範大學出版社，2007 年，第 358 頁。

〔註17〕（美）蕭邦奇著，周武彪譯：《血路——革命中國中的沈定一（玄廬）傳奇》，江蘇人民出版社，1999 年，第 188 頁。

〔註18〕《集權於黨，訓民以政——京市指委之黨政意見》，《益世報》，1928 年 10 月 1 日，第一張。

代行省黨部職權，由其派出各縣黨務指導委員整理縣黨務。1928 年 7 月浙江省各縣黨務開始整理，至 12 月下級黨部大致整理完畢。在整理過程中儘管也遇到了一些問題，如省指委會派出的縣市黨務指導員前往各縣接收黨務時因接收問題，感到「工作無從著手」，主要為各縣市黨部前臨時執監委員會負責人不知去向無法辦理，還有就是一些人為維護自身利益，對移交手續的辦理「藉詞推諉」，甚至明目張膽地拒不移交〔註19〕。總的說來，這些問題並未影響浙江黨務的整體發展。

在大部分市縣成立正式縣黨部後，浙江省黨部於 1929 年 2 月 14 日召開全省代表大會成立正式執監委員會，4 月執監委員正式宣誓就職，黨務由此基本進入了正軌。1930 年 3 月 31 日，蔣介石在參加浙江黨政聯合紀念周即稱「浙省黨務政治較各省最有成績」，鼓勵省黨部「本此精神繼續做去，為全國樹一模範省治」。〔註20〕1931 年國民黨中央派員視察浙省黨務，也對該省黨務發展穩健表示了讚賞〔註21〕。浙省黨務之所以「較為齊整」，這與浙江黨內部派系紛爭較少有著密切的聯繫（此後面論述）。

2、國民黨中央的黨務整理設計

寧漢合流後成立的「中央特別委員會」倒臺後，新成立的國民黨中央迅速開始了針對各地黨務的整理工作，此次黨務整理目的有三：一是徹底清理國民黨組織中的共產黨人，並力求在思想上徹底肅清原共產黨人的影響；二是清理西山會議派與汪精衛方面在地方黨組織中的勢力；三是乘機將國民黨中央的勢力滲透到原來難以觸及的地區，如四川、東北、新疆、青海等。經過籌劃，國民黨中央命令各地黨組織停止活動，聽候派員改組。整理黨務主要由國民黨中央任命的各省黨務指導委員負責，後者負責派出各縣黨務指導委員，如此層層推進。在黨務整理完畢後，各縣省相繼召開黨員代表大會，成立正式的省縣黨部，並停止原黨務指導委員會職權。

1928 年 3 月 30 日，國民黨中央召開常委會，正式通過了中央組織部提出的各地指導委員的名單。同時，為了確定省縣黨務委員（會）的職權，在此

〔註19〕《一周間組織部（7月29日至8月4日）》，《浙江黨務》，1928 年 8 月 13 日，第 11 期。
〔註20〕《蔣主席在杭之重要表示》，《中央日報》，1930 年 4 月 1 日，第一張第一面。
〔註21〕《浙省黨務》，《中央日報》，1931 年 5 月 5 日，第二張第三面。

次會議上進一步對黨務整理進行建章立制。如在《省黨務指導委員會工作大綱》中明確規定，各地黨務指導委員會的職權爲「辦理全省總登記」、「訓練全省黨員」、「成立健全的所屬各級黨部」、「成立健全的省黨部」以及「選派各縣市黨務指導委員」等，當縣黨部內與五個以上的區分部時，可以向省黨務指導委員會申請籌開全縣代表大會，選舉執行委員及監察委員，成立正式縣黨部。但當「區黨部凡某縣內所有區黨部在五個以下不能成立縣黨部時，各該區黨部成爲獨立區黨部直屬於省」。若一省內成立十個以上的正式縣黨部後，經過國民黨中央同意，則可以舉行全省代表大會，選舉正式執行及監察委員，成立省黨部。〔註22〕

　　爲了加強對縣市一級黨務指導委員的考覈與選拔，國民黨中央制定《縣市黨務指導委員考察條例》，要求擔任縣市黨務指導委員的條件，必須爲「凡曾任縣市黨部委員，著有成績而經登記審查合格者」、「在中央認可之各地黨部加入本黨一年以上，曾在縣市黨部任幹事職務，著有成績經省黨務指導委員二人之負責證明並經登記審查合格者」，但若發現以下任何一項，則不得擔任該職務。「有反動之行爲言論，證據確實者」；「加入或組織其他政治團體者」「曾任僞政府官吏者」等。〔註23〕

　　縣市黨務指導委員會的職權則爲「辦理全縣市黨員總登記總考覈及總訓練等事宜。籌開區分部及區黨部黨員大會，並成立正式區分部及區黨部；籌開全縣或全市代表大會並成立正式縣市黨部」。同時，國民黨中央還對縣市黨務指導委員會的內部機構進行了完善，如設立「秘書處、組織部、宣傳部、訓練部、民眾訓練部」等機構。〔註24〕作爲受國民黨中央及省黨部委託負責整理各縣市黨部的指導委員，其肩負的責任頗爲重大。爲此，國民黨中央亦有相當明確的認知。

　　爲了將這些指導委員的職權控制在一定的範圍內，以免引起無關的糾

〔註22〕《省黨務指導委員會工作大綱》（1928 年 3 月 30 日），中國第二歷史檔案館編：《中國國民黨中央執行委員會常務委員會會議錄》，第 4 冊，廣西師範大學出版社，2000 年，第 15～19 頁。

〔註23〕《縣市黨務指導委員考察條例》（1928 年 3 月 30 日），中國第二歷史檔案館編：《中國國民黨中央執行委員會常務委員會會議錄》，第 4 冊，廣西師範大學出版社，2000 年，第 24～25 頁。

〔註24〕《縣市黨務指導委員會組織條例》（1928 年 3 月 30 日），中國第二歷史檔案館編：《中國國民黨中央執行委員會常務委員會會議錄》，第 4 冊，廣西師範大學出版社，2000 年，第 27～28 頁。

紛，國民黨中央制定了《縣市黨務指導委員服務規則》，明確限定了市縣黨務指導委員的職權。除要求其「絕對信仰本黨主義」「絕對服從本黨紀律」外，要求在黨務整理期間，「各縣市黨務指導委員會之活動範圍如下：（甲）不得侵及地方行政及司法之權限；（乙）於省黨務指導委員會未頒佈民眾訓練方案以前，關於辦理民眾運動之事項，須經省黨務指導委員會之許可」，「凡各縣市黨務指導委員會與各該縣市政府發生異議時，應由各該縣市黨務指導委員會據實呈報省黨務指導委員會核辦，不得直接要求解決，增益糾紛」。〔註25〕

　　儘管國民黨中央制定了一系列的規章制度力圖推進各地的黨務整理工作，但這些黨務指導委員在不少地方難以行使職權，特別是在一些對南京陽奉陰違的地方實力派控制地區，黨務指導委員們的工作不僅難以展開，而且還遭到羞辱甚至性命難保。在制定這些規章制度後不久，1928 年 4 月 12 日，國民黨中央召開第 122 次中常會，安徽省黨務指導委員會代表李蔚唐在會上報告稱，該省爲了歡迎黨務指導委員們的到來，於是在安慶等地舉行盛大的歡迎會，「忽有武裝糾察隊挾持歡迎者遊街示眾，並押送公安局」，這無疑是給黨務指導委員們的一個下馬威。爲此，國民黨中央決定「責成安徽省政府查辦呈覆並切實保護省黨務指導委員」。爲了避免類似事件發生，同時發出指示，要求「各省黨務指導委員不得受各地方之歡迎」。〔註26〕但這些補救措施，難以遏制各地愈演愈烈的抵制行爲。

　　緊接著，更嚴重的消息再次傳來。1928 年 10 月 11 日，據國民黨中央組織部稱，在黑龍江，國民黨該省黨部特派員辦事處軍事工作委員李匡在哈爾濱被當地軍警逮捕，「並牽連同志多人，黨部機關多被查封」，爲此國民黨中央不得不致電張學良要求黑龍江當局放人。〔註27〕在內蒙，黨務指導委員們更是被戴上「共匪」的紅帽子而遭到逮捕。1928 年 12 月 27 日，國民黨中央

〔註25〕《縣市黨務指導委員服務規則》（1928 年 3 月 30 日），中國第二歷史檔案館編：《中國國民黨中央執行委員會常務委員會會議錄》，第 4 冊，廣西師範大學出版社，2000 年，第 35～36 頁。

〔註26〕《報告事項》（1928 年 4 月 12 日），中國第二歷史檔案館編：《中國國民黨中央執行委員會常務委員會會議錄》，第 4 冊，廣西師範大學出版社，2000 年，第 60～61 頁。

〔註27〕《報告事項》（1928 年 10 月 11 日），中國第二歷史檔案館編：《中國國民黨中央執行委員會常務委員會會議錄》，第 6 冊，廣西師範大學出版社，2000 年，第 225 頁。

常委會會議上，白雲悌報告稱：「內蒙各旗王公貴族，敵視本黨同志，內蒙青年加入本黨者，均被指爲共匪，一面呈報地方長官，一面私行逮捕。」爲此，國民黨中央不得不轉令國民政府對這種現象「嚴令禁止，以維本黨威信，而保革命同志之安全」。〔註28〕在不少地方紛紛出現黨務指導委員工作不利的情況下，國民黨中央組織部不得不採取變通的辦法，決定將浙江、山西、陝西、雲南、綏遠、湖南、河北、北平、江西各省市黨務指導委員「稍加調動，以利進展」。〔註29〕但這種權宜之計，根本無濟於事，絲毫無法遏制地方當局對於這些黨務指導委員們的敵視。如1929年2月底，陝西黨務指導委員丁振瀛等人被陝西省高等法院及長安地方法院逮捕羈押，且「並未宣佈案由」。〔註30〕

在四川，甚至出現了黨務指導委員被地方軍人槍殺的極端案例。1929年4月，國民黨中央接到來自四川第二十四軍軍長劉文輝報告，稱邛崍縣黨務指導委員孫宏圖「係共黨首領，率徒暴動」，進而被當地駐軍處決。但據四川省黨務指導委員陳傑報告，自孫被殺後，該省四位黨務指導委員「攜印離職」，以致使黨務工作停頓，「各地腐惡份子，趁機反動，縣指委會被搗毀者十餘處」，且「梁山縣指委冉開光，營山縣指委周復生，亦相繼被殺」，要求國民黨中央迅速予以處理。〔註31〕因事發突然，國民黨中央又無法查證孫宏圖是否眞爲共產黨成員，故而難以追究劉文輝放任部下殺害黨務指導委員的責任，只好表示：「黨務工作人員行動縱有不合，在軍政機關，依正當手續，自可呈報上級長官，轉請其上級黨部，依法辦理」，但該團長余仁，竟然擅自將邛崍縣指委孫鴻圖逮捕槍殺，「實屬謬誤已極」，電令該軍軍長劉文輝，將其

〔註28〕《報告事項》（1928年12月27日），中國第二歷史檔案館編：《中國國民黨中央執行委員會常務委員會會議錄》，第7冊，廣西師範大學出版社，2000年，第18頁。

〔註29〕《討論事項》（1928年12月20日），中國第二歷史檔案館編：《中國國民黨中央執行委員會常務委員會會議錄》，第6冊，廣西師範大學出版社，2000年，第458頁。

〔註30〕《討論事項》（1929年2月28日），中國第二歷史檔案館編：《中國國民黨中央執行委員會常務委員會會議錄》，第7冊，廣西師範大學出版社，2000年，第363頁。

〔註31〕《討論事項》（1929年4月18日），中國第二歷史檔案館編：《中國國民黨中央執行委員會常務委員會會議錄》，第8冊，廣西師範大學出版社，2000年，第32～33頁。

撤職查辦，並「從嚴管束部下，以後不得再有同樣之事發生」。〔註32〕同時電令四川省政府及各軍「切實保護黨務工作人員」，不得私自逮捕。〔註33〕

　　黨務指導委員的處境，生動地反映了國民黨黨務整理運動所達到的實際效果。由於各地方實力派的抵制，黨務指導委員難以順利開展工作。作為國民黨而言，自然也無法實現乘機將勢力安插進這些半獨立王國的機會。這種狀態直到 1934 年南京軍隊趁追擊紅軍之機，才使這種地方實力派對南京陽奉陰違的態度發生了變化。因此，在訓政前期，國民黨所能控制的地方僅限於江浙皖等省份。江浙黨的整理情況，更是直接體現了國民黨作為一個執政黨在進行自我更新舉措的實際效果。

3、繁複的江蘇黨務整理

　　相形之下，江蘇黨務發展則曲折得多。特別是江蘇黨務在此段時間內幾經流變，更是造成其令人眼花繚亂的印象，單在 1927～1931 年內，省黨部的名稱就經歷了多次變化，具體見《1927～1931 年國民黨江蘇省黨部沿革表》（圖表 1），從表中我們可以可以看到，在如此短的時間內，省黨部名稱就換了八次之多〔註34〕。這種更迭頻繁的亂象對於黨務工作影響十分不利。對此有學者指出：「如此頻繁換將，黨部高層難以安心規劃和落實重建事宜，重建方案也因此缺乏連續性，既阻礙了重建工作的開展，也徒增地方黨務建設的亂象。」〔註35〕每更換一次名稱，人事問題上就多一次紛爭，「弊害最大的，就是因為省黨部變更頻繁，互相爭奪，或演成甲換乙起丙去丁來的局面，致使『黨內無派』的理想不能實現」。〔註36〕國民黨中央決定取消各臨時執監委

〔註32〕《中國國民黨中央執行委員會公函》（1929 年 4 月 23 日），《中央黨務月刊》，
　　　　1930 年第 11 期。
〔註33〕《討論事項》（1929 年 4 月 22 日），中國第二歷史檔案館編：《中國國民黨中
　　　　央執行委員會常務委員會會議錄》，第 8 冊，廣西師範大學出版社，2000 年，
　　　　第 43～44 頁。
〔註34〕江蘇省黨部的名稱變換較快，如有省特委會、臨時執監委員會、黨務指導委
　　　　員會（指委會）、黨務整理委員會（整委會），為便於書寫，特以省黨部統稱
　　　　之。訓政前期江蘇省黨部的變化情況以及成員構成，詳見《「清黨」後中國國
　　　　民黨江蘇省執行委員會構成情況（1927.9～1929.3）》（表二），以及本書表三、
　　　　表四、表五。
〔註35〕崔之清：《精英與大眾之間：國民黨社會結構與政黨形象流變綜論（下）》，《民
　　　　國研究》，第 13，14 輯，社會科學文獻出版社，2008 年，第 53 頁。
〔註36〕雪崖：《省黨部的地位問題》，《中央日報》，1928 年 3 月 30 日，第一張第二面。

員會，恢復省特別委員會，維持黨務。鑒於江蘇的特殊地位，並經組織部提議，決定先派遣李壽雍、葉秀峰、祁錫勇爲接收委員以維持江蘇省黨務〔註37〕。

接收委員會隨即發表《告全省同志書》，稱江蘇在清共後「八九個月黨的工作，差不多僅有很少數的健全的下級黨部，僅見到很少數的忠實而努力的同志」，而一些國民黨員問題更是嚴重：「有的是藉辦黨以漁利，有的是藉辦黨去爭權力，搶地位，甚至有的去勾結官吏，包攬詞訟，欺侮民眾。一般人批評黨部幾幾乎變成衙門，熱心的革命黨員，幾乎都變成新的土豪和新的劣紳。」〔註38〕該文告先對中央特委會時期江蘇省黨部的工作進行了全盤否定，進而爲改組省、縣黨部架橋鋪路。

國民黨中央隨後就決定將中央特委會時期的省臨時執委會取消，恢復前省特別委員會，並且決定各縣市也照此辦理，這就意味著各縣市黨部的人事將有大變動。出於自身利益考量，這個決定自然會遭到縣市黨部的強烈反彈，這在江蘇亦然。本來中央特別委員會成立後，排斥江蘇省前特別委員會的人員，另起爐　成立省臨時執監委員會，早已爲前者所極不滿，乃成立江蘇各縣市黨部臨時特委會聯合辦事處相對抗。中央特委會結束後，該聯合辦事處見時機已到，遂呈請國民黨中央停止臨時執監委員會職權，恢復前省特委會，「繼續領導各縣市黨部努力工作」。同時，江蘇省農民協會也致電國民黨中央要求取締臨時執監委員會「以慰民望，而伸黨紀」。〔註39〕但因國民黨僅將省黨部改組爲恢復原來的省特委會，而此時對江蘇各縣臨時執委會的整理尚無暇顧及。

但面對自己即將終結的命運，江蘇各縣市黨部仍然決定進行最後一搏。1928 年 1 月 17 日，各縣市黨部於無錫召開聯席會議，決定「在最短期間，產生各縣正式黨部，此後黨務，照常工作，絕不移交特別委員會，並由各縣黨部推代表一人，於昨日赴寧請願。」在其請願書中指出「溯至黨部發生糾紛，半年以來，改組三次，凡屬黨員，已經覺無所適從」，「凡我臨時執監委員，

〔註37〕《討論事項（十）（1928 年 1 月 19 日）》，《中國國民黨中央執行委員會常務委員會會議錄》，第 3 冊，廣西師範大學出版社，2000 年，第 291～292 頁。

〔註38〕《江蘇黨務整理先聲——接收委員發表告全省同志書》，《中央日報》，1928年 2 月 4 日，第二張第三面。

〔註39〕《報告事項（一）（二）（1928 年 1 月 19 日）》，中國第二歷史檔案館編：《中國國民黨中央執行委員會常務委員會會議錄》，第 3 冊，廣西師範大學出版社，2000 年，第 284～285 頁。

絕無絲毫苟延之心，顧不忍先總理手創之國民黨，變爲循環往復之工具，」並表示此在中央黨部法理上的弊病及具體操作上的困難：「槪夫前各縣市特別委員會，本屬寧漢分裂時寧方中央所產生。臨時執監委員會，則係寧漢合作後中央特別委員會所產生，今欲恢復前特別委員會，並將恢復寧漢分裂時之寧方中央黨部耶？……況各縣市之特別委員，早已星散不全，或有已充臨時執行委員者，或有已經取消黨籍者，忽令恢復，徒起糾紛，於黨於國，寧有所補？」並建議國民黨中央「爲今之計，似宜分派忠實幹員，調查各縣黨務情形。」〔註40〕

縣黨部代表前往南京請願，見到丁惟汾等中央委員，詰問「中央特別委員會取消後，各縣臨時執監委員自在取消之例（應爲「列」——筆者），但何以又要恢復特別委員會，眞是令人不解，中央組織部發出如此電令，是否根據整個的中央黨部的議決，抑係組織部單獨的意思？」丁的回覆更是離奇，曰：「中央本是把改組黨的任務，交給陳果夫同志辦的，但此事是否經中央議決，我亦不大清楚。但陳果夫同志如此辦法，總是有一種意思的。」還表示此事可能要在即將召開的常會上討論〔註41〕。對此，代表們提出了兩點要求：「一，在中央常會未將此事明白解決前，我們誓死不把黨務移交給特別委員會，二、中央常會如果要我們移交特別委員會，而同時不能聲說特別之理由，我們還是要起來糾正的」〔註42〕。從此案例中足見江蘇黨務整理引發的矛盾之複雜。

此外，江蘇吳江縣暨各縣黨部臨時執委會還致電國民黨中央，除要求召開國民黨三大以解決黨務糾紛外，還提出「蘇省黨務，以蘇人辦理較易策進」〔註43〕，對國民黨中央的抵制意味甚爲濃厚。鑒於恢復省特別委員會不得人心，反而引發種種糾紛，國民黨中央在二屆四中全會上決定，迅速向各省派遣黨務指導委員，組成黨務指導委員會，代行省黨部職權。1928 年 4 月，兩

〔註40〕 《江蘇各縣黨部代表赴京請願》，《申報》，1928 年 1 月 31 日，第三張；《蘇省各縣黨部由特別委員接收》，《中央日報》，1928 年 2 月 2 日，第二張第三面。

〔註41〕 但在 2 月 16 日舉行的國民黨中常會第 117 次會議上，對此根本沒有任何決議。見中國第二歷史檔案館編：《中國國民黨中央執行委員會常務委員會會議錄》，第 3 冊，廣西師範大學出版社，2000 年，第 312～324 頁。

〔註42〕 《江蘇各縣黨部代表在寧請願》，《申報》，1928 年 2 月 2 日，第三張。

〔註43〕 《報告事項（六）（1928 年 1 月 26 日）》，中國第二歷史檔案館編：《中國國民黨中央執行委員會常務委員會會議錄》，第 3 冊，廣西師範大學出版社，2000 年，第 298 頁。

百多名各省黨務指導委員的任命被發表後，相繼被派往各省指導黨務，辦理黨員總登記及重建各縣市黨部。儘管國民黨中央嚴格挑選各省指委，並且也劃定了其職權範圍，以免出現黨內糾紛及黨政衝突〔註44〕，但根據當時的報刊及黨務報告顯示，首先在福建、安徽、江西就遇到了嚴重困難，黨務指導委員的工作並不被配合，甚至被驅逐出省〔註45〕，其如此，一個重要原因就是「地方政府對於『黨務整理』工作的敵視」及「地方黨部的阻撓」〔註46〕。如在湖南，該省會同縣黨務指導委員竟被土豪劣紳聯合駐軍殺害，縣黨部也被解散〔註47〕。江蘇省亦有同樣的情況，省黨部在未派出各縣黨務指導委員之前，即向各縣派出整理黨務的特派員，時有被當地軍警所逮捕，使省政府不得不發文予以制止〔註48〕。

國民黨中央向江蘇省派出的黨務指導委員主要爲錢大鈞、葉楚傖、李壽雍、顧子揚、倪弼、酆悌等人，負責指導各縣市的黨務整理。他們赴任後很快又於 1928 年 7 月向各市縣派出黨務指導委員，辦理黨員重新登記，並成立正式縣市黨部。1929 年 2 月 8 日，國民黨江蘇省第一次代表大會在國立中央大學

〔註44〕 如國民黨中央規定，規定凡得選爲指委者，必定在「中央認可之黨部」入黨且爲一年以上，對國民黨政綱主義「信守不渝」者，對於黨務工作有經驗等，同時若有跨黨嫌疑、違犯黨紀、受刑事處分未解除、在僞政府任職等皆不在入選之列；在其職權範圍方面，要求其「不得侵及地方行政及司法之權限」，「於中央未頒佈民眾訓練具體方案以前，關於民眾運動須經中央之許可」。凡下級黨部與政府發生糾紛，由省黨部和省政府協商解決，若仍不能解決者，得呈報中央裁決。見《各省黨務指導員考察條例》，國民黨中央組織部編，《中國國民黨整理黨務辦法彙刊》，編者自印，1928 年 7 月，第 81～82 頁，第 83，84 頁，南京圖書館民國文獻特藏部藏；而各縣市黨務指導委員亦然，除在「中央認可之黨部」入黨且爲一年以上外，還要「在縣市黨部任幹事職務著有成績者」。《縣市黨務指導委員考察條例（1928 年 3 月 30 日）》，中國第二歷史檔案館編：《中國國民黨中央執行委員會常務委員會會議錄》，第 4 冊，廣西師範大學出版社，2000 年，第 24 頁。

〔註45〕 在 1928 年 6 月 13 日，第 144 次中央政治會議上，國民黨中組部只好提議將一些省的黨務指導委員調換，以減輕阻力，如將福建省黨務指導委員羅兆修與安徽的方治互調等。見《中央周報》，1928 年 6 月 25 日，第 3 期。

〔註46〕 王克文：《汪精衛‧國民黨‧南京政權》，臺北國史館，2001 年，第 162 頁，第 163 頁。

〔註47〕 《黨務又一糾紛》，《大公報》，1928 年 8 月 14 日，第二版。

〔註48〕 《黨部職員不得擅行逮捕》，《江蘇省政府公報》，1927 年 10 月 6 日，第 4 期；《中央電令制止自由逮捕黨務工作人員》，《新江蘇報》，1929 年，12 月 18 日，第 5 版。

科學館舉行，大會選舉汪寶瑄、滕固、倪弼、顧子揚、葉楚傖、朱堅白、葛建時、祁錫勇、周傑人等九人為江蘇省執行委員，王建今、張修等五人為候補執行委員；李壽雍、余井塘、周紹成、段本貞、吳保豐為監察委員，張淵揚、武葆岑為候補監察委員。3月15日召開第一次執監委員會並分配工作，選舉葉楚傖、祁錫勇、周傑人為常委，顧子揚為組織部長，滕固為宣傳部長，汪寶瑄當選為訓練部長，朱堅白、倪弼、顧子揚當選為民眾訓練委員會委員，顧子揚兼常務委員；監察委員互推李壽雍為常務委員。至此，江蘇省黨部正式成立。

　　1929年12月2日，國民黨中央召開第53次常委會，此次會議上突然決定解散江蘇省黨部，稱「江蘇省黨部自成立以來，所屬下級黨部，時有反動情勢發生，其執行委員中且有反動主要分子，監察委員會復未能盡職，擬請將該省執監委員會明令解散，並另派張道藩等七人為該省黨務整理委員」，因此中常會決議「解散江蘇省執監委員會，另派張道藩、吳保豐、葉秀峰、祁錫勇、朱堅白、張淵揚、武葆岑等七人為該省黨務整理委員，並指定祁錫勇為組織部長，張道藩為宣傳部長，吳保豐為訓練部長」，〔註49〕成立江蘇省黨務整理委員會，重新整理江蘇黨務。該次黨務整理的主要目標是清除改組派的勢力，制定各縣黨務整理方案，解散那些有改組派操縱嫌疑的所謂「不健全」縣黨部。如1930年2月4日，江蘇省整委會召開會議，認為松江、崇明、淮陰、宿遷等二十八縣黨部，「均不健全，應即停止活動，全部整理」。〔註50〕對新的縣執監委員任命也考核得較為嚴格，規定先由省黨整會圈定候選人，然後在候選人中競選產生各縣執監委員。對候選人圈定標準的重要一條就是審查其「對於過去在黨工作，及現在思想行動」〔註51〕，極力排斥改組派成員，以完全掌控江蘇省黨務。幾經折騰後，各縣執監委員會重新成立，遂於1931年8月15日召開江蘇省第三次代表大會，成立新的江蘇黨部。由此，儘管此後仍有糾葛，但江蘇省黨務也基本步入正軌。〔註52〕至1932年的統計數

〔註49〕《討論事項》（1929年12月2日），中國第二歷史檔案館編：《中國國民黨中央執行委員會常務委員會會議錄》，第10冊，廣西師範大學出版社，2000年，第177頁。

〔註50〕《江蘇省黨務整理委員會第十六次委員會會議錄》，《江蘇黨務周刊》，1930年2月16日，第6期。

〔註51〕《江蘇省各縣執監委員圈定標準》，《江蘇黨務周刊》，1930年7月6日，第25期。

〔註52〕江蘇省黨部印：《江蘇省黨務沿革》，出版年不詳，第16～19頁，江蘇省檔案館藏檔案，檔案號：1／3／880。

據顯示，江蘇省所屬縣市黨部 48 個，區黨部 184 個，區分部 832 個，黨員爲 12804 人〔註 53〕。但據 1934 年 6 月的統計，江蘇省 60 縣中（江寧縣已劃歸國民黨中央直屬），共有區黨部 168 個，直屬區分部 206 個，區分部 658 個。〔註 54〕從這個數據對比我們可以發現，短短兩年之間，全省區黨部已經減少了 16 個。這實際上反映了江蘇省黨務發展的滯緩。

按照亨廷頓的觀點，制度化是一個政黨生存與發展所不可或缺的主要條件，而制度化的獲得，與其組織的內聚力，即團結程度密切相關〔註 55〕。如前所述，江蘇省黨部在短短時間遭到頻繁改組，勢必引發黨務活動的停滯，使其在制度化建設方面較爲滯後，江蘇黨務的發展遠低於浙江就不難理解了。而每次改組必將帶來人事上的大調整，下級黨部負責人如走馬燈似的輪替，這也引發了許多縣市黨部的不滿，一些縣黨部成員經常集體提出辭職以示抗議，使江蘇黨務整理委員會不得不發文禁止，對此予以詰責〔註 56〕。由此江蘇黨務發展停滯就可以想見了。1931 年 7 月江蘇省召開第二次全省黨員大會之後，8 月 31 日，浙江已經召開第四次黨員代表大會了，兩省黨務活動差距可見一斑。

第二節　成員狀況：江浙黨員構成分析

作爲一個非競爭性政黨，其黨員的構成對於其自身影響巨大，這已經是一個不爭的事實。江浙兩省作爲國民黨組織發展最好的省份，其擁有的黨員數量以及構成則直接體現了國民黨在全國的發展狀況，這些對於其政治主張的提出乃至貫徹方面都有著極爲重要的意義，而其地方黨部主張的能否順利貫徹，直接關係著他們在地方政權中的話語權。

1、黨員總量

一個非競爭性政黨要想牢固地控制政權，則必須要實現黨的大眾化，進

〔註 53〕 李雲漢：《中國國民黨黨務發展史料》（組織工作），第 437 頁。

〔註 54〕 江蘇省地方志編纂委員會：《江蘇省志　國民黨志》，江蘇人民出版社，2006 年，第 150 頁。

〔註 55〕 （美）塞繆爾·P·亨廷頓，王冠華等譯：《變化社會中的政治秩序》，三聯書店出版社，1989 年，第 21 頁。

〔註 56〕 《蘇省黨整會令禁各縣整會辭職》，《中央日報》，1930 年 3 月 31 日，第二張第四面。

而擴大黨的基礎，方能使黨的觸角伸入到社會的各個層面。但國民黨在取得全國政權後，其空虛的基層組織結構及出於對民眾運動本能的排斥，使它不能在社會上廣為吸收成員，使國民黨迅速退回到 1924 年以前的狀態，即未能實現從精英黨向大眾黨的成功轉型，反而出現了「革命精英官僚化」的傾向〔註57〕。「國民黨從定都南京起，主要在東南沿海省份樹立自己的地位，它較多地是從教育程度較高的現代階層（政府職員、商界或學生）而不是其餘階層中吸收黨員〔註58〕。它將工農大眾排斥在了國民黨之外，人為地造成了黨與底層民眾的隔閡，而後者佔了社會成員的大多數，如此使得國民黨在吸收新黨員方面出現了不少問題。因為按照慣例，一個革命政黨在取得政權後，將會迎來一個入黨高峰〔註59〕。但國民黨在江蘇卻並非如此，黨員人數並未能因其執政而急速增加，這確為一個反常現象。

據統計，1928 年至 1930 年國民黨普通黨員基本保持在 26 萬左右，直到1931 年才突破 30 萬大關。〔註60〕有學者指出，這個黨員總量對擁有如此眾多人口的國民黨政府來說人數委實太少，若要使國民黨的革命目標被長期傳承，則必須要獲得更多的成員及來自底層的支持〔註61〕。如以蘇俄黨為例，據統計，1920 年 3 月俄共黨員人數為 61.2 萬人，1921 年後增至 73.2 萬人〔註62〕。在 1924 年 1 月 1 日和 1928 年 1 月 1 日之間的 4 年中，其黨員人數從 47.2萬人增加到 130 餘萬人〔註63〕。而相比之下，國民黨在執政後黨員人數增幅

〔註57〕 崔之清主編：《國民黨政治與社會結構之演變（1905～1949）》，中編，社會科學文獻出版社，2007 年，第 980～982 頁。

〔註58〕 齊錫生，徐有威等譯：《國民黨的性質（上）》，社科院近代史所編，《國外中國近代史研究》，第 26 輯，中國社會科學出版社，1994 年，第 58 頁。

〔註59〕 以中共為例，建國後在四川，黨員人數在 1952 年至 1955 年間由 101747 人增至 522683 人；在成都市，同期內由 4124 人增至 10652 人。見中共四川省委組織部等編：《中國共產黨四川省組織史資料（1949～1987）》，四川人民出版社，1994 年，第 220 頁；中共成都市委組織部等編：《中國共產黨成都市組織史資料（1922～1993）》，四川人民出版社，2000 年，第 196 頁。

〔註60〕 據王奇生教授統計，1928 至 1930 年國民黨普通黨員人數為 26 萬左右，1931年為 30 萬人，1933 年為 39 萬人。見氏著：《黨員、黨權與黨爭》，第 248 頁。

〔註61〕 Hung-mao Tien, *Government and Politics in Kuomintang China: 1927～1937*, Stanford University Press, 1972, pp.28～29.

〔註62〕 周尚文等著：《蘇共執政模式研究》，上海世紀出版集團，2010 年，第 383 頁。

〔註63〕 （英）倫納德‧夏皮羅著，徐葵等譯：《一個英國學者筆下的蘇共黨史》，東方出版社，1991 年，第 339 頁。

之小，不僅遠遜蘇俄黨，就連當時已被宣佈爲非法的中共也遠未不如〔註64〕，甚至到了 1937 年抗戰前夕，國民黨的普通黨員人數都沒有超過 1927 年「四一二」政變時的水平〔註65〕。總體上是如此，而作爲其控制核心地區的江浙而言，亦復如是。因爲在抗戰前夕國民黨實際能有效控制的省份中，江浙黨員數量的變化，直接影響著國民黨整體黨員的數量。江蘇 1927 年至 1931 年黨員人數變化見《江蘇省歷年黨員人數統計表（1927～1931）》（表6）。

　　從表6中可以看出，江蘇省黨員人數的變化起伏不定，直至 1931 年，人數都遠未達到 1927 年的水平，且其間黨員數量竟有回落之勢，這與執政黨的身份極不相稱。據統計，由於黨務整理不斷，江蘇省國民黨員人數也始終在 15000 人左右徘徊。〔註66〕

　　相比之下，儘管國民黨的「清黨」使中共在江浙的組織遭到重創〔註67〕，例如此時在殘酷地下鬥爭環境下發展成員的中共江蘇黨，儘管「四一二」政變後其在江蘇的黨員（除上海）人數從 7000 餘人銳減至 1329 人，但 1929 年中共江蘇二大召開時，人數已上昇至 5200 人，到 1930 年更是升至抗戰前的最高水平，超過 1927 年「四一二」政變前的數量，達 8200 人〔註

〔註64〕　中共黨員人數在 1927 年至 1933 年變化甚劇。大革命失敗後，1927 年 5 月總人數爲 57967 人，11 月減少到 17650 人，半年內減少了近 70％。但很快由 1928 年的 4 萬人，增至 1930 年的 12 萬人，1933 年更是達到 30 萬人。參見王奇生：《黨員、黨組織與鄉村社會：廣東的中共地下黨（1927～1932 年）》，《近代史研究》，2002 年第 5 期；北京大學國際政治系編：《中國共產黨幾個時期黨員人數統計簡表》，《中國現代史統計資料選編》，河南人民出版社，1985 年，第 133 頁；（美）詹姆斯·R·湯森，等著，顧速等譯：《中國政治》，江蘇人民出版社，1994 年，第 243 頁。

〔註65〕　王奇生：《黨員、黨權與黨爭》，第 249 頁。

〔註66〕　江蘇省地方志編纂委員會：《江蘇省志　國民黨志》，江蘇人民出版社，2006 年，第 132 頁。

〔註67〕　在浙江，國民黨清黨後至 8 月底，中共在浙江的黨員爲 4000 餘人劇減至 1563 人，省委機關也遭到最重破壞。見浙江省志編委會編：《浙江省中國共產黨志》，浙江人民出版社，2007 年，第 287 頁。

〔註68〕　中共江蘇省委黨史辦編：《中共江蘇地方史（1919～1949）》，第一卷，江蘇人民出版社，1996 年，第 137，139，197，248 頁。其實 1929 年中共江蘇黨與中央也出現過糾紛，即在是年 1 月，中共中央爲加強江蘇工作起見決定兼任江蘇省委，此舉遭到原江蘇省委的抵制，省委隨即召開各區書記會議表示反對，後中共中央在周恩來的勸阻下撤回了該決定，但在江蘇省委承認錯誤後將其改組，並免去徐錫根的省委書記職務，代之以羅登賢。儘管經過此波折，江蘇省黨務工作仍然未受到大的影響。具見中共中央文獻研究室編：《周恩來

68〕，黨員數量增長之速，遠超執掌政權且同在江蘇發展組織的國民黨。

究其原因，與該省黨務頻頻整理，黨員清洗不斷所致。首先，「清共」使國民黨自身的激進分子被當做中共嫌疑而遭肉體消滅。據中共方面的統計，「四一二」後江蘇的被殺人數達 1836 人，其中「重要革命分子被殺者約 850人」，〔註69〕這裡的「重要革命分子」指的應該是中共黨員，而其餘大多數則是較為激進的國民黨左派或者至多是中共的同情者；其次，派系鬥爭引發黨員對黨的失望，一些黨員也拒絕進行重新登記。如 1928 年宿遷縣黨務指導委員會對原有黨員進行一次總登記，被清除的黨員占全縣總數的三分之二，僅剩一百四十人左右〔註70〕。一些懷有理想的黨員不願登記，卻給那些土豪劣紳提供了投機鑽營的機會，如在當時的靖江，在縣指委會進行黨員重新登記時，一些黨員不屑登記，而一些土劣卻乘機混入黨內，「在指導委員會所登記的人，大多數沒有入過黨，甚至還有對黨毫無認識，行為不檢的土劣混雜其間」，而主持登記的則「只問登記人是不是自己的私人，至於人品的好壞，在所不計」〔註71〕。如此以來，更使一些黨員不願與之為伍，黨員數量也就很難得到大的提高。

與江蘇相比，浙江的黨務發展相對要好一些。根據統計數字，1929 至1934 年江浙省黨員人數及分別在全國總數中的比例統計，見《江浙兩省 1929年和 1934 年的黨員數及其在全國中的比例表》（表七），從該表可以看出，儘管數量增幅並不大，但浙江的黨員數量發展明顯要好於江蘇，基本呈現穩步上昇之勢。當然，這和浙江黨務自「清共」後沒有發生大的波折，派系鬥爭並不劇烈，黨務發展相對平穩所致。但浙江黨員總數占該省總人數的比例仍異常微弱。據 1931 年統計，浙江黨員為 11431 人，預備黨員為 17000人，浙江人口為 2100 萬，因此平均每萬人中有黨員 6.5 人，每百平方公里有黨員 3.4 人。〔註72〕每萬人中僅有 6.5 名黨員，但考慮到江浙黨務在全國

年譜（1898～1949）》，中央文獻出版社，1989 年，第 151～153 頁；王健英編：《中國共產黨組織史資料彙編》，紅旗出版社，1983 年，第 104 頁。

〔註69〕《中國人民被難人數統計表》，北京大學國際政治系編：《中國現代史統計資料選編》，河南人民出版社，1985 年，第 203 頁。

〔註70〕文史資料研委會：《國民黨宿遷縣歷史簡介和派別鬥爭》，《宿遷文史資料》，第 2 輯，第 36 頁。

〔註71〕編者：《抗戰前的國民黨縣黨部》，《靖江文史資料》，第 3 輯，第 104 頁。

〔註72〕張道藩：《浙江省黨務視察述評》（1931 年 5 月 4 日），《中央黨務月刊》，第34 期，1931 年 5 月。

的發展的優勢地位，這個數字在全國範圍來講，應該是比較高的了。這實際上充分說明了訓政前期國民黨「黨力」的微弱，這與其執政黨的身份無疑難以相稱。

2、群體構成

如前所述，國民黨在取得全國政權後，並未實現由精英黨向大眾黨的轉型。而兩者之間的差別就集中體現在黨員的職業、年齡等構成比例上。一個執政黨的黨力，主要就體現在佔有足夠多的數量外，必須在黨員職業方面向工農大眾傾斜，非如此，不能實現黨對社會的資源動員與控制。如亨廷頓通過考察了印度、南朝鮮、菲律賓、巴基斯坦等國的選舉後發現，在投票選舉中，在農村有強大力量的政黨通常能控制中央政府，並建立起高度政治穩定的政權。若一個政黨未能獲得農村的穩定支持，某種程度上的動盪就不能免〔註73〕。對於競爭性政黨是如此，對於長期執政的非競爭性政黨更為必要，因為要使自己長久地保持政權，則必須盡可能多的擁有民眾基礎，避免出現精英化的傾向。

國民黨在清共後，除了黨員數目劇減以外，在黨員的吸收方面也開始出現大的變化。根據 1929 年的統計，全國所有的黨員職業分佈圖見《國民黨全國黨員職業統計圖（1929 年）》（圖表八），從這個圖中我們可以清楚的看出，全國黨員從事最多的職業是教育，其次是學生，再次才是農業，較之北伐前廣東國民黨黨員成分有很大的變化〔註74〕。對此，蔣介石亦積極鼓勵小學教師加入國民黨，1930 年 1 月 18 日，蔣說：「小學教員中應留意人材，須訓練小學校長以黨義，使其加入本黨，為黨擔任社會教育之任務與宣傳，以為本黨根本之圖，如是十年，必有成效也」。〔註75〕國民黨中央對於吸收教育工作者入黨的肯定態度，無疑在一定程度上推動了小學教育者黨員比例的提高。

〔註73〕（美）塞繆爾・P・亨廷頓，王冠華，等譯：《變化社會中的政治秩序》，三聯書店出版社，1989 年，第 436～438 頁。
〔註74〕據統計，北伐前廣東國民黨黨員中最多的是農民，占 40%；其次學生和工人，占 25%；商人不足 10%，其餘職業總和才低於 10%。見王賢知：《試論抗戰前國民黨組織發展的幾個基本特點》，《民國檔案》，1990 年第 3 期。
〔註75〕《事略稿本》，第 7 冊，第 404 頁。

　　關於從事教育工作的黨員人數最多的原因，有學者將其解釋為因國民黨實行黨化教育政策，從事教育者為飯碗計，遂被拉入黨〔註 76〕。此說雖有一定的道理，但過多強調了現實因素而忽視了作為這些從事教育工作的黨員對國民黨黨義理想的追求。儘管國民黨高層總體走向保守，但是不少基層黨員仍然沒有放棄對三民主義理想的追求，這些從事教育工作的黨員往往還懷有一種實現理想的信念，這在其後積極參加國民黨縣黨部破除迷信的活動中可以反映出來，如在江蘇鹽城〔註 77〕、福建泉州〔註 78〕都出現了類似現象。儘管從事教育與學生佔了黨員的主要部分，但根據 1929 年的調查，在浙江省景寧縣，全縣僅有十餘個初中女生，初中畢業的全縣學生不及一百人，而佔了90％以上人口的農民，「差不多全是不識字的人」〔註 79〕。浙江當時發達程度在全國尚號稱前列，一縣尚如此，遑論其他省份了。因為在當時凡學生者，在基層社會皆可屬於精英之列。

　　根據王奇生教授等人的研究，國民黨清黨後特別是訓政前期學生黨員所佔的比例較之前為小，他將原因解釋為「執政以後的國民黨對那些富有革命激情的青年學生已失去了吸引力」，〔註 80〕這無疑是正確的。但此僅為問題的一個面相。從國民黨中央自身的角度講，這卻是其有意為之的結果。由於對「容共」時期學生黨員的激進行為心存忌憚，1928 年 4 月，國民黨中央政治會議廣州分會就通過決議並致電國民黨中央，認為一些學生黨員「思想幼稚、行動錯誤」，「現查各地黨部，對於入黨年齡，漫無限制，故有十五六齡之中學學生，即可為正式黨員，而參加黨之工作及民眾運動者，幼稚如此，無怪年來黨務之錯誤糾紛，日益加甚，如持亂絲，整理殊難」，要求國民黨中央將

〔註 76〕李巨瀾：《試論抗戰前國民黨地方黨部的邊緣化》，《華東師範大學學報》（哲學社會科學版），2006 年 3 期；王奇生：《黨員、黨權與黨爭》，第 262 頁。

〔註 77〕如在江蘇鹽城，1928 年 10 月，由於當地中學師生在該縣黨部發動的打倒城隍廟運動中表現積極，遭到了豪紳的嫉恨，遂在後來反對縣黨部的暴動中，將中學也作為一個重要的衝擊目標，五所學校被暴民搗毀，一名學生被焚斃。詳見《鹽城暴動慘劇》，《申報》，1928 年 10 月 13 日，第三張；《十月八日鹽城大暴動的真相》，《中央日報》，1928 年 10 月 16 日；第二張第三面；林懿均，《續修鹽城縣志稿》，民國二十五年鉛印本，第 113 頁。

〔註 78〕1929 年，福建泉州的一些中學在國民黨縣黨部的支持下，搗毀了該地的東嶽廟、元妙觀等寺觀。見王銘銘：《逝去的繁榮：一座老城的歷史人類學考察》，浙江人民出版社，1999 年，第 389～391 頁。

〔註 79〕《浙全省宣傳會議開幕》，《中央日報》，1929 年 11 月 3 日，第二張第四面。

〔註 80〕王奇生：《黨員、黨權與黨爭》，第 262 頁。

黨員的入黨年齡限制在二十歲以上〔註81〕，此建議後亦爲國民黨中央所採納〔註82〕。

另外，儘管在該表中顯示「農業黨員」比例位居第三，但此語義較爲含混，即可指爲從事農業工作的脫產黨員，也可解釋爲地主、地主兼工商業者、自耕農、貧農黨員等，並非完全意義上的農民黨員。同時，「工業黨員」亦是如此。而根據俄共執政後的統計，1920 年 3 月其黨員人數爲 61.2 萬人，1921年後增至 73.2 萬人。其中工人在 1920 年占 27 萬人，1921 年爲 30 萬人；1920年農民由 1800 人增至 1921 年的 20 萬人以上〔註83〕。又根據 1927 年的統計，蘇俄黨內文化程度平均較低，受過完整高等教育的僅占 1%，受過中等教育的也不到 8%，還有 25%的黨員屬於所謂「自學者」。按照其中央委員會統計局1928 年初公佈的數字，黨員中工人占 56.8%，農民占 22.9%，雇員占 18.3%，其他爲 2%〔註84〕。因而在通過與同時期的蘇俄黨做一比較可知，國民黨在清黨後的四年內，國民黨始終未能實現從精英黨向大眾黨的轉型，相反，其精英化的趨勢卻越來越明顯。

以上主要分析了 1927 年國民黨清黨後，直至 1931 年，該黨的黨員職業構成情況，而此階段江浙兩省的黨員構成也更是如此。筆者對江蘇與浙江黨員的職業構成進行了統計，見《江蘇省國民黨黨員職業分佈圖（1929 年）》（圖表九）與《浙江省黨員主要職業百分比（1929 年）》（圖表十），通過對比以上兩表可以看出，江浙兩省黨員人數最多的也是教育工作者，這與國民黨全國總體職業構成相符，說明江浙兩省黨員的精英化特徵較爲明顯。相比之下，而同樣作爲動員型政黨的中共，1930 年江蘇省內的黨員爲 8200 人，其中農村

〔註81〕《規定入黨年齡案（1928 年 4 月 2 日）》，《中央政治會議廣州分會月刊》，第5 期，1928 年 4 月 30 日；《廣州政治分會建議國民黨限制學生入黨》，《大公報》，1928 年 4 月 14 日，第六版。

〔註82〕國民黨一大、二大的黨章中並未有對黨員入黨年齡進行限制的規定，1929 年國民黨三大乃修改黨章，首次規定正式黨員的年齡必須在二十歲以上。（榮孟源編：《中國國民黨歷次代表大會及其中央全會資料》，光明日報出版社，上冊，1985 年，第 663 頁。）

〔註83〕周尚文等著：《蘇共執政模式研究》，上海世紀出版集團，2010 年，第 383 頁。

〔註84〕倫納德·夏皮羅著，徐葵等譯：《一個英國學者筆下的蘇共黨史》，東方出版社，1991 年，第 341、342 頁。這裡面的統計包括工人或農民出身的脫產黨員，作者對此也承認，除紅軍中黨員以外，還有將近一半的黨員從事非體力勞動的職業。但鑒於國民黨組織在下層的空虛，國民黨此時的黨員職業統計更應是如此。

黨員就佔了 6800 人〔註85〕。兩黨一個在朝，一個在野，但農村黨員的比例卻判若霄壤。從前面的分析可知，浙江省的黨務發展要優於江蘇省，其黨員人數也自然較之為眾，下面主要分析浙江省的黨員構成及其分佈情況。

　　指委會時期對黨員重新進行登記後統計，浙江省黨員為 12143（含預備黨員）人，於全省人口之比為 1：1699，密度為每平方公里為 0.0391 人，每縣平均低於 162 人，而人口密度則為每縣 275103 人，相比之下差距甚明。教育程度看，大學占 5.07%，專門學校為 7.35%，中學為 36.6%，小學為 44.28%，共占 90% 強。〔註86〕在黨員職業百分比中，從事農業的占 15%，工人為 2%，學生為 5%，當時浙江省黨務工作人員也指出「如以黨員的職業與省民的職業百分比相較，對於農工青年未免偏廢」〔註87〕，尚且不論 15% 的農業黨員是否全為從事勞動耕作的普通農民，也與當時農業人口占總體上的大部分比例差距甚遠〔註88〕。

　　就黨員年齡分佈而言，黨員年齡段及教育程度統計見《浙江省黨員年齡段統計（1929 年）》（圖表十一）和《浙江省黨員受教育程度分佈圖（1930 年）》（圖表十二），從表十一和表十二可知，在年齡段上，黨員在 20～35 歲這個年齡段佔了主要部分，而正好與當時占主要教育程度的中、小學比例相符，同時由前面可知黨員中從事教育工作的佔了大部分。如據 1929 年江蘇省蘇州市的調查，1928 年度下半年該市 317 名小學教員的平均年齡為 26.6 歲；而在 44 名校長中，平均年齡也才 36.2 歲〔註89〕。據 1931 年統計，江蘇省國民黨

〔註85〕 中共江蘇省委黨史辦編：《中共江蘇地方史（1919～1949）》，第一卷，江蘇人民出版社，1996 年，第 248 頁。

〔註86〕 《浙江現有之黨員人數》，《中央日報》，1930 年 1 月 8 日，第二張第四面；《浙省現有黨員人數分類統計》，《南京黨務周刊》，1930 年 1 月 13 日，第 33 期。不過，該文將浙江黨員人數錯登為 19143 人，顯與浙江黨員總人數實際不符；另見《第三次全國代表大會前之組織工作（1926 年 1 月至 1929 年 3 月）》，李雲漢主編：《中國國民黨黨務發展史料（組織工作）》，上冊，中國國民黨黨史會出版，1993 年，第 122 頁。

〔註87〕 《浙省黨務工作近況》，《中央日報》，1929 年 9 月 26 日，第二張第三面；《浙江最近黨務概況》，《南京黨務周刊》，1929 年 9 月 30 日，第 18 期。

〔註88〕 抗戰前國民黨江蘇省的「農業」黨員情況，其僅占該省總的 13%，而這些人主要是農村精英或權勢人物。見王奇生：《戰前中國的區鄉行政：以江蘇省為中心》，《民國檔案》，2006 年 1 期。

〔註89〕 《蘇州市立小學教員年齡統計表》、《蘇州市立小學校長年齡統計表》，《蘇州市政公報》，1929 年 7 月，第 1 卷第 4／5／6 號（原刊如此）。

員中擁有中學、師範教育經歷的分別為 2890 人和 2752 人，占總人數的 24%、23%。〔註90〕這個數字基本反映了江蘇國民黨的「精英化」傾向。在年齡段方面，據 1933 年統計，該年江蘇省黨員大都分佈在 21～30 歲之間，為 5612 人，占總數 12585 人的 45%強。〔註91〕而通過綜合前面幾個圖表可以推知，浙江的情況也應與此類似。

這些具有中、小學學歷的黨員在當時來說可算得上是知識分子與鄉村精英，而他們在農村雖然與大眾相疏離，但懷有一種熱切的願望與激進精神。這種年輕化黨員偏多，對於基層國民黨組織的群體行為特徵與主張，有著重大的影響。如 1928 年兩個筆名為「夢生」和「農人」的江蘇基層黨員投書《江蘇黨聲》，面對清黨後國民黨意識形態領域的混亂，就充分表達了自己內心的彷徨：「在這外有惡化，內有腐化的局面裏的現在的本黨，一般青年，彷徨於十字街頭，真是受不了內心矛盾的苦痛！」「一般革命的青年，因不滿目前這樣腐化的局面，同時為革命的要求，故不斷的燃起革命的情火，叫著革命的呼聲，這只要不反時代和反革命者，總當同情，而事實上並不這樣！這究為什麼呢？」〔註92〕清黨後，一些青年黨員，更是面臨「彷徨歧途的情勢」，他們「目睹整個中華民族受著帝國主義的侵略，許多貧苦的工農受著萬惡軍閥和貪官污吏土豪劣紳的壓迫，革命的情緒油然而生了，然而要革命，又不知從何處著手！」〔註93〕而這種激進精神，對於訓政前期江浙地方黨部為何較之同級政府乃至中央黨部更為「革命」，具有相當的詮釋力。

分析了浙江省黨員總體情況後，再以該省的永嘉縣為樣本來做進一步分析，該縣黨員職業分佈見《浙江省永嘉縣黨員職業分佈圖（1930 年）》（表十三），從該表可以看出，該省黨員從事職業最多的仍然是教員，與全省乃至全國的情況相吻合〔註94〕。據統計，該年永嘉縣黨員為 319 人，受教育程度看，小學文化為 102 人，中學為 141 人，大學 12 人，專門學校 20 人，未受教育

〔註90〕 《（1931 年）全省各縣黨員學歷統計表》，江蘇省地方志編纂委員會編：《江蘇省志 國民黨志》，江蘇人民出版社，2006 年，第 456 頁。具體見圖表 15。

〔註91〕 《江蘇省各縣黨員性別、年齡統計表（1933 年）》，見圖表 14。

〔註92〕 《黨權的旁落與低落》，《江蘇黨聲》，1928 年 8 月 26 日，第 5 期。

〔註93〕 張廷灝：《敬告青年同志》，上海《民國日報副刊·覺悟》，1928 年 3 月 17 日。

〔註94〕 如在河北定縣，據 1929 年統計，該縣有 208 名國民黨員，其中教員和學生就達 135 人，占 64%。見王先明：《變動時代的鄉紳──鄉紳與鄉村社會結構變遷（1901～1945）》，人民出版社，2009 年，第 226 頁。

44 人，接受中學以上教育的黨員人數爲總數的近 50%；年齡段來看，黨員 15 歲至 35 歲的人數爲 249 人，占總人數的 78%〔註95〕。從該縣的情況可知，國民黨黨員以年青的知識精英爲主要部分，而科舉革廢後造就的新式知識分子具有與鄉村疏離的基本特徵〔註96〕，也造成了鄉村民眾與黨的隔閡。

同樣，在江蘇省武進縣，1928 年該縣黨員總登記的結果顯示，就黨員的職業而言，從事教育的黨員占 50%以上，商農政界各占 10%，工人軍人學生黨務共占 10%；就受教育程度而言，中等教育程度爲 50%，初高等教育程度各占 15%至 20%，未受教育者僅爲 10%。所以可見「黨員的成分，大半偏於智識分子，從職業分割，工人極少，而農人依比例計算更少，未受教育者僅占百分之三」，因而時人就已指出「距離民眾革命化，革命民眾化的一步還很遠」〔註 97〕，黨員不能與底層民眾打成一片，在民眾動員方面成效不彰也就在情理之中了。這些，對於理解後文江浙地方黨部組織政治主張的提出及實踐中，非但能動員廣大底層民眾廣泛參與，如破除迷信，打倒城隍廟等，反而出現了遭致民眾和政府聯合反對的現象，具有重要意義。

第三節　派系分野：派系鬥爭中的江浙黨

眾所周知，派系鬥爭嚴重是國民黨的一大特色。在其江浙黨內，這個特徵更是體現得淋漓盡致。但是江蘇與浙江黨內的派系鬥爭在相同中也有著各自的不同。總的而言，江蘇黨內的派系鬥爭更爲嚴重，最終導致該省黨務整理頻頻，嚴重內耗致使其黨務發展遠遜浙江。

1、江蘇黨中的派系格局

儘管國民黨對江蘇黨務內派系鬥爭諱莫如深，但是仍然可見其中端倪。1929 年國民黨三全大會後，江蘇省執委會組織部提出的當年工作計劃大綱，內容之一就是決定編纂該省黨務史略，表示要「絕對客觀的來整理

〔註95〕《浙省永嘉縣黨員最近統計》，《中央日報》，1930 年 3 月 20 日，第三張第四面。

〔註96〕關於科舉制度廢除後對中國鄉村產生的影響分析，見羅志田：《權勢轉移：近代中國的思想、社會與學術》，湖北人民出版社，1999 年，第 161～190 頁。

〔註97〕張淵揚：《武進黨員總登記以後》，《江蘇黨聲》，1928 年 10 月 28 日，第 14 期。

不夾雜任何派系的個人的地方的色彩。」〔註98〕1929 年 2 月 8 日，國民黨江蘇省第一次代表大會結束時，主席顧子揚在致閉幕詞時「訓誡黨員勿分派別」。〔註99〕這實際證明了江蘇黨內派系鬥爭的存在。事實上，在 1928～1931 年的江蘇省黨部內，就出現了 4 個派系，分別是 CC 派、改組派、反 CC 派和 FF 派。

　　CC 派：以二陳爲首的 CC 系從清黨後就盡力控制江蘇省的黨務系統，爲了接收江蘇黨務，國民黨中央派遣李壽雍、祁錫勇等爲黨務特派員，此二人爲 CC 分子，而在後來派遣的江蘇省黨務指導委員中，CC 占主要成分。在江蘇黨務指導委員會委員爲：葉楚傖、顧子揚、李壽雍、汪寶瑄、滕固、倪弼、酆悌，其中葉、汪、倪爲常委，酆悌爲組織部長，李壽雍爲宣傳部長，顧子揚爲訓練部長，滕固爲民眾運動指導委員會主任委員。「除葉楚傖爲江蘇省黨部的老牌子外，倪弼、酆悌是黃埔出身，滕固是汪精衛一派，李壽雍、汪寶瑄等皆是陳的嫡系。」〔註100〕在 1929 年召開江蘇省代表大會時，CC 派佔了大部，擁有超過半數的各縣代表，而在國民黨中央圈定的省執委名單中，CC 派又占主要部分，在省執委會秘書處設立之初，將該處的「會計、庶務、文書以至工友等等，統統換上了清一色的私人。雜牌子的反 CC 派，僅僅分得宣傳部、訓練部。每次開會，雙方爭吵，拍桌子、互罵、甩茶杯退席等等，無奇不有。不管什麼議案，都有兩種意見，終日鬧糾紛，耗盡精力，明爭暗鬥。」〔註101〕後來在派往各縣的黨務指導委員中，該派也占重要地位。〔註102〕如以江都縣爲例，江蘇省黨部向該縣派遣的七名指導委員中，就有周紹成等三名 CC 分子，他們把持了該縣黨部的主要職務。〔註103〕

〔註98〕《蘇省組織部全年工作計劃大綱》，《中央日報》，1929 年 4 月 4 日，第二張第一面。

〔註99〕江蘇省黨部編：《江蘇省黨務沿革》，出版年不詳，第 16 頁，江蘇省檔案館藏檔案，檔案號：1／3／880。

〔註100〕楊谷（時爲江蘇省黨部宣傳部工作人員）：《一九二九年江蘇省國民黨內部的一場派系鬥爭》，《江蘇文史資料選輯》，第 9 輯，第 71 頁。

〔註101〕楊谷：《一九二九年江蘇省國民黨內部的一場派系鬥爭》，《江蘇文史資料選輯》，第 9 輯，第 72 頁。

〔註102〕楊谷：《我所知道的國民黨省縣派系情況》，《江都文史資料》，第 2 輯，第 17 頁；文史資料研委會：《國民黨宿遷縣歷史簡介和派別鬥爭》，《宿遷文史資料》，第 2 輯，第 38 頁。

〔註103〕楊谷：《我所知道的國民黨省縣派系情況》，《江都文史資料》，第 2 輯，第 18 頁。

儘管李壽雍為 CC 分子，但二陳對李壽雍因與「北方老派」（西山會議派）有密切聯繫而同樣不放心，乃採取了一個辦法，讓李壽雍、汪寶瑄等出國留學，去掉了這個隱患；同時，利用了 1929 年底江蘇黨務整理，派出張道藩等人為江蘇省黨務整理委員，組織整理委員會，負責重新整理江蘇黨務，而張道藩名義上是蔣介石的秘書，而實際上為時任代理國民黨中央組織部部長陳果夫的秘書〔註 104〕。CC 通過重新整理江蘇黨務，徹底打垮了改組派在該省的勢力，控制了江蘇的黨務。而 1930 年也是，CC 系也開始迎來其發展巔峰時期的一年，其成員最多時超過一萬人，1933 年，陳果夫執掌江蘇省政府後，更使江蘇成為 CC 系的一個主要基地。〔註 105〕

改組派：在改組派的宣傳下，其組織迅速擴大，「改組派地方組織的負責人，大多是蔣記國民黨地方組織的負責人，甚至是主要負責人」，至 1929 年上半年，改組派在江蘇、浙江、安徽、江西等地都建立了支部，可以說「凡是有國民黨黨部的地方，都秘密建立了改組派的支部或分部」。〔註 106〕1929 年 2 月 8 日，江蘇省召開第一次全省代表大會，會議通過了「歡迎汪精衛回國」案，並指責當時的國民黨中央為「反革命所把持」〔註 107〕，親汪的意味甚濃。而在其後成立的國民黨江蘇省執監委員會中，改組派的勢力也較大〔註 108〕。主要是以民眾運動訓練委員會主任委員滕固為首，為了增強力量，他們時常聯合倪弼等人反對 CC 派。

在縣一級，改組派的組織發展也較快。以江蘇銅山縣為例，1929 年春，該縣黨務指導委員會結束後，以賴家鐸、劉華甫、徐西明等七人為執行委員，岳仲堅等三人為監察委員，具體分工：潘建民為常委，組織部長劉承瑞，賴家鐸為訓練部長，宣傳部長為徐西民。是年冬，賴家鐸、岳仲堅即參加了改

〔註 104〕 胡夢華：《國民黨 CC 派系的形成經過》，《中華文史資料文庫（八）》，中國文史出版社，1996 年，第 39 頁。

〔註 105〕 Hung-mao Tien, *Government and Politics in Kuomintang China: 1927～1937*, Stanford University Press, 1972, p.50.

〔註 106〕 郭緒印主編：《國民黨派系鬥爭史》，上海人民出版社，1992 年，第 51 頁；李珂：《改組派始末及其現象分析》，《民國檔案》，2004 年 4 期。

〔註 107〕 《華僑駐粵各代表團體聯電痛斥蘇代會迎汪之謬妄》，《民國日報》（廣州），1929 年 3 月 8 日，第三面。

〔註 108〕 大可：《江蘇黨務的發展觀》，《現代史料》第 1 集，波文書局，1933 年版，第 100 頁。轉引自（日）三谷孝著，李恩民譯：《秘密結社與中國革命》，中國社會科學出版社，2002 年，第 251 頁。

組派。〔註109〕在宜興縣，據時任縣黨部訓練部長的范樂天回憶：清黨後，一些國民黨員眼見「國民黨日益腐敗，三民主義成爲空談」，感到「非常苦悶，經常偷偷議論」，該縣常委孫嘯風至鎮江（時爲江蘇省政府黨部所在地）參加省黨部會議之時，受到省黨部執委滕固的勸說「現在政治之腐敗是由於蔣介石的獨裁，只有打倒蔣介石，改組國民黨，實行民主政治，才能實現三民主義」，孫隨即參加了改組派。孫返回宜興後，即勸說組織部長陸均和他加入了改組派〔註110〕。

　　由於改組派在與南京國民黨中央的政治鬥爭中失利，乃轉向依靠地方實力派。1929 年 9 月，湖北的張發奎在改組派的聯絡下，因不滿蔣介石對其壓迫而起兵，改組派隨之爲其吶喊助威，而京滬一帶的改組派基層組織也活躍起來。10 月 20 日，溧陽縣在縣黨部執委盧印泉、許聞天的領導下在溧陽縣城外的公共體育場舉行宣誓，宣佈建立「溧陽護黨軍」，以響應張發奎的行動並發表聲討蔣介石，改組國民黨的宣言，宜興縣黨部在急忙中奉命策應，結果力量單薄而失敗〔註111〕。該次暴動儘管很快被彈壓下去，但震驚了國民黨中央，遂加大了對整個江蘇黨組織的懷疑。

　　1929 年 11 月 28 日，江蘇省公安局收到民政廳長繆斌自宜興拍發之電報曰：「奉總司令感電開，著將葛建時、倪弢、顧子揚、段本貞暨宣傳訓練兩部職員，嚴密檢查，禁止通訊，聽候核辦。」〔註112〕即以葛建時、倪弢、顧子揚等與改組派有關係爲藉口，出動大批警力包圍省黨部及倪弢、顧子揚和兩部在外寄宿職員之寓所，並將葛建時、倪弢、顧子揚和兩部職員除段木貞（已避居上海租界）滕固（聞訊逃逸）外凡二十人抓捕，分別予以拘押。12 月 2 日，在國民黨中央黨部召開常務會議上，繆斌報告「蘇省黨部執行委員葛建時、滕固等勾同何民魂（時任江蘇省政府委員）與改組派聯絡，備在滬寧線

<hr>

〔註109〕編者：《銅山縣國民黨歷史沿革》，《銅山文史資料》（江蘇），第 7 輯，第 37～38 頁；因作者回憶或輸入有誤，「賴家鋒」實爲「賴家鐸」，「段西明」實爲「徐西明」，詳見《中國國民黨江蘇省銅山縣黨務沿革調查表（1930 年）》，江蘇省檔案館藏，檔案號：1／3／880。

〔註110〕范樂天：《第一次國共合作至分裂初期國民黨宜興縣黨部的創建和活動片段》，《宜興文史資料》，第 13 輯，第 98 頁。

〔註111〕范樂天：《第一次國共合作至分裂初國民黨宜興縣黨部的創建和活動片段》，《宜興文史資料》，第 13 輯，第 99 頁。

〔註112〕江蘇省黨部印：《江蘇省黨務沿革》，出版年不詳，第 17 頁，江蘇省檔案館藏檔案，檔案號：1／3／880。

暴動，當檢獲人證、物證，已分別監視」，當時常會即決議，「將省黨部全體解散，另派員整理」〔註113〕。同時，國民黨中央組織部提議：「江蘇省執行委員滕固及黨員何民魂、盧印泉煽動軍警，指揮土匪共匪暴動，確有實據，請交國民政府明令通緝歸案究辦，並咨請中央監察委員會一律予以永遠開除黨籍等處分」，中常會做出決議，決定嚴厲處分相關違紀人員，「先由中央監察委員會派員前往偵查，如無嫌疑者可暫行釋放」，且「所有嫌疑人犯，依黨員背誓罪條例第七條之規定，由中央組織臨時法庭審判之」。〔註114〕並且決定解散江蘇省執監委員會，另派張道藩、吳保豐、葉秀峰、祁錫勇等七人為江蘇省黨務整理委員，成立江蘇省黨務整理委員會，重新整理江蘇黨務〔註115〕。如此一折騰，改組派在江蘇省縣黨部的勢力頃刻間土崩瓦解，從此一蹶不振。

反 CC 派：該派別界限較為模糊，主要以黃埔出身的人員為主。在國民黨中央派往江蘇省的黨務指導委員中，以倪弼、鄘悌以黃埔出身，成為一派。該派以倪弼為首，成員有顧子揚、滕固、葛延時、段木貞、凌紹祖等，以此對抗 CC 派〔註116〕。因為 CC 在江蘇省黨務系統中勢力較大，所以反 CC 派有時會聯合改組派一起抵制 CC 派。為了解決這個問題，二陳趁 1929 年底的江蘇黨務整理中，利用繆斌反改組派將倪弼、顧子揚等人囚禁，趁他們進京申訴之機而把他們留在中央黨部任職，使這個派系最終宣告瓦解〔註117〕，同時 CC 順勢派張淵揚、張道藩等人組織江蘇黨務整理委員會，將江蘇省黨務牢固地掌控在自己手中。

FF 派：該派別為 1929 年底江蘇黨改組後，新出現的一個派別，因其英文縮寫「Five Friends」而得名。主要以 FF 派以新擔任省黨務整理委員的葉秀峰為代表，成員有周厚鈞、邱有珍、張人傑等〔註118〕。在省黨部 FF 派站穩腳

〔註113〕王仰清等標注：《邵元沖日記》，上海人民出版社，1990 年，第 583 頁。
〔註114〕《討論事項》（1929 年 12 月 2 日），中國第二歷史檔案館編：《中國國民黨中央執行委員會常務委員會會議錄》，第 10 冊，廣西師範大學出版社，2000 年，第 183 頁，第 184 頁。
〔註115〕《中央第五十三次常會》，《中央日報》，1929 年 12 月 3 日，第一張第一面。
〔註116〕楊谷：《一九二九年江蘇省國民黨內部的一場派系鬥爭》，《江蘇文史資料選輯》，第 9 輯，第 71 頁。
〔註117〕陳斯白：《略談國民黨江蘇省黨部的黨務鬥爭》，《文史資料選輯（江蘇鹽城）》，第 3 輯，第 96 頁。
〔註118〕陳斯白：《略談國民黨江蘇省黨部的黨務鬥爭》，《文史資料選輯（江蘇鹽城）》，第 3 輯，第 93 頁。

跟後，也開始向縣級黨務滲透，如江蘇江都縣黨務整理後，省黨部中 FF 派滲透進來，也使為 CC 派天下的江都縣力量出現挑戰，〔註119〕但總的來說，這個派別與 CC 派在江蘇的矛盾並不特別尖銳。

　　其他縣黨部派別：因地緣因素，各縣黨部派系則更為複雜。根據 1929 年江蘇省黨部對全省 61 個縣調查後發現，幾乎每縣都不同程度地存在派系紛爭，有依學校出身形成的六中派、三師派等；有依地域形成的城廂派、鄉村派等；有依代際形成者，如青年派、紳士派等；有依政見形成者，如幾近派、緩和派等；有依入黨時間形成的如黨務秘密時期入黨者與黨務公開時期入黨者各為一派〔註120〕。當國民黨中央在解散江蘇省黨部，並派出整理委員後，據後者調查江蘇各縣黨務後也指出，「縣里黨員，多乏遠大眼光，什麼東北一派，西南一夥，遇事專以個人利益為前提，今日加入某派，明天打倒某人，鬧來鬧去，毫無意義可言。」〔註121〕他們依託自身的派別利益，互相爭奪：

　　　　有的同學關係結成學校派，有以地區關係結成地方派，有因省
　　黨部多次改組，均為中央派來的外地人，本地人跟外來人各自成派，
　　有新黨員跟老黨員互相瞧不起形成新派舊派，還有什麼急進派、緩
　　進派等，均以個人眼前厲害為轉移，互相戒備。〔註122〕

　　這些派別只是因地緣、學緣等結成，歷來就有，始終無法形成左右一省黨務局勢之力。但爭權奪利，嚴重影響了國民黨在民眾心目中的形象。黨員乃至黨組織為了小團體利益，罔顧大局。1930 年，國民黨中央決定再次派出黨務整理委員，負責處理省黨部內部的矛盾，稱之為第二期整理。負責該次整理工作的黃宇人在黨務報告中，直指省黨部的問題所在：

　　　　黨務整理委員會自中央下令改組以後，我們對於工作雖信是很
　　努力的，可是所表現出來的成績，比較我們預定的目標還差得很遠。
　　因鑒於各地黨務之不能健全，且常發生糾紛，其圍藝不外一個「私」

　　──────────────

〔註119〕楊谷：《我所知道的國民黨省縣派系情況》，《江都文史資料》，第 2 輯，第 18，19 頁。
〔註120〕中國國民黨江蘇省黨務指導委員會編：《中國國民黨江蘇省黨務指導委員會工作總報告》，編者刊，1929 年第 4 編，第 9～10 頁，轉引自王奇生：《黨員、黨權與黨爭》，上海書店，2003 年，第 217 頁。
〔註121〕顧哲民：《整理江蘇黨務的小意見》，《江蘇黨務周刊》，1930 年 2 月 16 日，第 6 期。
〔註122〕轉引自江蘇省地方志編纂委員會編：《江蘇省志 國民黨志》，江蘇人民出版社，2006 年，第 130 頁。

字。腦經中既存了一個「私」字，一切事情固必以「私」字爲出發
點。以言黨務整理，則全爲自己將來的地位或選舉打算。於是操縱
搗亂，拉攏排擠，甚至貪污的種種怪現象，自然隨著發生了。……
我們認定要整理黨務，須是從整理黨部入手，尤須先從整理省黨部
入手。因爲如果省黨部本身不健全，不能自己先做一個下級黨部的
典範，那麼還要去整理下級黨部，領導全省黨務，這不唯是不可能
的，而且是很滑稽的事。〔註123〕

　　事實上，江蘇黨務更迭頻繁，與省黨部固然關係密切，但作爲國民黨中
央的屏障，江蘇省黨部的派別鬥爭，往往與國民黨中央內部的鬥爭相勾連。
省黨部以「改組派」嫌疑而被撤銷，即是一個明顯的例子。

2、CC系掌控下的浙江黨

　　清黨後，國民黨元老派與CC系關於浙江省黨部就進行了激烈的爭奪。
1927年5月，爲了清除共產黨在國民黨中的勢力，國民黨中央對浙江省黨部
進行了改組，以蕭錚、鄭亦同、邵元沖、陳希豪等爲執行委員，其中蕭、鄭
等均爲CC系的主要成員。但省黨部成立後，時爲組織部部長的蕭錚積極組織
農會及推行二五減租而爲張所嫉，而且在農民部部長的任命問題上，省黨部
與以張靜江爲首的省政府發生了衝突〔註124〕。1927年6月，張靜江以蕭錚等
人有共產黨嫌疑爲由，企圖逮捕並處決蕭等人，但爲蕭錚等事前察覺而逃離
浙江〔註125〕，陳果夫不好直接與張靜江等人正面發生衝突，只好決定將蕭派
去山西考察黨務。經過此次打擊，浙江省黨部中親陳果夫的派別遭到重創。6
月15日，南京國民黨中央又派張靜江、蔡元培、邵元沖等人爲浙江省黨部改
組委員會委員，張兼任組織部長，邵元沖爲宣傳部長。6月25日，經國民政
府任命，張靜江又任省政府主席，集黨政大權於一身。由此，浙江省黨政大
權基本由國民黨元老派掌握。

　　在西山會議派主持的中央特別委員會時期，張靜江等人隨蔣介石的下野

〔註123〕轉引自江蘇省地方志編纂委員會編：《江蘇省志 國民黨志》，江蘇人民出版
　　　　社，2006年，第131頁。
〔註124〕蕭錚：《清黨前後的浙江黨務與農民運動》，《傳記文學》，1978年，第33卷1
　　　　期。
〔註125〕陳太先等著：《當代地政泰斗蕭錚博士傳略》，臺灣地政研究所印行，第15～
　　　　16頁。

辭官而去。爲了處理浙江黨務，國民黨中央以沈定一爲特派員，負責整理浙江黨務，組織浙江省臨時執委會，沈的主要關注點在於大力推動浙江二五減租運動，因沈後來被人暗殺及浙江省臨時執委會的很快解散，故而在此時期浙江的黨務發展方面並無大的建樹。特委會結束後，陳果夫奉命代理中央組織部長，重新整理各省黨務，儘管國民黨中央組織部派遣的浙江黨務特派員陳希豪、洪陸東等人在赴浙履行職權時遭到來自省政府的抵制〔註126〕，但後來 CC 利用向各省派出黨務指導委員之機，在派出的浙江省黨務指導委員中安插私人（如葉溯中、許紹棣等黨務指導委員都爲 CC 的骨幹分子）。而經過此次整理，CC 基本控制浙江的黨務，作爲 CC 重要成員的蕭錚後來也承認「在上海反對特委會的浙江諸同志，均被派爲省黨部指導委員」〔註127〕。如許紹棣，「自國民黨浙江省第二屆執行委員會起，一直連任執行委員、宣傳部長、常委等職，成爲浙江 CC 的核心人物之一」。〔註128〕在成立正式浙江省黨部後，省黨部執委張強、洪陸東、許紹棣、鄭亦同、蕭錚、周炳琳等均爲 CC 核心分子，因而在浙江 CC 系一直未能遇到強勁的對手，但其內部也分爲浙西系、浙東系、溫州系、復旦系。儘管 1949 年前，浙江省黨部名稱改了好幾次，主要人員都出自以上系統，「其他派別如元老派、西山會議派、改組派等，始終無法染指」。〔註129〕

儘管浙江省黨部內也有如浙西、浙東等派別，但這些基本都是 CC 系內部因地緣、學緣關係而派生出來的，在影響整個浙江省黨務方面並不會產生關鍵性的影響。當然，這可能也會產生一些派別鬥爭的麻煩。如 1930 年初，浙江省黨部執委、組織部部長、CC 分子張強因杭縣黨務負責人不屬於己方派別而生忌，乃趁大部分省執委不在浙江之際，操縱省執委會第 76 次會議，並通過決議，以杭縣黨部工作廢弛，濫用經費不遵中央規定並操縱縣代表大會選舉爲由，勒令該縣黨部執委和監委停職，聽候省黨部派員整理〔註130〕。但就程序上講，國民黨中央監察委員會規定，解散縣黨部，需由省黨部監察委員

〔註126〕關於此次黨政糾紛，後文將對此予以詳細論述。

〔註127〕蕭錚：《清黨前後的浙江黨務與農民運動》，《傳記文學》，1978 年，第 33 卷 1 期。

〔註128〕房宇園：《我所知道的許紹棣》，《浙江文史資料選輯》第 21 輯，第 50 頁。

〔註129〕杜偉、於龍：《浙江文史集萃》，（1），政治軍事卷，上冊，浙江人民出版社，1996 年，第 186 頁。

〔註130〕《浙省杭縣黨部呈請省執委會復議原文》，《中央日報》，1930 年 1 月 19 日，第二張第四面。

會檢舉交省執行委員會呈報中央執行委員會，再由中執會提交中央監委會決定。因而，這一違反組織原則的行為也遭到杭縣執委會的反對並就此提出抗辯。但諸如此類的風波並不會影響 CC 系在浙江黨務的主導局面〔註131〕，也進而為浙江省黨務的平穩發展提供了一個良好的內部環境。

第四節　小結

在分析江浙兩省的黨務情況後，我們可以發現，在 1928～1931 年短短的四年時間內，作為國民黨控制最嚴密地區的兩省，黨務發展居然差別巨大。在黨務整理方面，與浙江黨務的平穩發展相反，江蘇黨務因派別鬥爭而多次進行整理與改組，如此頻繁的人事變動引發了黨務工作的遲滯，而並非一些江蘇國民黨人所言之「江蘇的黨務歷史告訴了我們：各縣的黨務，每經一次整理，總將黨務推進一番。」〔註132〕而 1929 年底解散江蘇省黨部，國民黨中央對此的態度基本上是諱莫如深，在當時的報刊雜誌上也絕少見到國民黨中央關於此次蘇省黨部改組的原因解釋，至多在涉及之時閃爍其詞。1929 年 12 月 9 日，《中央日報》發表一篇頗有意味的文章，該文主要講述了阻礙江蘇省各縣黨務進行的消極因素，指出除土豪劣紳、共產黨、國家主義派影響外，痛斥改組派「以三民主義為幌子，而譭謗中央。以似是而非之理論，作魑魅伎倆，與 CP 分子同出一轍」。〔註133〕國民黨中央並未在理論、法理上解釋將江蘇省黨部改組的原因，這勢必引起各縣市黨部的混亂，更是加劇了地方黨部的派系爭奪，造成的影響十分惡劣，致使在一些地方民眾稱其為「黨棍」、「黨老爺」、「括民黨」〔註134〕，大大毀損了其社會形象。

派系鬥爭直接破壞了國民黨在江蘇的內聚力，影響了黨的團結。而一個組織的團結與否卻與其制度化程度為正相關，〔註135〕制度化水平的低下，對

〔註131〕CC 系在浙江與軍人出身黃埔系如何應欽、宣鐵吾等人也有過明爭暗鬥，但在黨務方面，基本由 CC 把持。詳見袁成毅：《民國浙江政局研究（1927～1949）》，中國社會科學出版社，2007 年，第 62～63 頁。

〔註132〕張淵揚：《各縣整委之考選與江蘇黨務前途》，《江蘇黨務周刊》，1930 年 2 月 30 日，第 8 期。

〔註133〕《蘇省各縣黨務障礙》，《中央日報》，1929 年 12 月 9 日，第二張第四面。

〔註134〕孫石鼇：《國民黨鹽城縣黨部醜聞一則》，《文史資料選輯（江蘇鹽城）》，第 3 輯，第 99 頁。

〔註135〕（美）塞繆爾‧P‧亨廷頓，王冠華，等譯：《變化社會中的政治秩序》，三聯書店出版社，1989 年，第 21 頁。

其在民眾中的威信也是一個嚴重的動搖。威信的流逝，帶來的只有懷疑甚至鄙夷，而非擁護與讚揚。這令他們後來提出一系列政治主張並積極努力使之付諸實踐時，尷尬而惶恐地發現爲之搖旗吶喊的，除了自己，別無他人。

而在黨員群體構成方面，江浙兩省都較爲相似。兩省在黨員吸納方面都傾向了知識精英，而忽視了廣大底層民眾，造成了教育工作者和學生在黨員中居多的事實。在黨員任職方面，明顯做出了對精英階層有利的限制，如以江蘇省爲例，居然規定選拔黨員擔任縣黨部相關負責人，應擁有大學學歷及三年以上黨務工作經歷。〔註 136〕但這種要求明顯過高，江蘇省黨部不得不下調標準。據 1932 年的統計，在該省縣黨部委員中，年齡大都在 30 歲左右，學歷多爲中學和師範畢業。〔註 137〕這種對縣黨部領導人學歷的硬性要求，對於底層民眾而言，無疑是困難的，即便很多在鄉村中自我期許爲「精英」的黨員也望塵莫及。所以，這種黨內再次精英化的趨勢，使地方黨部在政治主張的提出後，是否能發動底層民眾的支持及普通黨員的理解，則是一個疑問。而鑒於以上問題，在下面的章節中，將對此作出回應。

〔註 136〕 Tsai, David.「Party-Government Relations in Kiangsu Province, 1927～1932.」*In Select Papers from the Center for Far Eastern Studies,* no.1（1975～1976），the university of Chicago, 1976, p.110；根據 1928 年江蘇省黨部統計了 39 個縣黨部宣傳部長的情況，其中出身師範的爲 12 人、中學和大學分別爲 13 和 10 人、黨校和黃埔軍校的各 1 人，而從事農業僅爲 2 人。見李百仞：《各縣宣傳部長調查統計》，《江蘇黨聲》，1928 年 8 月 19 日，第 4 期。

〔註 137〕 《國民黨江蘇省黨部執監委員職員履歷表和各縣黨部委員履歷一覽表》，中國第二歷史檔案館藏檔案，卷號：717（4）～366，轉引自自王奇生：《黨員、黨權與黨爭：1924～1949 年中國國民黨的組織形態》（修訂增補本），華文出版社，2010 年版，第 237 頁。

第二章　提高黨權：以 1928 年浙江黨政糾紛爲個案

作爲按照列寧主義政黨模式改組的中國國民黨，自 1924 年改組直至 1949 年敗退臺灣期間，由於在國民黨內享有至高尊崇地位的孫中山並未就地方黨政關係作出明確的權威認定，此問題的處理就成爲國民黨人一個始終揮之不去的夢魘。在此期間，黨權、政權幾番較量，各自的「大王旗」也隨著角逐的勝負狀況而在城頭變幻〔註1〕。總的來說，在國民黨北伐至清黨前，在一些地方，黨權還是能凌駕於政府之上；在清黨以後，黨權漸趨式微，成爲政權及軍權的附庸。而地方黨部「提高黨權」主張的呼喊，即以此爲背景。

第一節　口號濫觴：「提高黨權」主張的背景鋪陳

面對地方黨在同級政權耀眼光環下逐漸被遮蔽，江浙黨部並不甘心淪爲政府的附庸，而是堅定地拿起自己的武器，爲實現重構地方權力格局的目標而鬥爭。事實上，國民黨發動反共政變後，與中央層級的迅速右轉相比較，不少國民黨地方黨員仍然堅持大革命時期的路線向前行進。他們提出了很多改革主張，同時力圖對政府施加影響，如通過稽核政府的施政綱領等，並爲此做出了相應的努力。

〔註 1〕 鑒於國民黨中央黨政一體化傾向明顯，使得中央黨權基本未旁落，因而本文所指的黨權主要是指地方黨權，而提高黨權也主要相對於同級政權，兼及軍權而言。

1、江浙黨部對於改革的建議

易勞逸曾對清黨後的國民黨作了精彩的分析，他指出，「清黨不僅淘汰了許多最進步的積極分子，還留下了長期的『後果』。它使得仍然留在國民黨內的成員不再用『激進的』方法來拯救國家的疾病。」〔註2〕這個觀點如果從國民黨中央的角度來看，的確如此，但對於訓政前期的國民黨地方黨員來講，卻並不盡然。實際上，此時期地方黨部提出了很多較中央層級更爲激進的主張，甚至直接付諸行動。

國民黨清黨後，元氣大傷的除了本就虛弱的組織肌體以外，其意識形態領域也出現了嚴重動搖，國民黨中央的集體右轉，導致其意識形態領域的混亂。在地方黨部看來，因爲原本奉爲圭臬的重大政策，如「聯俄容共」、「扶助農工」等，現在都突然被指斥爲「反革命」和「共產」了，使很多在大革命時期加入國民黨的青年理想和希望被擊碎，他們認爲蔣介石及其派系才應該爲1927年的慘劇負責，並認爲南京自清黨以後所採行的保守路線是一項嚴重的錯誤，「國民革命」正在走回頭路。〔註3〕特別是在地方「黨權」與「政權」孰輕孰重問題上，國民黨中央偏重後者的態度更是遭到了地方黨部的強烈反對，他們紛紛發表意見，力圖將地方行政納入到黨部的指導與控制之下，對此還提出了一系列如何在省縣「以黨治政」的建議和提案。

1929年12月28日，爲了充分採納各方意見，蔣介石致電各報社，表示歡迎來自輿論界的批評：

> 中正身負黨國付託之重，不能爲人民早日解除痛苦，內疚神明，外慚清議，固不忍稍自怠荒，更何敢閉塞聰明，歲月易逝，民國十八年倏將終了，欲收除舊布新之效，益弘集思廣益之規，各報爲民國之導師，亦即眞實民意之代表，對於國事既具灼見，應抒讜言，凡黨務、政治、軍事、財政、外交、司法諸端，咸望於十九年一月一日起，以眞確之見聞，作翔實之貢獻，凡弊端所在，能見事實癥結，而非攻擊私人者，務請盡情披露，所有嘉言，咸當拜納。〔註4〕

蔣介石的表態，更是刺激了國民黨地方黨部對於中央的大膽進言。據報

〔註2〕 易勞逸著，陳謙平等譯：《1927～1937年國民黨統治下中國流產的革命》，中國青年出版社，1992年，第19頁。

〔註3〕 王克文：《汪精衛・國民黨・南京政權》，臺北國史館，2001年，第156～157頁

〔註4〕 《事略稿本》，第7冊，第310頁。

載，南京國民政府建立伊始，一些省、特別市黨部就積極向國民黨中央提出建議，其範圍包括外交、財政、軍事、民政等諸多領域，一時之間報紙上滿眼均爲建議、通電等。〔註5〕江蘇省黨務指導委員會鑒於國民黨二屆五中全會已經召開，擔心「眾思未集，所見不周」，專門通令「各縣指委會迅速搜集各該縣全體黨員之意見，以憑審核轉呈中央」。〔註6〕甚至一些基層黨部企圖染指外交，如浙江省海鹽縣黨部就曾要求「國府辦理外交案件，並須將經過情形通知各級黨部」，被浙江省黨部以「與本黨組織既不相容，事實上亦窒礙難行」爲由否決。〔註7〕1932 年國民黨江蘇省第三次黨代會上，亦通過「呈請中央退出國際聯盟，準備全國動員，以武力收復失地等案」。〔註8〕

　　總的說來，地方黨部對於革新的建議大致分爲以下幾類：

　　（1）提高黨權。關於地方黨部對此的建議，大體內容爲：在省縣黨部內，應仿照中央政治會議形式設立地方政治會議以控制政府；在訓政時期，黨既然代表民眾行使四權，省縣政府所訂定的一切法規、施政方針和預算案、決算案應由省縣黨的代表大會通過施行或審核；省縣黨部對同級政府應該有質詢權和彈劾權；省縣黨的代表大會對於同級政府應有罷免、創制與復決權；省長與縣長應分別由全省黨員和全縣黨員直接投票選舉和罷免；黨的各級監察委員會對於同級政府違法或犯罪時，得按情節輕重，指出質問、警告或彈劾；薦任以上官吏，均須交所屬黨部審查合格，方得任用；各級政府增加人民負擔時應先徵得同級黨部的同意。〔註9〕如 1932 年 12 月國民黨江蘇省第三次黨代會召開，並通過了「建議中央同級政府負責長官應由同級黨部遴選介紹案」。〔註10〕這些主張的提出，實際上體現了地方黨部對於提高自身權威的關切，要求完全實現黨治在地方層級的運作。

〔註5〕　如江蘇省政府向國民黨中央建議，要求將南京改爲「中都」。《蘇指委會請改南京爲中都》，《中央日報》，1928 年 6 月 30 日，第二張第三面。

〔註6〕　《浙指委會通令全省黨員向五中全會建議》，《中央日報》，1928 年 7 月 25 日，第二張第三面。

〔註7〕　《浙省執委會第七二次會議》，《中央日報》，1929 年 12 月 27 日，第二張第四面。

〔註8〕　江蘇省地方志編纂委員會編：《江蘇省志　國民黨志》，江蘇人民出版社，2006 年，第 47 頁。

〔註9〕　王奇生：《黨政關係：國民黨黨治在地方層級的運作》，《中國社會科學》，2001 年第 3 期。

〔註10〕　江蘇省地方志編纂委員會編：《江蘇省志　國民黨志》，江蘇人民出版社，2006 年，第 47 頁。

（2）澄清吏治。「軍事北伐、政治南伐」，是南京國民政府成立後的一個顯著特徵，新政權吸納了大量原北洋政府舊官僚；〔註11〕在農村，原本被打倒或即將被處理的土豪劣紳紛紛重出水面，這些人借助國民黨清共之機，動輒以「共產嫌疑」對國民黨基層黨員相誣，甚至出現了「要打倒土豪劣紳，幾乎被土豪劣紳打倒」的局面。〔註12〕在浙江，各縣縣黨部自奉令停止活動後，各地土劣乘機向政府誣告國民黨左派黨員爲「共產餘黨」，以泄往日私憤，而不少縣政府也不問曲直，將其徑行抓捕。〔註13〕諸如此類的現象，這引起了國民黨地方黨部的強烈不滿，他們分別稱呼兩者爲「腐化」及「惡化」勢力，極力主張「再次革命」。如河北省保定市黨部還制定了「嚴防腐化標語」：「打倒軍閥以後不去剷除軍閥的餘孽；官僚政客等絕不是革命徹底辦法；惡化勢力是顯辣的，腐化勢力是隱毒的，隱毒比顯辣更其危險」，〔註14〕並提出「建設廉潔政府，掃除封建思想」的口號。〔註15〕但這種意在挑戰政府權威的主張，在後者有意無意的祖護下，其澄清吏治的主張，成效往往難以彰顯。

（3）改革陋俗。訓政前期，國民黨地方黨部針對社會上存在的民風陋俗，提出了「欲革命先革心」的口號，掀起了一場「破除迷信運動」。浙江省黨部宣傳部致函國民黨中宣部，要求制定相關破除迷信之宣傳方案，稱「竊維革命必先革心。心理建設，爲建國之要圖。唯求建設，必先破壞。故總理以破除迷信，定爲軍事時期重要工作之一。蓋革心之事，一面宣傳主義，以啓其心；一面破除迷信，以滌其舊。」同時認爲，「職部責任宣傳，竊認破除迷信之工作，實與防治赤化，取締反動有同樣之重要。」〔註16〕有的黨部甚至直接投身其中，參與到社會風俗革新運動中來。如在1928年，

〔註11〕南京市黨部在給國民黨中央的辭呈中，直指其弊：「辛亥革命之失敗，在與反動勢力妥協，現在北京官僚混入國民政府者實繁有徒，各地更不勝計，致有『軍事北伐政治南伐』之謠言，甚至久爲本黨大敵與我北伐軍事終頑抗者，亦給以高位，豈僅妥協，直引入中樞，覆轍再蹈，失敗可必。」見《黨務消息》，《保市周刊》，第4期，1928年11月18日，第16頁。

〔註12〕李壽雍：《在江蘇辦黨》，《江蘇黨聲》，第6期，1928年9月2日。

〔註13〕《浙省各縣黨部請省政府保障黨員》，《中央日報》，1928年3月23日，第二張第二面。

〔註14〕《嚴防腐化標語》，《保市周刊》，第1期，1928年10月28日，第26頁。

〔註15〕《標語》，《保市周刊》，第1期，1928年10月28日，第29頁。

〔註16〕《浙省黨部請頒破除迷信宣傳方案》，《南京黨務周刊》，1929年9月16日，第16期。

江蘇高郵、鹽城等地均發生了縣黨部領導下打毀城隍廟的事件。〔註 17〕

以上三類僅是建議的主要內容，其他還有涉及民政、衛生、黨務乃至外交等領域。地方黨部紛紛向國民黨中央進言，提出的諸多建議均與後者政見不合，引起後者的不滿。1928 年 6 月 28 日第 150 次中常會上通過決議，要求「各級黨部對中央之建議，未經中央批覆，逕行在報上發表，或逕發通電，與其他黨部互爲呼應，自爲主張者，殊爲不合」。〔註 18〕同時，國民黨中央還發出通電，指責他們一有建議，即「喧騰報章互相呼應」。〔註 19〕有的「竟襲共黨搗亂之故技，做挑撥離間之謬舉」，警告「嗣後如有擅布主張及挑撥離間等行動，應即從嚴處分，以維紀律」。〔註 20〕但是國民黨中央的嚴厲表態，引發了地方黨部較爲強烈的反彈。

甚至作爲國民黨中央的喉舌，《中央日報》對此特別發表評論，明確表示對國民黨中央的做法不予認同。如時任該報主筆的彭學沛認爲，現在時期不同，國家已經進入訓政階段，「最怕的是官吏不能依靠黨章切實建設，或因不明了黨義，或因不能脫離舊時的腐化精神。所以這個時期最要緊的，是要全國民一致起來督促，要全使黨員相暮鼓晨鐘一樣地來監督政府」，他對國民黨員賦予了很高的的責任，甚至斷言：「這時候比較靠得住的，比較敢於發言的，比較可以盡點監督政府的責任的，只有黨員，只有各級黨部。現在不怕批評，就怕沒有批評；不怕多發言，就怕沒有人敢於發言」，因此「從這一層，我們覺得應當從寬地給各級黨部以發言權。」此外，認爲「近來蘇、浙、寧、滬、平各級黨部所直接發表的言論，不僅是建議的性質，並含有事前預防警告，或事後懲惕的性質」，若以中央名義發表，則過於嚴厲。〔註 21〕作爲國民黨中央的機關報，《中央日報》此文的發表實際上說明了國民黨自身理念暴露出的歧見。

不僅如此，《中央日報》甚至還對地方黨部向國民黨中央建言獻策的做

〔註 17〕 對於高郵及鹽城「打城隍」事件的研究，參見沙青青：《信仰與權爭：1931 年高郵「打城隍」風潮之研究》，《近代史研究》，2010 年第 1 期；何志明：《民國奇案：從打城隍到打黨部》，《文史天地》，2010 年 11 期。

〔註 18〕 《向中央的建議不得自由發表》，《中央日報》，1928 年 7 月 7 日，第二張第三面。

〔註 19〕 《中央支電與黨紀的執行》，《江蘇黨聲》，1928 年 10 月 14 日，第 12 期。

〔註 20〕 《各級黨部不得擅布主張》，《中央周報》，1928 年 10 月 8 日，第 18 期。

〔註 21〕 彭學沛：《各級黨部的直接發言權》，《中央日報》，1928 年 7 月 8 日，第一張第三面。

法表示了讚賞。一個筆名爲「象山」的《中央日報》評論員對此寫道：「這一個月中，下級黨部一方面對於僚官（官僚）政客入黨的事特別注意，一方面對於本黨的政綱紀律的實行尤特別注意，眞可以算是黨內的好現象」，他進而提出了國民黨黨內民主的問題：「此後要更進一步，實行黨員投票決事，投票選舉的政策，上級黨部的人員由下級黨部選舉而來」，並希望國民黨中央保留下級黨部建言獻策的權利：「故我們十二分的希望上級黨部盡量的容納下級黨部的意見，並同時希望下級黨部盡量發表自己的意見，以鞏固本黨的基礎。」〔註22〕

但針對各級黨部提出的意見，國民黨中央並未認眞對待，以蔣介石爲例，蔣稱「近查各級黨部對於建國要政，不遺鉅細，建議中央，足徵愛黨熱誠，殊堪欣慰，中央望治甚殷，原本集思廣益之心，藉收手臂使指之效，凡可采擇，莫不施行，以慰吾黨同志與全國人民之企望，然行遠自迷，登高自卑，一切實施，固有其必然之步趨，非一蹴可幾也」。〔註23〕可見，相對地方黨部提出的「黨權高於一切」、「打倒腐化劣化分子」，國民黨中央更強調「步趨」，而非「一蹴而就」。在蔣介石那裡，漸進改良已經力壓激進革命完全佔據了上風。

在黨國體制下，國民黨中央對地方黨部在政權中乃至黨內的定位，始終困擾著地方國民黨人。按照孫中山對訓政時期國民黨員應負之責任的敘述以及國民黨中央通過的《訓政綱領》即「政權託付於中國國民黨之最高權力機關」，〔註24〕循理，地方黨部應在同級政權中充分發揮其相應的作用，對政府施加足夠的影響，以保證黨治在基層的眞正貫徹。但《訓政綱領》中並未明確指出地方黨部在同級政權中的地位，因此使得後者難以在職權中找到自己的位置。江蘇省黨部一位負責人坦言：「中央未能明確規定各級黨部的職權，和怎樣實施其職權。訓政時期的各級黨部究竟應該具有什麼職權怎樣實施其職權，我很希望中央負責諸同志，於忙百中，偷點工夫，根據總理遺教，以黨治國的眞義，指示下級黨部工作同志一條光明大道，俾大家踏著這條光明

〔註22〕 象山：《下級黨部的建議問題》，《中央日報》，1928年7月30日，第二張第三面。

〔註23〕 《蔣中正總統檔案‧事略稿本》（1929年11月至1930年3月），第7冊，臺北國史館印行，2003年，第40頁。

〔註24〕 《訓政綱領》（1928年3月21日），榮孟源主編：《中國國民黨歷次代表大會及中央全會資料》，上冊，光明日報出版社，1985年，第658頁。

大道，向總理指示我們的目標去努力；免得大家不做不好，做也不好，終日在徒喚奈何！」〔註 25〕這句話明確指出了國民黨內部對地方黨部職權的界定、權力分配方面存在的重大分歧。

2、黨權低落的現狀

清黨後，很多地方的黨務出現萎靡不振之勢〔註 26〕。如以福建漳州的黨務情況爲例，北伐軍攻克福建省後，建立了福建省臨時省黨部，派遣黨務籌備員吳啓廣、陳希仁等前往漳州籌備龍溪縣黨部，分區籌備區黨部和區分部，進而準備全縣代表大會，及選舉執監委員。正當大會即將召集之時，適逢「清黨」，遂停止了黨員的登記，縣代表大會的籌備也被停頓。因後來得知籌備員中有中共成員，福建省臨時省黨部乃對該籌備處進行了改組，另派吳抉雲等到漳州，爲縣黨部的籌備員，漳州黨務很快因吳等人的到來有了新氣象。

奇怪的是，吳後來卻奉令兼了縣教育局長，因當地學校校長的人事問題與縣長發生了矛盾。吳遂準備藉黨的地位指揮民眾打倒縣長，而該縣長爲本地人士，在當地教育界也有相當勢力，吳憑藉黨的力量根本動搖不了其地位，無奈之下只得離開漳州。由於縣黨部中以吳抉雲爲首，他一走，其他委員也就四處星散了。縣黨部是如此，下面區黨部和區分部更不堪言。全縣總計有十七個區黨部，而至 1928 年，已經成立者不過五個，使調查漳州黨務的人員慨歎該處的黨務「實在幼稚得很」。〔註 27〕從這個事例可以看到，吳抉雲作爲縣黨部的主要負責人，居然去兼縣長轄下的一個局長。在此，政高於黨的意味十分明顯。

而在國民黨中央向各省派出黨務指導委員後，也遭到或明或暗的抵制。爲整理貴州黨務，國民黨中央委任楊萬選、馬培中、李居平爲該省黨務指導委員，此三人抵黔後，先拜訪省主席周西成，周一見他們即稱「貴州無黨可辦，君等來自中央，俱係人才，何妨在省府幫忙」，遂委任他們爲省府參議諮議，楊馬二人以來黔係指導黨務，非在政府服務，但又不敢明言，只好潛離

〔註 25〕朱堅白：《怎樣辦？》，《江蘇黨聲》，1928 年 12 月 9 日，第 20 期。
〔註 26〕1928 年初，國民黨要員邵元沖此亦歎「黨權傍落，狐鼠縱橫，吾人不能翩然高騫，意甚恥之。」見《邵元沖日記》，第 487 頁。
〔註 27〕《福建漳州黨務概況》，《中央日報》，1928 年 2 月 6 日，第二張第三面。

貴州避禍。唯有李居平堅持表示不就此參議職，周大怒，遂以「內亂罪」將其殺害〔註28〕。

　　黨權不彰的原因除了地方政府及實力派的抵制外，還因國民黨中央本身對地方黨部權力分配的態度有關。由於對「容共」時期共產黨著力提高黨權的忌憚，寧漢合流後的國民黨中央開始有意識地壓制地方黨部的權力，原因是他們對黨高於政的原則出現了錯誤認知，認定其乃大革命時期「共產黨的陰謀」。如時為國民黨中宣部部長的葉楚傖就稱「當時共黨所採的策略，一方面盡量加入黨部，握住了黨部；一方面卻曲解以黨治國的真義。他們不在政權裏拿一部分的政權，卻在黨的上面操縱了全部的政權。」〔註29〕但列寧主義政黨的黨政關係模式為：黨委是地方的最高領導機關，牢牢掌握主要幹部的人事任免權，即實行「黨管幹部」的方式，向政府輸送行政人員，並通過控制從政黨員進而實現對政府的領導。作為模仿蘇俄黨改組且標榜「以黨治國」的中國國民黨，其黨政關係的處理並未嚴格按照以上模式進行。按照訓政時期約法，國民黨負責指導地方政府以實施訓政，但在地方政權的實際工作中，「指導」往往流於形式。

　　即使作為國民黨學習榜樣的蘇俄黨，在執政之初亦並未理順黨與同級蘇維埃的關係，甚至出現過黨政不分的情況，黨的權力幾乎都由蘇維埃代行，致使黨的機器衰退，而地方黨委沒有專職幹部，黨組織幾乎成為了蘇維埃的「宣傳鼓動部」，以致出現了「黨可以取消」的說法。但這種情況很快引起了俄共中央的重視並在1919年的俄共八大後得到了改觀，即通過黨掌握主要人事任命及將黨務經費獨立開來使黨的地位高於同級政府，而同時中央委員會也牢牢控制住了地方黨委〔註30〕。儘管黨政關係仍然在「指導」和「領導」之間含混不清，但卻確立了黨高於政的基本原則。

　　由於國民黨中央對大革命時期黨高於政現象進行了錯誤歸因，所以有意對地方黨權進行了限制，在1928年2月就對黨政關係作了認定：「各地

〔註28〕《還有什麼黨權可言》，《浙江黨務》，1928年12月1日，第26期。
〔註29〕《葉委員楚傖演說詞（1928年6月4日）》，《江蘇省政府公報》，1928年6月11日，第37期；《葉楚傖演講黨政相互的關係》，《中央日報》，1928年9月6日，第二張第三面；Tsai, David.「Party-Government Relations in Kiangsu Province, 1927～1932.」In *Select Papers from the Center for Far Eastern Studies*, no.1（1975～1976）, the university of Chicago, 1976, p.100.
〔註30〕（英）倫納德・夏皮羅著，徐葵等譯：《一個英國學者筆下的蘇共黨史》，東方出版社，1991年，第271～275頁。

政府與黨部有衝突時，須分別呈報各上級機關，共同處理。」〔註 31〕此舉首次明確規定黨部與政府並列、互不統屬的地位，這使毫無實際行政權的黨部無疑在黨政衝突中處於弱勢，如在廣東仁化縣，該縣長蔡樂天竟擅將該縣黨務指導委員江德軒拘押下獄〔註 32〕，在江蘇，甚至有縣黨部居然要求備槍自衛〔註 33〕。

　　一些不法黨員爲非作歹，及黨部未能在職權上與政府劃分清楚，致使常有干涉行政司法的行爲，也是國民黨中央不願提高地方黨部職權的原因之一。由於盲目迷信大革命時期的「黨權高於一切」，一些黨員乘機藉以牟取私利，對此葉楚傖就指責他們「做了黨員，就有支配權，黨與政治之糾紛，在此就種了根，不可救藥了」，爲了個人私利，「硬拿黨部的地位來干涉政治。許多幼稚分子或腐化分子，便壟斷鄉曲，做了變相的土豪劣紳，變成一個壓迫政治機關的現象，這實在是不幸！」〔註 34〕如在江蘇，銅山縣三區黨部黨員周仁齊「勾結土劣，壓迫民眾，霸佔貧民田產，盜賣槍（支）」；泰縣黨員陳誠「包攬詞訟」；松江縣黨員陳玉才抽食鴉片等等，還有的包辦選舉，結黨營私，不一而足。〔註 35〕

　　1928 年江蘇省黨務指導委員倪弼視察該省黨務後，在提交的《視察總報告》中，對一些國民黨員的不良作風進行了嚴厲批評：

> 兄弟曾到各縣黨部去看看，大半因爲黨員的大擺架子，形成黨部是一種特殊的階級，以致民眾都有黨老爺、黨官之稱，而黨員每每印了許多有頭銜的名片，儼然以官自居了。要知黨員是要切實聯合民眾，而後民眾才能受其感化。今如此，是拒民眾於千里之外了，

<hr/>

〔註31〕　《整飭黨紀之方法案（1928 年 2 月 6 日）》，《中國國民黨歷次代表大會及中央全會資料》，上冊，第 522 頁。

〔註32〕　《仁化縣黨務指委江德軒被拘案》，《中央政治會議廣州分會月報》，第 12 期，1928 年 11 月 30 日。

〔註33〕　江蘇淮安縣黨部鑒於安全無法保障，爲了自己的安全考慮，要求公安局對其配發槍支以自衛，但此爲江蘇省政府否決。見《函省黨部令淮安縣指委會不必借槍自衛》，《江蘇省政府公報》，1929 年 5 月 9 日，第 130 期。

〔註34〕　《葉委員楚傖演說詞（1928 年 6 月 4 日）》，《江蘇省政府公報》，1928 年 6 月 11 日，第 37 期；《葉楚傖演講黨政相互的關係》，《中央日報》，1928 年 9 月 6 日，第二張第三面。

〔註35〕　《江蘇省黨部第六次監委會議》，《中央日報》，1929 年 5 月 24 日，第三張第一面；《蘇省各縣又有大批人員被檢舉》，《中央日報》，1929 年 6 月 13 日，第二張第三面；《蘇省黨部第十一次監委會議》，《中央日報》，1929 年 8 月 9 日，第二張第四面。

　　　哪裏談得到感化和聯合。再說，中國民眾有怕官的根性，他們對於
　　　黨老爺自然有格格不入之勢。〔註36〕

　　從這段話可以看出，當時普通國民黨員將「黨員」與「官員」相對等，
認為入黨即是做官，這實際上已經與國民黨中央反覆強調的的「以黨治國」
而不是「以黨員治國」相衝突。一些基層黨部在這種黨官不分的情況下，往
往直接干預地方行政，甚至為非作歹：「自由侵佔人田地，自由強姦人妻女，
自由逮捕人民，自由審問人民，自由處罰人民」〔註37〕的行為，更是印證了
寧漢合流後「黨軍可愛，黨人可殺」〔註38〕民謠誕生的必然性。

　　如一些黨部未能有效區分黨政職權範圍，也出現了干預司法行政的行
為。即在黨部成立後，「民眾亦視之如衙門，往往有人不問情由前去『叫冤』
或投『訴狀』」，而黨部則「因為是被壓迫民眾的請求，不論司法行政，自當
受理」，〔註39〕就產生了如自由逮捕人民，甚至「令他們站立木籠」，〔註40〕
甚至還有包辦離婚案件的事例〔註41〕。這種越俎代庖的行為不但遭到政府、
司法機關的嫉視，而且也為國民黨中央所詬病。汪精衛對此就斥責其為「黨
亂」而非「黨治」。〔註42〕孫科亦對地方黨部干預政府行政工作表示強烈不滿：
「現在我們看到的黨部，好似當地的太上政府，無論什麼事不是干涉政府的
行政，就是擾亂人民予人民以不良好的影響」。〔註43〕因此，黨權低落與國民
黨地方黨部自身也有著密切聯繫。

〔註36〕倪弼：《視察總報告》（1928 年），轉引自江蘇省地方志編纂委員會：《江蘇省
　　　志 國民黨志》，江蘇人民出版社，2006 年，第 131 頁。
〔註37〕《自殺的國民黨》（1929 年 3 月 8 日），中國科學院歷史研究所第三所南京史
　　　料整理處選輯：《中國現代政治史資料彙編》，第二輯第八冊，第 8～9 頁。
〔註38〕乾：《同聲吶喊》，《金陵周刊》，1928 年 1 月 1 日，第 5 期；不僅如此，該民
　　　謠也在李宗仁的回憶錄中得到證實。見李宗仁口述，唐德剛撰寫：《李宗仁回
　　　憶錄》，上冊，華東師範大學出版社，1995 年，439 頁。
〔註39〕潘覺民：《對於整理縣以下各級黨部的意見》，《江蘇黨務周刊》，1930 年 2 月
　　　16 日，第 6 期。
〔註40〕蔣介石：《忠實同志應怎樣為黨努力》，《中央半月刊》，1929 年 1 月 1 日，第
　　　2 卷第 7 期；《黨政須團結一致革命方能成功》，《中央周報》，1929 年 2 月 25
　　　日，第 38 期。
〔註41〕汪精衛：《黨治之意義》，季嘯風等主編：《中華民國史史料外編——前日本末
　　　次研究所情報資料》，第 30 冊，廣西師範大學出版社，第 93 頁。
〔註42〕汪精衛：《黨治之意義》，季嘯風等主編：《中華民國史史料外編——前日本末
　　　次研究所情報資料》，第 30 冊，廣西師範大學出版社，第 93 頁。
〔註43〕孫科：《辦黨的錯誤和糾正》，《中央黨務月刊》，第 29 期，1930 年 11 月。

　　為了保證對黨員（部）的紀律約束，以及對政府施政方針進行審查，保證「以黨治國」原則的運行，除由上而下建立執行系統外，國民黨還要求建立相應的黨務監察體系。訓政前期，國民黨陸續建立了相對完善的中央及地方黨務監察規章制度。〔註44〕1929 年 12 月 19 日，國民黨中常會通過決議，決定完善省級以下監察委員會的制度建設，並通過了《省監察委員會組織條例》、《縣監察委員會組織條例》以及《區監察委員服務條例》，這些條例的頒佈，使國民黨的黨務監察系統在建章立制方面實現了突破。在省監察委員會方面，規定省監察委員會由三或五人組成，候補監委為一人或二人，要求每星期至少開會一次，監察委員過半數方得開會。省監察委員會互選一人為常務委員，「主持會中常務」，設秘書一人，幹事三人及錄事若干人。〔註45〕就成員數量而言，較之 1928 年國民黨中央第 165 次常會通過的省監察委員為五人，有所變動，顯得相對靈活。〔註46〕在縣級層面，規定縣監委會成員為三人，候補一人，要求每星期至少開會一次，及兩星期向省監察委員會報告一次，職權與省監察委員會同。〔註47〕在區黨部一級，通過了《區監察委員服務條例》，對區監察委員及候補監察委員均為一人，其職權除處理違反黨紀黨員外，「稽核區執行委員會財政之收支；審查全區黨務之進行情形」，並向縣監察委員會每二星期報告一次。〔註48〕此外，為加強軍隊黨員的監察，國民黨還制定軍隊特別黨部團監察委員會、師監察委員組織條例，建立相應的監察機構。

　　國民黨關於各級監察委員會的職權界定方面，筆者在比較分析國民黨「三大」、「四大」及「五大」修訂的總章後發現，各級監察機構的工作職權基本未發生變化。在中央層級，國民黨中央監察委員會的職權大體分為四類：（一）

〔註44〕有關國民黨中央監察委員會的情況，詳見本書附錄：《中國國民黨的「中紀委」：中央監察委員會》。

〔註45〕《省監察委員會組織條例》（1929 年 12 月 19 日），中國第二歷史檔案館編：《中國國民黨中央執行委員會常務委員會會議錄》，第 10 冊，廣西師範大學出版社，2000 年，第 320～321 頁。

〔註46〕《各級正式黨部監察委員人數》，《申報》，1928 年 9 月 24 日，第 4 張。

〔註47〕《縣監察委員會組織條例》（1929 年 12 月 19 日），中國第二歷史檔案館編：《中國國民黨中央執行委員會常務委員會會議錄》，第 10 冊，廣西師範大學出版社，2000 年，第 322～323 頁。

〔註48〕《區監察委員服務條例》（1929 年 12 月 19 日），中國第二歷史檔案館編：《中國國民黨中央執行委員會常務委員會會議錄》，第 10 冊，廣西師範大學出版社，2000 年，第 324 頁。

依據國民黨紀律，決定各級黨部或黨員違背紀律之處分；（二）稽核中央執行委員會財政之出入；（三）審查黨務之進行情形及訓令下級黨部審核財政與黨務；（四）稽核中央政府之施政方針及政績，是否根據該黨政綱及政策」。〔註49〕從這四類職權可以看出，中央監察委員會有權處理違紀黨員及黨部，對中央及省（特別市）之財務及黨務予以審計以及審查國民政府之施政方針及政績，其監察範圍除黨內外，還延伸到了國民政府，這充分體現了國民黨「以黨治國」的基本精神。

在省一級層面，國民黨中央規定各省市監察委員會的職權大體與中央監察委員類似：「依據本黨紀律決定所屬黨部或黨員違背紀律之處分；審核省執行委員會財政之收支；審查全省黨務之進行情形；稽核省政府之施政方針及政績是否根據本黨政綱政策」。〔註50〕縣級監察機構的職權亦與此類似。〔註51〕在區黨部一級，因其地位較接近基層，監察委員之職權則稍有不同，國民黨「三大」總章中並未對區黨部一級的監察委員職權做出具體規定。爲了進一步完善基層監察制度，1929年12月19日，國民黨中央通過《區監察委員服務條例》，對區黨部監察委員的職權作出規定，其除負責處理所屬黨部違紀黨員外，「稽核區執行委員會財政之收支；審查全區黨務之進行情形」。〔註52〕此時這一級黨部尚無同級政權，所以並無稽核同級政權施政綱領之權。〔註53〕從中央到縣級監察委員會的職權界定可以看出，國民黨黨務監察涉及黨內與黨外兩個領域，在黨內執行黨紀，黨外則通過稽核同級政府的施政綱領來保證「以黨治國」的順利進行。

〔註49〕 《第三次全國代表大會修正中國國民黨總章》（1929年3月27日），李雲漢編：《中國國民黨黨章政綱彙編》，近代中國出版社1994年版，第92頁。

〔註50〕 《省監察委員會組織條例》（1929年12月19日），中國第二歷史檔案館編：《中國國民黨中央執行委員會常務委員會會議錄》，第10冊，廣西師範大學出版社，2000年，第320～321頁。

〔註51〕 《縣監察委員會組織條例》（1929年12月19日），中國第二歷史檔案館編：《中國國民黨中央執行委員會常務委員會會議錄》，第10冊，廣西師範大學出版社，2000年，第322～323頁。

〔註52〕 《區監察委員服務條例》（1929年12月19日），中國第二歷史檔案館編：《中國國民黨中央執行委員會常務委員會會議錄》，第10冊，廣西師範大學出版社，2000年，第324頁。

〔註53〕 直至1934年，國民政府才開始在縣以下正式分區設署，任命區一級的行政人員。參見王奇生：《戰前中國的區鄉行政：以江蘇省爲中心》，《民國檔案》，2006年第1期，第77頁。

　　爲了保證國民黨對於各級政府的監督，實現「以黨治政」，稽核政府施政發展及政績，這是國民黨黨治政體下監察工作的一大特色。國民黨中央通過了《各級監察委員會稽核各同級政府施政方針及政績通則》，通過制度化的方式來保證該項監察工作的實施，並明確要求，「中央及省縣市政府之施政方針應隨時函致同級黨部執行委員會轉監察委員會稽核」，監察委員會在審核後發現與國民黨自身政綱不合，得「附屬上級意見，由執行委員會轉請同級政府修改」，且「同級政府每年須將政績造具報告書送同級黨部執行委員會轉監察委員會稽核」，如有疑義政府須解釋「負完全答覆之義務」，必要時得派員調查。〔註54〕國民黨中央希望通過這種方式，實現自身黨綱在政府中的貫徹。

　　但實際上，省縣黨部監委會根本無法實現對同級政府的監督，其原因如下：

　　首先，在組織結構方面，國民黨的各級監察機構，從中央層級的中央監察委員會到區黨部一級的監察委員，表面上看其組織可謂十分嚴密。但各級監察機構的設立，必須是以國民黨自身組織的完備爲前提。1928 年底國民黨雖然宣佈統一，但這種統一是口號式的，但全國大部分地區國民黨中央都無法施加足夠的影響。如以江蘇省爲例，自 1928 年 4 月，國民黨中央向江蘇派出黨務指導委員，成立省黨務指導委員會起至 1933 年 5 月，短短五年內，江蘇省黨部改組、整理達四次之多。1928 年，國民黨中央乾脆將江蘇省黨部解散，並派出黨務整理委員，重新整理該省黨務。幾經周折後，江蘇省各縣執監委員會才重新成立，並於 1931 年 8 月 15 日召開江蘇省第三次代表大會，成立新的江蘇省黨部。〔註55〕黨務機構整頓頻繁，其監察職權自然難以落到實處。

　　其次，在經費保障方面，監察機構開展黨務監察工作，必須具有相應的經費作爲保障。戰前國民黨黨務經費來源主要有黨費與特別捐、政府財政撥款、面向社會籌集（捐）以及其他黨辦企業收入等，政府撥款則是黨務經費的主要來源。〔註56〕但實際上，戰前十年國民黨始終處於拮据的黨務經費狀

〔註54〕《各級監察委員會稽核各同級政府施政方針及政績通則》（1929 年 12 月 19 日），中國第二歷史檔案館編：《中國國民黨中央執行委員會常務委員會會議錄》，第 10 冊，廣西師範大學出版社，2000 年，第 336～337 頁。

〔註55〕江蘇省黨部印：《江蘇省黨務沿革》，出版年不詳，第 16～19 頁，江蘇省檔案館藏檔案，檔案號：1／3／880。

〔註56〕田湘波：《中國國民黨黨政體制剖析（1927～1937）》，湖南人民出版社，2006 年，第 600 頁。

態，實際成爲監察工作的重要瓶頸。據國民黨中央的統計，自 1930 年至 1935 年，黨務經費一直處於收不抵支的狀態，支出分別超過收入的金額分別爲 560187、394138、715039、378824、209356 餘元。〔註57〕國民黨中央規定的省級黨部經費支配比例中，按照甲乙兩個等級的省黨部，甲、乙級省黨部的每月辦公經費分別爲 2470 元與 1420 元。〔註58〕爲了保障執行委員會的經費開支，國民黨中央規定，省監察委員會的辦公及調查經費不得超過省黨部辦公經費的十分之一，縣監察委員會則不得超過五分之一，〔註59〕照此標準計算，甲乙兩級省黨部監察委員會的辦公活動經費應分別爲二百四十元及一百四十元以下。單以甲等省黨部爲例，按照 1928 年的標準，省監察委員會的每月辦公及調查經費遠低於一名省政府委員近千元的收入。〔註60〕在縣一級黨務經費十分緊張，如浙江嘉善縣，據縣黨部報告稱，「自成立以來，每年經費，省定僅五百零九元」，以致該縣「辦理黨務，殊感困難」。〔註61〕可見，黨務經費的困難，使得監察工作實在難以爲繼。

　　第三，在運行機制方面，檢視國民黨中央制定的監察工作相關條文，可以發現兩個顯著的特徵：一個是監察工作手續繁瑣；另一個則爲監察權與執行權分離。這兩個缺陷，對於監察工作而言，無疑是極端不利的。如按照國民黨中央的規定，各級監察委員會有權稽核同級政府施政方針及政績，但 1929

〔註57〕《四中全會中央執行委員會常務委員會黨務報告》（1930.3～1930.11）；《五中全會中央執行委員會常務委員會黨務報告》（1930.11～1931.6）；《四中全會中央執行委員會常務委員會黨務報告》（1930.3～1930.11）；《三中全會中央執行委員會常務委員會黨務報告》（1931.11～1932.11）；《四中全會中央執行委員會常務委員會黨務報告》（1932.12～1934.1）；《六中全會中央執行委員會常務委員會黨務報告》（1934.12～1935.11）；，李雲漢主編：《中國國民黨黨務發展史料：中央常務委員會黨務報告》，近代中國出版社，1995 年，第 242 頁，第 273 頁，第 340 頁，第 359 頁，第 385 頁。

〔註58〕《各省黨部經費支配百分比較表舉例》（1930 年 5 月 22 日），《中國國民黨中央執行委員會常務委員會會議錄》，第 11 冊，廣西師範大學出版社，2000 年第 503～504 頁。

〔註59〕《討論事項》（1929 年 5 月 10 日），中國第二歷史檔案館編：《中國國民黨中央執行委員會常務委員會會議錄》，第 8 冊，廣西師範大學出版社，2000 年，第 147～153 頁。《浙省執委會規定縣黨部經費支配辦法》，《中央日報》，1931 年 3 月 2 日，第二張第一面。

〔註60〕《浙省執委會呈請核減黨員服務於行政機關者的薪給》，《中央日報》，1928 年 7 月 21 日，第二張第三面。

〔註61〕《地方通信：嘉善》，《申報》，1929 年 3 月 10 日，第 3 版。

年 12 月 19 日中常會通過《各級監察委員會稽核各同級政府施政方針及政府政績通則》規定，當監察委員會在發現同級政府所定施政方針與國民黨自身的政綱政策不合時，得致函同級執行委員會，轉請同級政府修改；若發現其有違反行為，則向同級執行委員會提出彈劾，然後呈報上級執行委員會，轉請其上級政府辦理。〔註 62〕修改施政方針需要經過本級監委會→本級執委會→本級政府三個環節；但彈劾案程序更為複雜，須經過本級監委會→本級執委會→上級執委會→上級政府→本級政府五個環節。簡言之，一件普通的彈劾案，從提出到落實，經過了五個黨政機構，其效率可想而知，若在某一個環節被有意擱置，所謂的彈劾，根本就無法實現。

實際上，同級政府對於黨部監委會的稽核權，基本持置之不理的態度。如國民黨中央通過《縣監察委員會組織條例》後，1928 年 5 月，江蘇省政府根據省黨部的提議通過決議，要求各縣將施政方針及各種決議案，提交該縣監委會稽核。〔註 63〕但時隔近一月，據各縣黨部的報告，各縣政府大都對此置若罔聞，使省黨部不得不再次致函省政府要求各縣照此辦理。〔註 64〕在高郵縣，縣監委會致函縣政府，要求其按照規定提交施政方針、縣政改進計劃、縣政會議紀錄並各種決議案，「函去兩月，迄未送交」；監委會後制定各市鄉行政狀況及公安狀況調查表，請縣政府督飭各部門填報，「久不見覆，催促亦無效果」。無奈之下，江蘇省黨部只得請省政府出面電令高郵縣政府「不得蔑視」該縣監委會行使職權。〔註 65〕在浙江，各縣監察委員會亦有類似遭遇。浙江省監委會在審查 1929 年 10 月至 12 月份各縣監委會的工作報告後，發現稽核縣政府施政方針，「能做到者，實最少數」，如在瑞安縣，當縣監委會在致函縣政府將施政方針送至監委會稽核後，縣政府乃將一紙不著邊際之官樣布告寄至，曰：「送請收存」。〔註 66〕可見，在省縣一級，監察政府施政方針的職權基本處於紙面文章。而在中央一級，中央監察委員會對於稽核國民政

〔註 62〕　《申報年鑒（1935 年）》，文海出版社，出版年不詳，第 128 頁。

〔註 63〕　《江蘇省政府委員會第二〇五次會議紀錄》，《江蘇省政府公報》，1929 年 5 月 28 日，第 146 期。

〔註 64〕　《各縣應將施政方針送縣黨部稽核》，《江蘇省政府公報》，1929 年 6 月 22 日，第 166 期。

〔註 65〕　《令知對於縣監委會有所函詢不得蔑視》，《江蘇省政府公報》，1929 年 6 月 26 日，第 169 期。

〔註 66〕　《浙省監察委員會對各縣監委會工作批評》，《中央日報》，1930 年 1 月 3 日，第二張第四面。

府施政方針之職責，幾乎亦未執行。〔註67〕對此，當時的學者亦承認：「黨的監察制度自中央以至地方一貫地不甚積極則是顯明的事實」。〔註68〕

　　作爲以國家「保姆」爲自我期許的國民黨人，在地方黨部中難以找到自己合適的定位。爲了爭取自身權益，國民黨江浙各級黨組織爲此進行了一些努力。

3、地方黨部的因應

　　在清黨後國民黨中央有意爲之的情況下，地方黨部的黨權低落就勢所必然。面對這一不利情況，地方黨部當然不願坐以待斃，而決定採取行動來維護自己的權益。一時之間，一些地方黨部紛紛大造輿論，呼籲提高黨權〔註69〕。一些黨部以爲黨權低落因「清黨」而產生的黨務糾紛所致，於是他們首先主張開國民黨中央全會乃至全國代表大會，進而爲提高黨權架橋鋪路。

　　1928年1月3日，江蘇吳江縣黨部發表文章稱，「我們國民黨的糾紛已經鬧了好久了，一切政治的喧囂黑暗，軍事的停滯多變，外交的因循無力，黨派的互相衝突，都是這種糾紛形成的結果。如且長此的繼續下去，黨亡國破，便爲期不遠了。因此我們本黨各領袖，以至全體的黨員，都主張開中央全體會議，以謀解決糾紛。現在這種主張，已趨一致，大會的實現，就在目前了。所以我們說『只有中央全體會議，能夠解決黨的一切糾紛』。」〔註70〕同時，蘇浙魯奉等省市黨部、駐法總支部爲擁護四中全會，發表告全國民眾書並建議國民黨中央稱「自從清黨運動以來，各地黨部及民眾團體，皆在改組期間，黨部之活動停止，民意之表現無從，到處之間軍隊而不見民眾，只見政權而不見黨權，竊望中央第四次全體會議整飭黨的組織與紀律，立即取消各地非法的黨部，指導擴大各地何方黨部之活動，恢復久未運用之黨權，並根據總

〔註67〕國民黨四大上還對中央監察委員會未能行使稽核政府施政方針及政績之權予以批評：「此種權力，中央監察委員會似向未執行，深望今後幸勿再放棄此種職責也」。《對於第三屆中央執監委員會黨務報告之決議案》（1931年11月22日），秦孝儀主編：《革命文獻》（上），第76輯，中國國民黨中央委員會黨史委員會1987年版，第135頁。

〔註68〕陳之邁：《中國政府》，商務印書館，1934年，第90頁。

〔註69〕關於國民黨地方黨部對此提出的建議，詳見王奇生：《黨政關係：國民黨黨治在地方層級的運作》，《中國社會科學》，2001年第3期。

〔註70〕《吳江縣黨部對黨的表示》，《中央日報》，1928年2月5日，第二張第三面。

章，決定召集第三次全國代表大會之辦法。」〔註71〕這充分展現了一些地方黨部對提高黨權主張的實踐期望。

除牟圖召開中央全會以解決黨權問題外，省縣黨部還主動提出各種提高黨權的具體方案，如要求蘇省執委會於 4 月底制定剷除封建勢力案，認爲其治本之方案就是「以黨專政，一切權力屬於黨」，提出「政府官吏，由黨部遴選充任」，並且在教育領域「厲行黨化教育，教育行政及訓育黨義教師等科，由黨員專任。」〔註72〕藉此意圖控制政府部門負責人的人事任命，同時也有向教育領域滲透的考量。一些黨部甚至企圖染指外交事務，浙江省海鹽縣黨部就曾要求「國府辦理外交案件，並須將經過情形通知各級黨部」，被浙江省黨部以「與本黨組織既不相容，事實上亦窒礙難行」爲由否決。〔註73〕在各地方黨部的呼籲下，一時之間，「提高黨權」竟成時髦詞彙〔註74〕。

浙江天台縣黨部在《中央日報》上持續刊文，深切地描述了黨權旁落之下該縣黨部的遭遇：「統計敝縣縣黨部自籌備以來，迄今二周歲，諸同志莫不抱絕對犧牲精神，非但未領過分文生活費，而且墊款數千，爲黨故，竟至債臺高築」，儘管國民黨二屆四中全會規定各地黨部暫停活動，聽候改組，但該縣一些人「竟敢抗拒省及中央明令，公開召集匪徒，持槍械霸佔縣黨部，將所有文件器具，或搬徙，或搗毀，成爲一空」，但政府方面卻放任自流：「匝月以來，敝縣實陷於極嚴重之狀態中，地方上有守土之責任且具有實權者，近在咫尺，竟放任匪徒持槍橫行，不加制止，以致匪徒更行跋扈。」天台縣黨部在該文中除了對自身工作的困境予以陳述外，還指出黨部之所以處於弱勢的關鍵原因所在：「雖然以黨務計，爲正義計，未始不可本地方公憤，用民眾力量，以肅清之，但以共黨搗亂爲嫌，又以地方安寧爲念，動輒得咎，唯有坐斃，尚復何言？」〔註75〕這句話實則道出了國民黨中央與地方黨部對於

〔註71〕 《首都民眾一致擁護中央全體會議》，《中央日報》，1928 年 2 月 6 日，第一張第三面。

〔註72〕 《蘇省執委會遵省代表會決議制定摧毀封建勢力案》，《中央日報》，1929 年 4 月 21 日，第二張第一面。

〔註73〕 《浙省執委會第七二次會議》，《中央日報》，1929 年 12 月 27 日，第二張第四面。

〔註74〕 實力派商震在講話中也喊出了「我們要提高黨權，使黨權高於一切」的口號。見商震：《我們要提高黨權，使黨權高於一切》，《中央日報》，1928 年 7 月 4 日，第二張第三面。

〔註75〕 《在下層工作同志的傷心慘絕的呼聲》，《中央日報》，1928 年 4 月 10 日，第二張第二面。

民眾運動的看法。國民黨中央以「共黨搗亂」爲由禁止地方黨部組織民運，但地方黨部則欲以「民眾力量」維權，兩者之間的張力，使得地方黨部處於「動輒得咎，唯有坐斃」的尷尬境地。

在續文中，天台縣黨部提醒國民黨中央及各地方黨部注意：「近年來，黨權漸漸喪失其最高性，獨立性和不可分性。黨非但不能支配一切，反有被支配之危險，因此黨之重心，遂由在內而移到在外，時時有顛覆之可能，黨之命運，不能由自己安排，黨之自由，喪失了一部分，黨之命令，不能暢行無阻，黨之威信，亦不及原來之尊隆。」〔註76〕在這種情形之下，江浙地方黨部發出的「提高黨權」呼聲，迅速得到了其他省市黨部的呼應。如保定市黨部則直接發出呼喊：「同志們啦！同胞們啦！知道了嗎？認清了沒有？聽見了沒有？先總理費了四十年的心血！創立的國民黨，現在被這一般非狗非羊的在內瞎鬧！這是多麼可危急的事，同志們！同胞們！醒醒起來吧！去那革命的戰場上去，右手持著三民主義，去打倒以感情爲登記的大委員們──二號的土豪劣紳！左手持著三民主義，去打倒惡化腐化及投機份子」，「以實現總理的革命精神！達到以黨建國！以黨治國，及黨權高於一切的新國家！」。〔註77〕

就在「提高黨權」呼聲正高之時，1928 年上旬，國民黨中央派往浙江的黨務特派員就與省政府就因黨務接收問題，發生了糾紛。此爲地方黨部提高黨權主張「牛刀小試」的一個個案，本文擬分析此個案來「解剖麻雀」，進而透視提高黨權主張的實踐其背後糾纏的各種利益關係。

第二節　追根溯源：浙江黨政糾紛的由來

1、國民黨元老派與 CC 系的交鋒

早在國民黨秘密時代起，浙江就屬於其重要的根據地，國民黨亦非常重視在該地發展組織，而在國民黨改組後，在中共的幫助下，浙江省的國民黨組織發展得更快，並成立了臨時省黨部。隨著北伐形勢的進展，北伐軍在戰

〔註76〕《在下層工作同志的傷心慘絕的呼聲（續昨）》，《中央日報》，1928 年 4 月 11 日，第二張第二面。

〔註77〕《國民黨是否有危急？》，《保市周刊》，第 4 期，1928 年 11 月 18 日。

場上連連得手，1927 年 2 月，在北伐軍佔領杭州後，爲了加強對浙江的控制與管理，遂即成立浙江省臨時政務會議，以蔡元培、褚輔成、陳其採、馬敘倫、宣中華、蔣夢麟等爲浙江省政務委員，但多數政務委員並不在浙江，所以浙江省政基本處於停頓階段。

　　南京國民政府成立後，爲加強對浙江的控制，5 月下旬改爲正式省政府，省政府由臨時政治會議、政務委員會及財政委員會組成，以政務委員會爲核心行政機構。7 月 2 下旬正式成立浙江省政府，以張靜江爲主席，張靜江、蔣介石、蔣介石、蔡元培、陳希豪等人爲委員。蔣介石下野後，張靜江、蔡元培、陳希豪等人也辭職他去。張靜江辭職後，浙江省主席先後由周鳳岐、何應欽擔任。在黨務方面，南京國民黨中央發動「清共」後，爲了徹底清除共產黨在浙江的勢力，國民黨中央派蕭錚、鄭亦同等人會同浙江省臨時政治會議委員姜紹謨、邵元沖、陳希豪等人主持浙江省黨務〔註 78〕，後於 6 月改組浙江省黨部，以張靜江、蔡元培、邵元沖、林森、陳希豪、洪陸東、沈定一、沈爾喬等 9 人爲浙江省黨部改組委員，並於 23 日成立浙江省清黨委員會，屬行清黨。

　　此時代理國民黨中央組織部長的是陳果夫〔註 79〕，陳爲了在浙江滲透勢力，趁清黨之機，在浙江省黨部中安插私人，如蕭錚等人均爲 CC 的核心骨幹。不料此舉卻引起了省政府方面如張靜江等人的反感，張靜江乃浙江吳興縣南潯鎮四大富豪之一，其早年曾慷慨資助孫中山大筆活動經費，因此得到孫中山的好感，因此 1924 年，在孫的提名下張靜江當選爲改組後的國民黨第一屆中央執行委員，後又曾擔任國民黨中常會主席。而且張靜江與蔣介石的關係也非比尋常，蔣介石早年混　滬上之時，曾在張靜江處領取津貼及生活費，張後來還在廣州與蔣介石、許崇智、戴季陶四人結爲拜把兄弟，二人關係可見一斑。出於對「共產」的厭惡，張靜江極力反對孫中山的「容共」政策，常以譏諷的口吻道「孫先生要聯俄聯共，我沒有意見，但共產如其可以共妻，這我倒極爲贊成！」〔註 80〕也正是在張靜江等人及江浙財團的堅決支持下〔註

〔註 78〕 浙江省政府秘書處編：《浙江省臨時政治會議及中央政治會議浙江分會會議紀錄彙刊》，1928 年，第 12～13 頁。

〔註 79〕 此時國民黨中央組織部部長爲蔣介石，但因蔣忙於二期北伐根本無暇顧及黨務，部務則由副部長陳果夫主持。見《中華民國國民政府軍政職官人物志》，第 652 頁。

〔註 80〕 何祖培：《張靜江事迹片段》，《文史資料選輯》，第 24 輯，第 276 頁。

81〕，蔣介石乃大膽地發動了「四一二」政變。蔣爲了嚴密控制浙江，特地薦任張靜江爲浙江省政府主席，及國民黨中央政治會議浙江分會主席。

張靜江爲國民黨元老且出身富豪家族，在執政方面較爲穩健保守。他與戴季陶、陳立夫等人均存在意見分歧，認爲戴季陶是在理論上歪曲孫中山的三民主義，而陳果夫把持黨務，則爲多餘。他還認爲中國只要走英、美、日本等資本主義國家的老路，發展資本，保障資本家的權利，則國民黨的統治照樣可以鞏固〔註 82〕。因而對於省黨部方面蕭錚等人大力倡導的二五減租較爲反感，認爲實行該減租只會徒然引起佃農和業主間的糾紛。

張不僅把持省政府大權，還企圖向黨務方面滲透。1927 年 5 月，張因與省黨部方面關於農民部部長的人事任命發生了分歧，因爲農民部事關農民運動與二五減租，張靜江視爲禁臠不容他人染指，他以浙江政治分會主席的名義堅持要求任命出身杭州世家的徐寶駒爲部長，但以蕭錚爲代表的省黨部方面則因其家庭背景原因予以反對，堅持以鄭亦同爲部長。此舉遂引發張靜江等人的嫉恨，事後不及一月，張靜江便企圖以共產黨嫌疑爲名逮捕並處決蕭錚等人，蕭等人聞訊逃離浙江乃得脫〔註 83〕，陳立夫等人企圖將勢力滲入浙江的首次行動宣告失敗。

2、浙江黨務特派員蒞浙

此次事件後，國民黨中央尚未來得及作出反應，就因蔣介石的下野而被改組，代之以西山會議派主導的中央特別委員會。特委會成立後，決定對浙江省黨務進行整頓，乃派遣沈定一、蔡元培、何應欽、蔣伯誠、蔣夢麟等人爲特派員，並成立由姜紹謨、王訥言、沈爾喬、王超凡、孔雪雄、蕭明新、劉冠世、蔣劍農、周欣爲等 9 人組成的國民黨浙江省臨時執委會，代行省黨部職權。但中央特委會很快因無法駕馭時局而解散。蔣介石重新上臺後，開始大力整頓黨務，決定解散特委會時期的浙江臨時省黨部，陳果夫奉命代理

〔註81〕 蔣介石關於清共與江浙財團達成的利益關係，見〔美〕帕克斯‧M 小科布爾，蔡靜儀譯：《江浙財閥與國民政府（1927～1937）》，南開大學出版社，1987 年，第 14～15 頁。

〔註82〕 何祖培：《張靜江事迹片段》，《文史資料選輯》，第 24 輯，第 288～289 頁。

〔註83〕 陳太先，等著：《當代地政泰斗蕭錚博士傳略》，臺灣地政研究所印行，第 15 ～16 頁；王合群：《國民黨派系鬥爭與浙江「二五減租」》，《民國檔案》，2002 年 2 期。

中央組織部長後，爲了給自己派遣私人進入浙江鋪路，乃於 1928 年 2 月 4 日，以國民黨中央的名義派陳希豪、洪陸東二人爲浙江省黨部改組委員〔註 84〕，先期前往浙江接收黨務，爲後來派出黨務指導委員做準備。

陳希豪（1897～1965），字亦昂，浙江東陽人。北京中國大學畢業，1922 年由丁惟汾和王仲裕介紹加入中國國民黨，1926 年秋任國民黨中央組織部指導員，時年 11 月前往上海辦理上海市黨部登記事項。國民黨清黨後，被派往浙江整理黨務，任浙江省黨部工人部長兼省政府委員。在國民黨中央特別委員會成立後，他在浙江公開表態反對，所以遭到特委會的通緝，被迫出亡日本直到特委會取消〔註 85〕。陳立夫上臺後，爲了回報其爲扳倒中央特委會的搖旗吶喊之功，乃任命陳爲浙江省黨部改組委員，先期前往浙江接收中央特委會時期的浙江省臨時執委會，衣錦還鄉之意甚濃；洪陸東也是 CC 成員之一〔註 86〕。陳洪二人領命後，迅速前往杭州接收黨務。

很快，陳洪等人於 2 月 4 日抵達杭州，當即在是日下午正式派員進行接收。首先接收省黨部內的重要部門，如秘書處、組織部、農民部、青年部等，因省黨部在國民黨中央特委會解散後應國民黨中央之命停止工作，在等候改組之中，因而陳洪等人對這些機構均接收順利，據媒體報導，省黨部機構「大多於下午五時接收完畢」，但在派人接收杭州《民國日報》社及前浙江省黨部的清黨案卷時，卻遇到了麻煩。《民國日報》社負責人沈爾喬告訴接收人員「民國日報因係省政府暫管，未經省政府會議決定，不能輕易任其接收」，並以此婉言謝絕〔註 87〕。而在前往省政府接收清黨案卷時，也同樣無功而返。這在當時「提高黨權」呼聲正隆的情況下，一場浙江黨政糾紛由此拉開了序幕。

〔註 84〕　《中華民國史實紀要》（1928 年 1 至 6 月），臺北中華民國史實紀要編輯委員會印行，1978 年，第 184 頁：萬仁元，等主編：《中華民國史史料長編》，第 26 冊，南京大學出版社，1993 年，第 28 頁。

〔註 85〕　郭佐唐：《三十歲以前的陳希豪》，《東陽文史資料》（浙江），第 11 輯，第 126～130 頁。

〔註 86〕　龐鏡塘：《「中央俱樂部」——CC 的組織及其罪惡活動》，《文史資料選輯》，第 18 輯，2011 年，第 198 頁。

〔註 87〕　《浙省黨部前日接收》，《民國日報》（上海），1928 年 2 月 6 日，第二張第三版。

第三節　百般抵制：省政府對黨務的干涉

1、黨務改革中的衝突

　　如前所述，在 CC 第一次企圖染指浙江省政之時，就遭到了以張靜江為首的浙江籍國民黨元老派的迎頭痛擊，其黨務工作人員如蕭錚等人只得倉皇離開浙江，已經預示了國民黨在浙江的黨務即將面臨來自政府方面的制衡。在蔣介石復職，中央特委會體面地結束使命後，其遺留在各省市的徒子徒孫——各臨時省市縣黨部也必將享受同樣的待遇。只因新成立的國民黨中央忙於改組中央黨部及召開二屆四中全會，只是發出對一些關於地方臨時執委會不利的訊號，一時之間尚無暇顧及這些市縣黨部。後者在預知自己的命運的情況下，各自做出了不同的反應。如國民黨中組部致電江蘇省臨時執監委員會，要求取消該省縣臨時執監委員會，「由前江蘇省黨部特別委員會所產生之各縣市黨部特別委員會暫時維持現狀，聽候改組」〔註88〕，不料此電引起了江蘇各縣市臨時黨部的強烈反應，他們自行召開聯席會議，並發佈告全國黨員書，矛頭直指負責中央組織部的陳果夫，稱「黨是大家的黨，不是一兩個人的黨，什麼人要想包辦黨，破壞黨，我們便該把他打倒」，「此後江蘇省的黨務，應由超然於臨時特別的一個名稱者起來維持」，並要求在最短時間內產生省縣正式黨部〔註89〕。關於此事，本書前面已經有所論及，此處不贅。

　　與縣市臨時黨部的反應相映成趣的是，江蘇省臨時執委會並未積極參加到這些爭取命運好轉的行動中來，儘管沒有材料能直接顯示此行動是在省黨部授意或唆使下進行的，但省黨部的中立態度還是能說明其在政治鬥爭中觀察風向的老練。而在浙江，省黨部的表現則更是令人意想不到。1928 年 1 月下旬，浙江省黨部臨時執委會還主動致電國民黨中央，要求「速飭原派各改組委員來浙接收省黨部以便交卸而免糾紛」〔註90〕。因此，在浙江省黨部的善意表示下，國民黨中央乃決定先派陳希豪、洪陸東前往浙江接收該省黨務。

〔註88〕《各縣市臨時執委撤銷》，《民國日報》（上海），1928 年 1 月 26 日，第二張第四版。

〔註89〕《蘇省各縣黨部為中央取消臨時執監委員會恢復特委會告全國黨員》，《民國日報》（上海），1928 年 2 月 4 日，第二張第三版。

〔註90〕《討論事項（二）（1928 年 1 月 26 日）》，中國第二歷史檔案館編：《中國國民黨中央執行委員會常務委員會會議錄》，第 3 冊，廣西師範大學出版社，2000年，第 305 頁。

陳洪二人僅為特派員之一，其餘如張靜江、蔡元培等人尚未前往。但富有戲劇性的是，浙江省臨時執委會「以便交卸而免糾紛」的邀請電文恰好預示了即將來臨的浙江黨務接收糾紛。此糾紛的肇始者，即為先前成功將 CC 勢力趕出浙江的省政府。

　　蔣介石下野後，浙江省政府要人紛紛隨蔣掛冠而去，如張靜江、蔡元培等人離開浙江，前往上海。浙江省政府一時無人主持，白崇禧無奈之下只得以二十六軍軍長的周鳳岐兼任之。周本來為孫傳芳的部下，後來投靠白崇禧，因作戰勇武且在上海的「四一二」事變中積極屠殺共產黨人而被白所看好。周也把浙江視為自己的勢力範圍，而蔣介石返回浙江奉化老家的行動，自然遭到周鳳岐的猜忌，為了將蔣介石逼出浙江，周乃派一秘書攜帶五萬元去見蔣，「要他趕快離浙，以免他（周）辦事為難」，蔣聞訊大怒。此事被時任浙江省防軍指揮官的蔣伯誠彙報給何應欽後，白崇禧也很快得知，大罵周鳳岐「胡鬧」，決定撤銷周的浙江省主席職務，由何應欽兼任，但何軍務繁忙，乃由蔣伯誠代理，蔣由此獲得了蔣介石和何應欽的信任〔註 91〕。蔣伯誠，浙江諸暨縣人，1888 年出生，北伐時曾任何應欽的參謀長，浙江省政府建立後，任軍事廳廳長，省保安司令，同時也為國民黨中央派往浙江的特派員之一，但他主要在政府任職。

　　在浙江省臨時執委會結束使命後，其下轄的杭州《民國日報》則被省政府接管，另外被其接管的還有省黨部的清黨案卷及一些款項等等。杭州《民國日報》是大革命時期的產物，創刊於 1927 年 3 月 1 日，始由共產黨人楊賢江擔任總編輯，為國民黨浙江省黨部的機關報。因為該報常常刊發宣傳一些關於二五減租及民眾運動的文章，素為省政府所不喜。後者乃趁省黨部停頓之機，將這個輿論機關牢牢控制。而國民黨中央派出陳洪二人為浙江省黨務特派員後，明確規定其職權為接收省黨部所有的附屬機關及設施，《民國日報》等自然為在應接收的範圍內。但以蔣伯誠為代理主席的省政府卻對此拒不歸還，同時還封閉杭州總工會，且拒不取消因反對特委會而遭到通緝的國民黨員。

　　早在 1928 年 1 月初，時任浙江省黨部中央特派員的蔣伯誠、蔣夢麟等致電國民黨中央，以「現值北伐軍事積極進展之際，後方各省區地方治安與前

〔註91〕章培：《蔣介石一九二七年下野返浙點滴》，《浙江文史資料選編》，第 13 輯，
　　　　第 135～136 頁。

方軍事息息相關，不容或忽」為由，函請浙江省政府並令浙江省黨部臨時執委會，「自即日起，各級黨部一律暫停民眾運動之工作，嚴禁散發傳單，張貼標語，聚眾開會，結隊遊行等舉動」〔註92〕。同時省政府主席何應欽也呈請國民政府暫停民眾運動，國府也做出了「暫准照辦」的批示〔註93〕。但時至2月，浙江省政府乾脆命令公安局強行封閉杭州的各級工會。此遂成為浙江政府干涉黨務的開端。

2、省政府主導下的黨務糾紛

頗為詭異的是，這本為黨政糾紛的事件中居然夾雜著前浙江省臨時執委會的影子。據報導，浙江省政府在停止民眾運動封閉杭州大小工會的同時，居然在省政府「添設農工科，管理指導農工團體」，而在接管《民國日報》後，省政府將其移交給前臨時執委會執委沈爾喬主管；清黨案卷交給前省臨時執委會科長何秉達辦理；新設立的農工科則為前臨時執委王超凡執掌。〔註94〕要知臨時省執委會已經停止職權，而辦理民眾運動則為黨部的職責範圍，省政府封閉工會而在其內部設立農工科，已侵奪了黨部的權力，干涉黨務工作意圖十分明顯。又如，在人事任命方面，省政府以前省臨時執委會執委為其負責人，大有此地無銀之嫌。為了排擠陳洪二人，省政府還派出郵電檢察員，對其發出的函電，無論公私都予以扣留，而對前臨時執委會的函電，如召集會議和宣言等通電，則大開綠燈。陳希豪等人為代表的新省黨部，無奈之下「呈報中央之文電，亦須赴滬拍發」，使「黨部命令不出黨部之門」〔註95〕，省政府對待雙方的態度差別上就可以看出其利用前臨時執委會牽制新省黨部的意味較為明顯。

根據省黨部中人士透露，曾尋獲不少前臨時執委會不少重要人士的信函，其中內容有「此次非失敗（指臨時執行委員會被解散一事——作者按），乃有計劃的退卻，現與政府完全結合為一，省政府答應予以盡量之協助」，如已內定某人為縣長，某人為禁煙特派員，農工科可以完全不插入其他的

〔註92〕《浙省暫停民眾運動》，《民國日報》（上海），1928年1月9日，第二張第四版；萬仁元編：《中華民國史史料長編》，1928年1月8日，《中華民國史史料長編》，第26冊，南京大學出版社，1993年，第10頁。

〔註93〕國民政府秘書處：《國民政府公報》，1928年1月，第26期。

〔註94〕《浙省政府侵越黨權詳情》，《中央日報》，1928年2月17日，第二張第二面。

〔註95〕《浙省黨部再電呈中央》，《中央日報》，1928年2月26日，第二張第二面。

人，黨部經費答應不發等等。而且還發現一信函，主要是勸告臨時執行委員會的成員「不可散開」，「仍須潛伏各處禁煙局、及農工科、報館以及縣政府內，積極按照計劃去做，必有勝利的一日，只須某某兩個省政府委員不發生問題，我們的進行，絕不致有障礙，中央亦有援助的人，決不至無辦法。」〔註96〕從這些信函中可以看出，省政府方面在推動浙江省臨時執委會和新省黨部之間的矛盾衝突方面，起了重要作用。據此，以陳洪爲首的省黨部則認爲省政府與該省前臨時執行委員會「密結爲一，爲有計劃的有重大意義的行動」〔註97〕。

　　浙江省臨時執委會面臨即將終結的命運，一面於 1928 年 1 月下旬，浙江省黨部臨時執委會還主動致電國民黨中央，要求速派幹員前來浙江接收省黨部「而免糾紛」〔註98〕，一面趁省政府與以陳洪爲首的省黨部發生齟齬之時，召集秘密會議，陰尋對抗之法。如在 2 月 12 日，在紹興召開有是杭縣，昌化，臨安等二十二縣黨部參加的聯席會議，頗有意思的是，這次會議「實際主持的人，躲在背後未出面」，只由臨時執委會代表蔡炳賢等到場主持，省臨時執委會「對各縣揚言，陳洪二人先來，將來還有蕭朱等七人（指蕭錚、朱家驊等人）繼來，各縣黨部定要大變動」，經過議決，會議推舉代表二人（石永及王楊）前往南京請願，除對陳洪二人大加攻訐以外，要求「浙省黨部應交現對浙江革命有歷史的人辦」，同時決定派人前往各縣聯絡以求一致行動等等〔註99〕。從這裡可以看出，浙江省政府與前臨時執委會結成了一種互相利用的關係，省政府希望暗中扶植臨時執委會以打擊新的省黨部，而後者則借機託庇於省政府羽翼之下，趁省政府與新的省黨部發生齟齬之時，促使國民黨中央收回成命，努力使事態向對自己有利的方向發展。

　　對於以陳洪爲首的省黨部而言，眼見省政府侵奪黨權、干涉黨務的行爲，不可能安之若素。面對省政府與前省臨時執委會已結成利益同盟的關係，經過仔細分析局勢，省黨部採取了集中攻擊省政府的侵權行爲、暫時將省臨時

〔註96〕《浙省政府侵越黨權詳情》，《中央日報》，1928 年 2 月 17 日，第二張第二面。

〔註97〕《浙省政府侵越黨權詳情》，《中央日報》，1928 年 2 月 17 日，第二張第二面。

〔註98〕《討論事項（二）（1928 年 1 月 26 日）》，中國第二歷史檔案館編：《中國國民黨中央執行委員會常務委員會會議錄》，第 3 冊，廣西師範大學出版社，2000年，第 305 頁。

〔註99〕《浙省前臨時執委秘密會議》，《中央日報》，1928 年 2 月 18 日，第二張第二面。

執委會擱置一邊的策略。因爲只要將省政府僭越黨權、干涉黨務的問題解決，其羽翼之下的省臨時執委會也自然無力繼續與之對抗。所以，在省政府與省黨部之間就發生了激烈的論戰。

第四節　失衡博弈：浙省黨政糾紛及其結局

陳洪二人到達杭州後，遂積極開展浙江省黨部的黨務整理，並對此寄予很大的熱情。陳希豪等人接見記者，並暢談將來的任務，如「增加生產能力，提倡合作事業，例如本省農運，各縣減租，農協收款，如以百分之七計，每縣每年至少當有八九萬元，此款用途，應善爲經管籌劃：以二分之一辦理農民銀行與信用合作社；以三分之一從事於改良種子，土壤分析，改良水利諸事業；以三分之一辦理農村教育，即以各村鎮學校爲自治訓練的中心機關」等等〔註100〕，履行職權的態度十分明確。但事與願違，省黨部與省政府很快就因後者封閉杭州各工會而發生了齟齬。

1、封閉工會後的黨政辯駁

事情的起因爲 2 月 3 日杭州總工會爲慶祝「黨統」重光，即陳洪二人到來，於 4 日將杭州各報停刊一天。不料此事爲省政府抓住了把柄，乘機以擅自發動民眾運動爲藉口將杭州各工會封閉，並派遣武裝差役，「率流氓三十餘人」襲擊該會委員〔註101〕。省政府雖然表面上是暫時將工會封閉，但醉翁之意不在酒，實際上是在向省黨部的權威挑戰。

對此，省黨部當即做出反應，隨即致函浙江省政府，稱「查各種民眾運動，中央並無明令停止，不知貴省政府根據何種職權，將所有杭城各級工會，飭令公安局一律封閉，實所不解。況各種民眾運動指導之權，屬於黨部，載在黨章，斷非貴省政府所能越俎代庖」，並指出「貴省政府此舉，實難免摧殘工會，侵越黨權之嫌」〔註102〕。但以蔣伯誠爲首的省政府對此並不買賬，爲

〔註100〕《浙省黨務進行分針》，《中央日報》，1928 年 2 月 13 日，第二張第三面。

〔註101〕《報告事項》（六）（1928 年 2 月 26 日），中國第二歷史檔案館編：《中國國民黨中央執行委員會常務委員會會議錄》，第 3 冊，廣西師範大學出版社，2000 年，第 314 頁。

〔註102〕《浙省黨部質問封閉工會理由》，《中央日報》，1928 年 2 月 13 日，第二張第三面。

了爭取主動，省政府還率先致電主席何應欽彙報浙省黨政糾紛緣由，指責陳希豪等人回浙「以工人爲工具，意圖報復」，即指杭州各報刊停刊一日之事。爲了給自己辯誣，省黨部亦致電何，稱關於杭州各報刊停刊之事，陳洪二人對此雖盡力阻止，但工會代表稱此爲「歡賀性質之休業一日，與罷工絕然不同」，且認爲而且此事也有前例，如 1927 年何應欽及國民黨中央青年部長傅傳霖到杭州時，浙江省黨部臨時臨時執委會也曾通令杭州各學校放假一天以示慶祝等等〔註103〕。

　　2 月 13 日，浙江省政府還決定將杭州市的工會暫歸省政府的農工科指導。省黨部無奈之下只好致電國民黨中央，表示對此「不勝駭異」，稱：

> 查各種民衆運動指導之權，爲黨部所特有，絕非行政機關所越俎。當此提高黨權之際，浙江省黨部乃有此侵越黨權之舉，能不痛心。希豪等既以身許黨，自當竭誠擁護，凡有破壞黨章，違反黨紀者，誓必力爭。除函請浙江省政府取消前項決議外，特此電陳，乞速電飭浙省政府勿干涉黨務，以重黨權。〔註104〕

　　浙江省黨部以保持黨權不墜爲理由，要求國民黨中央出面，停止省政府的侵權行爲，並歸還清黨案卷及《民國日報》等。16 日，國民黨第 117 次常會上經丁惟汾臨時提議，因陳洪二人在浙江接受黨務時遇到困難，乃決議「電浙江省政府迅速交代」及「電陳希豪、洪陸東迅望接收保管，靜候中央解決」〔註105〕。可見，出於國民黨本身的立場，國民黨中央對此事採取了支持省黨部的初始態度。

　　但省政府對此卻是置若罔聞。爲了解釋其封閉工會的原因，其新設立之農工科在召集各工會談話時即稱：

> 得到公安局長報告，知道杭州市各級工會自工賊盧黃等潛行來杭，操縱利用以後，致使數月來相安無事的工友，互相猜疑，互相排擠，勞資之間，頓生隔膜，地方秩序，頓呈紛擾不安之象。政府有保障安寧之責，斷難坐視，不得已暫行關閉，以防意外。

　　但爲了留轉圜的餘地，農工科表示只是將工會暫時關閉，並非根本取消，

〔註103〕《浙省政府侵越黨權詳情》，《中央日報》，1928 年 2 月 17 日，第二張第二面。

〔註104〕《浙省黨部力爭黨權》，《中央日報》，1928 年 2 月 16 日，第二張第三面。

〔註105〕《討論事項（十）（1928 年 2 月 16 日）》，中國第二歷史檔案館編：《中國國民黨中央執行委員會常務委員會會議錄》，第 3 冊，廣西師範大學出版社，2000年，第 323～324 頁。

而且還拿出國民黨中央的相關決議作為擋箭牌，強硬地表示「現在工會要求啓封工會，政府方面，當然可以相當容納的，但在中央未頒民眾運動方針以前，斷不能受搗亂分子之誘惑，任意行動。」〔註 106〕在對封閉工會的原因做出明確表態後，還給了省黨部一個回馬槍，質疑陳洪二人前來接收黨務的合法性，「現在浙江省黨部改組委員，僅到二人。不足法定人數，依法不得開會」〔註 107〕。因為國民黨中央委任之浙江省黨部改組委員為九人，如今只到陳洪二人，故而省政府方面乃抓住這個把柄，質疑其合法性。

在國民黨中央作出支持浙江省黨部的決議後，省黨部乃於 21 日派員攜中央執行委員會的電令前往省政府接洽，但由於省主席何應欽為解決浙江黨政糾紛而電召代主席蔣伯誠赴滬〔註 108〕，擔任留守的蔣夢麟以民國日報及清黨案卷能否移交，須省政府代主席蔣伯誠主持召開省政府常務會議方能決定，他一個人無法做主為由予以拒絕，使得省黨部人員儘管手執中央執行委員會電令這個尚方寶劍，但仍然無功而返〔註 109〕。

出人意料的是，浙江省政府卻對來自國民黨中央的電令產生了激烈反應。由於此時國民黨中央已經召開二屆四中全會，該會在關於黨政關係的處理上，明確規定「各地政府與黨部有衝突時，須分別呈報各上級機關，共同處理。」〔註 110〕因而浙江省政府乃致電國民政府，解釋糾紛原因，稱本來前浙江臨時執行委員會已在接到中央電令後停止活動，而改組委員尚未到浙江之時，《民國日報》、清黨案卷暫由省政府代管。及至陳希豪、洪陸東二人前來浙江，要求接管該報紙及清黨卷宗，而省政府「以改組委員原有九人，僅到二人，未能代表黨部全體，且活動既停，需款無幾，故僅發維持費五千五百元，而民國日報及清黨卷宗，暫留不交」。除此之外，浙省府還對國民黨中央 16 日通過要求其迅速向省黨部辦理交接手續的決議表示不滿，稱接國民黨

〔註 106〕《浙省政府農工科召集各級工會談話》，《中央日報》，1928 年 2 月 18 日，第二張第二面。

〔註 107〕《浙省政府農工科召集各級工會談話》，《中央日報》，1928 年 2 月 18 日，第二張第二面。

〔註 108〕《蔣伯誠來滬商黨務》，《中央日報》，1928 年 2 月 19 日，第二張第二面。

〔註 109〕《接收的交涉》，《中央日報》，1928 年 2 月 22 日，第二張第二面；《浙省黨部派員接收清黨案卷》，《民國日報》（上海），1928 年 2 月 22 日，第二張第三版。

〔註 110〕《整飭黨紀之方法案（1928 年 2 月 6 日）》，《中國國民黨歷次代表大會及中央全會資料》，上冊，第 522 頁。

中央電後大爲「彷徨」，並以黨政分際的原則，認爲「中央黨部對屬府有所指示，是否以咨由鈞府（即國民政府——引者）轉令爲宜。」同時也指責陳洪二人在蔣介石下野後有「勾結腐惡分子，簸煽政潮，擾亂浙局挾黨報以攻擊個人，藉清黨而開脫共匪分子之舉」，而且到杭州後有煽動工人罷工的舉動，「屬府迫不得已」，乃令公安局暫行封閉各級工會〔註111〕。從這裡可以看出，省政府的主要理由是陳洪二人人數不足，不具有合法性且行爲不端，煽動政潮及工人罷工，而迴避了設立農工科管理各級工會的問題。同時對國民黨中央直接給省政府下命令程序的合法性予以質疑。

對此，省黨部也致電國民政府，針鋒相對地爲自己辯解。首先稱陳洪二人抵達杭州時間短促，對民眾團體根本無暇進行管理，對於一切民眾運動，「並無其他設施，有何影響社會之可能」，認爲工廠罷工，工人失業等皆爲去年底之事，且「係發生於浙江省黨部臨時執委會任內」，而「爲言職責，前浙江省黨部臨時執委會及浙江省政府何能委卸，而嫁禍於人」。認爲自從他們奉命來杭州後，市面安靜如常，並無罷工停業失業之事；至於其合法性問題，陳洪二人稱自己「以九分二之人數，代表全體，此乃中央常會決議，恢復改委會爲中央之特權，浙省政府何能蔑視」。在回應了省政府的攻擊後，省黨部也因省政府尚未取消特委會時期對陳希豪等人的通緝而對其予以駁難，稱省政府到現在仍在執行該通緝令，此舉「置今日之中央於何地，浙省政府若援此爲言，則浙省政府所謂之中央，尤爲往日特委會之中央，而非四中全會之中央，使浙省政府尚不能忘情於特委會」，還指責省政府勾結西山會議派分子及腐化分子破壞黨務，濫用職權擅捕忠實同志等，進而要求國民政府徹查嚴辦〔註112〕。省黨部的手法是回應省政府的控告，並反戈一擊，攻擊後者「反對現中央」，以此來爭取國民政府的支持。

儘管省黨部已經分別致電國民黨中央黨部及國民政府，也得到了國民黨中央的首肯，但在國民政府方面卻並未見有任何效果，因國民黨中央政策的具體執行者爲政府部門，所以此次浙省黨政糾紛並未能出現有利於省黨部的形勢。無奈之下，浙江省黨部只好再次致電國民黨中央，此次電文與以往不同，主要闡述黨權至上的觀念，指責省政府摧殘黨務，稱「乃該省政府竟別

〔註111〕《浙省黨政電府互劾》，《申報》，1928年2月24日，第三張。
〔註112〕《浙省黨政電府互劾》，《申報》，1928年2月24日，第三張；《省黨部彈劾省政府》，《中央日報》，1928年2月22日，第二張第二面。

具肺腑，不顧黨綱黨紀，故意為難。其癥結所在，純係仍以派別自否，於黨中造成小組織，乘機奪所黨權所致。」除此之外，省政府還「派遣省防軍及憲兵營，濫捕黨務工作人員，為一網打盡之計。」致使陳洪二人「無法行使職權」，對各縣黨部的整理工作也遲遲無法進行。同時，省黨部還利用省政府前面不滿國民黨中央直接電令其辦理交接手續的態度大做文章，稱「若謂中央黨部對於該省政府有所指示，必須咨由國府轉令，然則當前浙黨部臨時執委會將清黨及黨報非法交由該省政府接管之時，試問該省政府有奉到中央黨部咨由國府之轉令否？」並進而得出結論：「推其用心，必欲利用此次浙黨政之糾紛，以抉早已消弭之裂痕，而引起中央黨部與國民政府權限之爭，該省政府得以延長期命運，乘機而攘奪黨權。其目無中央黨部，不顧黨綱黨紀，莫此為甚。」〔註113〕這個問題實際上已經觸及到了黨政關係在中央層級的運作問題，企圖引起國民黨中央的重視。同時，浙江省黨部還於25日致電何應欽，希望他能出面劃分黨政權限，阻止浙江省政府某些委員對省黨部的「捏詞誣控」〔註114〕。

2、省黨部的據理力爭

由於「清黨」後，國民黨在地方上實行黨政分開的原則，即省縣黨部與政府處於平等、互不統屬的地位，進而希望能達到互相制衡的效果。而實際上，此舉卻將黨部置於無足輕重的地位，其實訓政前期各地方黨部「提高黨權」呼聲不斷，恰好證明了黨權的旁落。與掌握民政、財務、軍警、經濟等實際行政權力的省政府相比，黨部並無大的實際權力，甚至賦予黨部監核同級政府施政方針的規定也僅停留於紙面。如在1930年，浙江省監委會調查各縣監委會後發現，其能稽核縣政府施政方針，「能做到者，實最少數」，如在瑞安縣，當縣監委會在致函縣政府將施政方針送至監委稽核後，縣政府乃將一紙不著邊際之官樣布告寄至，曰：「送請收存」〔註115〕。而且在黨務經費方面，尚仰賴政府撥付，使黨部非但不能與政府取得同等的地位，反因經費問

〔註113〕《浙省黨部再電呈中央》，《中央日報》，1928年2月26日，第二張第二面。
〔註114〕《浙省黨部致電何總參謀長》，《中央日報》，1928年2月26日，第二張第二面。
〔註115〕《浙省監察委員會對各縣監委會工作批評》，《中央日報》，1930年1月3日，第二張第四面。

題而仰承政府鼻息〔註116〕。在此時的浙江，由於國民黨中央至今尚未確定民衆運動方針〔註117〕，使省黨部無法展開工作，其職權的履行也就大打折扣。相形之下，浙江省政府方面，省主席爲軍人出身的何應欽，代主席爲軍事廳長蔣伯誠則執掌全省軍事防務，均掌握實權。這使省黨部在與省政府的此次博弈中，一開始就處於弱勢的地位。

很快，在這次浙江省黨政糾紛中起初支持省黨部的國民黨中央態度發生了改變。陳洪二人因糾紛遲遲未能得到解決，只好再次致電國民黨中央，稱政府將杭州各工會封閉，導致「人心恐慌」，詢問「究竟停止活動是否實行封閉」，要求其令省政府「毋得越俎代庖」，2 月 23 日，國民黨中常會第118 次會議對此答覆曰「停止活動並非封閉，但省政府爲維持治安，得封閉民衆團體」。而且在該次會議上，國民黨中央還以「爲浙省黨部將來進行便利計」，「調陳希豪、洪陸東回京，另由組織部派員前往」的決定〔註118〕。儘管該決定僅爲某常委在該次常會上提出，但並未付諸表決，後由秘書處倉促發出，後來有常委感到須陳洪等繼續維持之必要，故再次致電要求其繼續維持。〔註119〕但國民黨中央的態度轉變卻使省黨部遭到空前打擊。對此，陳希豪於 26 日致電國民黨中央，充分表達了省黨部方面被拋棄的心境，電文稱：「希豪等誠不足以孚衆，智不足以應物。既無法宣揚黨義，又無權整理黨務，經黨政之糾紛，墮中央之威信，奉職無狀，惶疎奚似。由黨阿政，既非所懷；文過戀棧，更所深恥。即無鈞會之召，亦願自劾以去，俯

〔註116〕 浙江省黨部的經費問題，本來前浙江臨時執委會尚有經費兩萬元，但省政府接管後，遲遲不移交給新來的改組委員會，經過再三交涉，省政府於 2 月 16日才發放五千元，但直到國民黨中央召回陳希豪等人時，省黨部經費已經短缺達到九千餘元。見《浙省黨部經費問題》，《中央日報》，1928 年 3 月 4 日，第二張第二面。

〔註117〕 在後來國民黨中央向各省派遣黨務指導委員之時，還要求其「於中央未頒佈民衆訓練具體方案以前，關於民衆運動須經中央之許可」，可見至此國民黨中央尚未制定相關民衆運動方針。詳見《省黨務指導委員服務規則》，國民黨中央組織部編，《中國國民黨整理黨務辦法彙刊》，編者自印，1928 年 7 月，第84 頁，南京圖書館民國文獻特藏部藏。

〔註118〕 《討論事項（二十）（1928 年 2 月 23 日）》，中國第二歷史檔案館編：《中國國民黨中央執行委員會常務委員會會議錄》，第 3 冊，廣西師範大學出版社，2000 年，第 334～335 頁。《中央解決浙省黨政糾紛》，《中央日報》，1928 年2 月 27 日，第二張第二面。

〔註119〕 《浙省政府與黨務》，《中央日報》，1928 年 3 月 1 日，第二張第二面。

首待罪。」爲了表達自己的不滿，陳希豪以生病爲由緩往南京〔註120〕。

眼見大局已定，陳希豪、洪陸東二人仍然決定做最後的努力。他們致電國民黨中央，稱「浙江省政府主席蔣伯誠等把持黨務勾結腐化反動勢力分子，濫捕忠實同志，施以非刑，懇請即日分別制止懲懲，以維黨權，而肅法紀。」〔註121〕同時杭州市工人總工會發出「皓電」，指責浙省政府代主席蔣伯誠蔣夢麟「把持黨務，背叛中央」〔註122〕，要求予以撤職查辦。

眼見問題遲遲得不到解決，國民黨中常會只好在 3 月 1 日做出決議：「浙江省黨部與省政府糾紛，電蔣委員中正就近調查眞相再行核辦」〔註123〕，決定派時任國民黨中組部部長的蔣介石出面解決糾紛。而在接收《民國日報》及清黨案卷方面，兼任浙江省黨部改組委員之一的張靜江、蔡元培致電陳洪二人，稱經改組委員會商議，已經選擇沈爾喬及姜紹謨代省黨部「接收」《民國日報》及清黨案卷，此二人本來就在省政府的任命下已掌管《民國日報》及清黨案卷，所謂「接收」只是一句空話而已。張、蔡還表示，沈、姜二人即將擔任省黨部執委，他們的到來將「免致二公（指陳洪二人）獨當其衝」〔註124〕。這種湯藥均不換的調解，實際上是站在省政府一邊。2 月 27 日，浙江省政府第八十四次會議上也決定應張靜江電告，將省黨部清黨案卷及民國日報分別移交姜紹謨、沈爾喬接收〔註125〕。而陳洪也於 3 月上旬應國民黨中央之召而返回南京，最終宣告了省黨部在此次與省政府的博弈中落敗。

1928 年 3 月 30 日，國民黨中央常會第 124 次會議決定向各省派出黨務指導員，對浙江黨務指導員的安排則是何應欽、周炳琳、王漱芳、李紹英、呂

〔註120〕《浙省黨部結束後》，《中央日報》，1928 年 2 月 29 日，第二張第二面。

〔註121〕《討論事項（一）（1928 年 3 月 1 日）》，中國第二歷史檔案館編：《中國國民黨中央執行委員會常務委員會會議錄》，第 3 冊，廣西師範大學出版社，2000 年，第 345 頁。

〔註122〕《討論事項（一）（1928 年 3 月 1 日）》，中國第二歷史檔案館編：《中國國民黨中央執行委員會常務委員會會議錄》，第 3 冊，廣西師範大學出版社，2000 年，第 345～346 頁。

〔註123〕《討論事項（一）（1928 年 3 月 1 日）》，中國第二歷史檔案館編：《中國國民黨中央執行委員會常務委員會會議錄》，第 3 冊，廣西師範大學出版社，2000 年，第 347 頁；《浙省黨政糾紛問題》，《中央日報》，「一周間大事述評」，1928 年 3 月 4 日，第一張第四面。

〔註124〕《浙省政府與黨務》，《中央日報》，1928 年 3 月 1 日，第二張第二面。

〔註125〕《浙省政府八十四次會議》，《民國日報》（上海），1928 年 3 月 1 日，第一版第二張。

雲章等九人，而國民黨中央爲了避免黨務糾紛，改任陳希豪爲上海黨務指導員，洪陸東爲南京特別市黨務指導委員〔註126〕。但作爲當事人的陳希豪而言，對此極爲不滿，致使其以「風疾未愈」爲理由，對國民黨中央提出辭職〔註127〕。4 月 10 日，在來浙的國民黨中央元老吳稚暉等人的調解下，浙省政府也停止了對各級工會的查封以及將清黨案卷、《民國日報》交還給新成立的浙江省黨務指導委員會〔註128〕。至此，浙江的這次黨政糾紛乃如釋重負地退出了歷史的記錄。

第五節　利益考量：央地黨部眼中的此次糾紛

這場在「提高黨權」呼聲正高背景下出現的浙省黨政糾紛，因爲此乃「提高黨權」主張落實到實際操作層面的早期個案，具有很強的標本意義。在這場浙江省黨政雙方進行的博弈中，考察作爲局外人的國民黨中央及其他地方黨部對此採取的態度，以及在背後決定其態度形成的利益考量，對於理解此次黨政糾紛中的各方立場，頗有裨益。這場糾紛最終以無實權的省黨部落敗而告終，究其原因，則爲國民黨中央對此不能堅決地站在省黨部一邊，維護地方黨部的權威，而是採取妥協的態度，最終召回了特派員；而作爲旁觀者的其他地方黨部，對此則採取了堅決支持省黨部的態度。兩者恰好形成了鮮明的對比，這也是雙方各自不同的利益考量所決定。

1、國民黨中央的態度嬗變

如前所述，國民黨中央對此次浙江黨政糾紛的最初態度是支持省黨部收回其職權範圍內的杭州《民國日報》及清黨案卷等，並於 16 日電令浙江省政府「速爲交代」〔註129〕，同時要求省黨部迅速前往辦理相關接收手續。不料浙江省政府接到電令後，竟然做出了激烈反應，省政府對國民黨中央直接對

〔註126〕《各省市歡迎黨務指導員》，《中央日報》，1928 年 4 月 3 日，第二張第二面。
〔註127〕《陳希豪電辭黨務指導委員》，《中央日報》，1928 年 4 月 3 日，第二張第二面；上海《民國日報》，1928 年 4 月 3 日，第二張第二面。
〔註128〕《浙省府啓封各級工會》，《申報》，1928 年 4 月 11 日，第三張；《浙省政府已交還清黨案卷了》，《中央日報》，1928 年 4 月 22 日，第二張第二面。
〔註129〕《討論事項（十）（1928 年 2 月 16 日）》，中國第二歷史檔案館編：《中國國民黨中央執行委員會常務委員會會議錄》，第 3 冊，廣西師範大學出版社，2000 年，第 323～324 頁。

之發佈電令大爲不滿。因此，省政府致電國民政府，稱接國民黨中央電令後大爲「彷徨」，對國民黨中央這一違反程序的做法進行委婉的批評：「中央黨部對屬府有所指示，是否以咨由鈞府轉令爲宜。」〔註130〕這實際上引出了一個國民黨中央與省政府的關係問題，而這，也是國民黨黨政關係的重要內容，但常爲將主要關注目標置於同級黨政關係的人所忽略。

按照當時剛頒佈的《國民政府組織法》規定，「國民政府受國民黨中央執行委員會之指導及監督掌理全國政務」〔註131〕，所以國民政府是國民黨中央的直接領導對象，省政府則爲接國民政府的直接領導對象，而國民黨中央則並非其直接領導者，這種現象頗有「我主人的主人不是我的主人」的意味。因爲按照國民政府頒佈的《省組織法》，1926 年 11 月，其頒佈的《省組織法》規定「省政府對於中國國民黨中央執行委員會及省執行委員會指導監督之下，受國民政府之命令管理全省政務」，1927 年 7 月該組織法修正後將「省執行委員會」刪除，同年 10 月則再次以「依中國國民黨黨義」代替「於中央執行委員會的指導監督之下」，到了 1930 年 2 月，更將「依中國國民黨黨義」改爲「依國民政府建國大綱」〔註132〕。從該《省組織法》的演變過程可以看出，儘管國民黨中央在政權中毫無疑問地處於最高地位，但並不與省政府發生直接聯繫。因此，在此處浙江黨政糾紛中，浙江省政府將國民黨中央直接電令省政府的行爲不合程序作爲擋箭牌，以此抵制來自國民黨中央的權威。

而且，浙江省政府在致國民政府的電文中還大談浙江政局穩定的重要性，稱「浙省在鈞府統治下爲較爲完善之省區，值此北伐西征，軍事旁午，共匪蠢動，在在堪虞，秩序安寧，餉需供應，關係贅重，責任匪清」，並取以退爲進之法：「如鈞府視浙局爲無足輕重，中央黨部以陳洪爲最足信任，且以二人之少數，可代黨部之全體，停止黨務活動之明令，浙省不妨例外，則請鈞府速電裁可，屬府即當遵令照交」，還揚言：「惟此後全浙安危，屬府無能爲役，仍乞另簡賢能」〔註133〕。從電文內容可以看出，浙江省政府對此的態度甚是強硬，擺出了若不如意就要撂挑子不幹的架勢。省政府之所以如此無所顧忌，實乃認準了當時國民政府的軟肋之故。

〔註130〕《浙省黨政電府互劾》，《申報》，1928 年 2 月 24 日，第三張。

〔註131〕《國民政府公報》，1928 年 2 月，第 32 期；1928 年 2 月 13 日。

〔註132〕陳之邁：《中國政府》，第三冊，商務印書館，1946 年，第 6 頁；曹餘濂編：《歷次公佈之〈省政府組織法〉》，《民國江蘇權力機關史略（江蘇文史資料第67 輯）》，江蘇文史資料編輯部印行，1994 年，第 238～239 頁。

〔註133〕《浙省黨政電府互劾》，《申報》，1928 年 2 月 24 日，第三張。

正如浙省政府在電文中所言，當時南京國民政府面臨的局勢十分複雜。南北並未統一，北方直魯奉等軍閥尚存，並時刻尋機南下；清共後，共產黨走上了武裝鬥爭的道路，並大力發動罷工學潮乃至武裝暴動，政局動蕩不安。寧漢合流後，面對南北繼續分裂的局勢，國民黨內要求繼續實施北伐，完成孫中山遺願的呼聲不斷高漲。在二屆四中全會上，國民黨元老于右任就提出《爲集中革命勢力限期完成北伐》案，要求大會「決議下令全軍，責成各總司令、各總指揮，限兩個月內會師北京，完成統一，肅清殘餘軍閥，布告人民息兵。」該提案獲得大會通過，並作出決議：「交國民政府責成軍事委員會、北伐軍總司令籌備全局，從速遵辦。」〔註134〕要知戰事一旦開啓，後方的安定則至關重要。南京政府的統治尚不穩固，財政收入更是困窘，還不得不仰仗廣東方面的接濟〔註135〕。當時，國民政府正在籌備「二期北伐」，而江浙乃國民黨爲數不多的實際控制區域，不僅需要其政局穩固，還需要其提供大量財賦收入，以供北伐之用。直至1929年，時任財政部長的宋子文都還公開表示「中央政府的主要財政收入來自江浙兩省」〔註136〕。

而此時負責軍事的蔣介石任務也十分繁重，爲了籌集款項，他因財政部爲北伐發行的二五庫券尚有大量積壓，乃2月25日親自致電上海總商會、錢業工會、以及上海著名實業家，要求他們在一個月內將一千餘萬的二五庫券認購，要求他們「無論如何爲難，務希辦到」〔註137〕。而根據新近披露的《蔣介石日記》記載，蔣還因宋子文籌款不力，「暴烈躁急」，以致兩度遷怒於宋美齡〔註138〕。財政上面臨的困難可見一斑，而浙江乃江浙財團的故地，該省在財賦方面的貢獻力使國民黨中央（國民政府）不敢輕視。

因此就在國民政府接浙江省政府電後，無奈之下，迅速回電，稱已經咨請中央黨部派員前往浙江處理該糾紛。但是「後方治安，仍仰嚴密維持，使

〔註134〕羅家倫主編：《革命文獻》，第十七輯，國民黨中央委員會黨史史料編撰委員會編印，46年，第196頁。

〔註135〕The Charge in China（Mayer）to the Secretery of State, Feb.20, *Foreign Relations of the Unit States（FRUS），Diplomatic Papers: 1928*, vol.2, China, p.120.

〔註136〕The Consul General at Shanghai（Cunningham）to the Mimister in China（Macmurray），Jan.19, *FRUS, Diplomatic Papers: 1929*, vol.2, China, p.130.

〔註137〕《蔣中正總統檔案・事略稿本》，第2冊，第444～445頁。

〔註138〕《蔣介石日記》（1928年3月23日、27日、28日），美國斯坦福大學胡佛研究所藏，轉引自羅敏：「家事難言」：蔣介石筆下之情愛世界》，《南京大學學報》（哲學社會科學版），2010年第5期。

北伐早日完成，奠定統一，鞏固黨國」等等〔註139〕，言語之間已經流露出偏向浙江省政府的意味。爲了迅速解決浙江黨政糾紛，1928 年 3 月 1 日，國民黨中常會決定委託時在上海籌集款項的國民黨中組部部長蔣介石前往杭州，協助解決糾紛。3 日，蔣介石到達杭州，省黨部對此則寄予厚望，期待其能協助收回《民國日報》及清黨案卷等，對此省黨部還發表歡迎辭，對蔣大唱讚歌，稱蔣介石不但即將領兵北上完成統一大業，而且「現在蔣中正同志，是本黨的中央組織部長，在現在提高黨權的聲浪中，發現了浙省以政治黨的怪現象。賢明的蔣同志，自然會迅速的依據本黨紀律，來直截了當的解決的。」〔註140〕可見，省黨部充分表現了自己的樂觀與自信，在其看來，提高黨權對整個國民黨來說都是利益攸關，身爲國民黨中央組織部部長的蔣介石勢必會站在自己一邊，爲「提高黨權」而努力。

而實際上，蔣介石對於提高地方黨權並不熱衷。美國學者田宏懋（Hung-mao Tien）在考察蔣介石北伐期間地位迅速上昇的過程後即指出，「在這個過程中，他（蔣介石）超越了那些有著更長的資歷、更高的地位以及更強的能力的黨內領袖。但是當形勢要求蔣作出強有力的社會、經濟及政治改革時，其通過軍事方面獲得的成功使他忽略了非軍事因素。」〔註141〕查閱蔣介石在訓政前期的演講、文告，關於提高黨權的涵義，他有著自己的理解並指責一些黨員「錯解了以黨治國的意思，以爲的黨權高於一切，我既是中國國民黨黨員，便比旁人高一級，你們都要聽我的話，有這樣錯誤的人，是不配做黨員的」〔註142〕。而且他還多次指斥一些地方黨部的行爲是擅權，他批評道：「各縣黨部及黨員，有許多事不應該去管而去管，不應包攬偏要去包攬，不應干涉偏要去干涉」〔註143〕。

1928 年 3 月 2 日下午，蔣介石以「檢閱軍隊」的名義由上海到達杭州，

〔註139〕《國府咨請中央黨部派員整理浙省黨政糾紛》，《中央日報》，1928 年 2 月 25 日，第二張第二面。

〔註140〕《浙省黨部告民眾書喚醒民眾歡迎蔣部長介石》，《中央日報》，1928 年 3 月 4 日，第二張第二面；上海《民國日報》，1928 年 3 月 3 日，第二張第三版。

〔註141〕 Hung-mao Tien, *Government and Politics in Kuomintang China: 1927～1937*, Stanford University Press, 1972, p.12.

〔註142〕蔣介石：《中國建設之途徑（1928 年 7 月 18 日）》，《先總統蔣公思想言論總集》，卷十，演講，民國十七年，第 323 頁，1984 年。

〔註143〕蔣介石：《在浙省黨部對黨政人員之訓詞》，《大公報》，1931 年 4 月 17 日，第一張第三版。

受到熱烈歡迎，蔣介石在歡迎會上的講話中，迴避了浙江此次黨政糾紛的問題，乃大談浙江的歷史及爲革命作出的貢獻，還要求「杭州各同志、同胞，不可有負先烈遺志，不可有虧歷史歷史使命，一致努力，急起直追，擁護三民主義，促成北伐大業」〔註144〕。他後在接見記者時，當被問及此次浙省黨政糾紛時，蔣表示對此已有妥當解決之法，而記者問省政府是否將被改組，則表示尚不能確定〔註145〕。若以「後見之明」觀之，蔣介石所指的「妥當解決之法」當是將陳洪二人召回，黨務接收暫維現狀。蔣介石在 3 日上午偕宋美齡遊覽杭州名勝後，當夜即返回上海，根本沒有任何站在省黨部一邊的具體舉措。

　　浙江省黨部在未獲得蔣介石的支持後，陳希豪、洪陸東仍然不甘心，於3月 8 日再次致電國民黨中央執行委員會，歷數浙江省政府對其行使職權的掣肘，語言沉痛，可謂是對代理浙江省政府主席的蔣伯誠及委員蔣夢麟的最後一擊，其內容詳盡，大致可歸納爲以下幾點：一、二蔣乘何應欽不在浙江之機，拒絕移交強佔的民國日報，清黨事權及案卷及無故扣留前臨時執監委員會委託保管之款項；二、無視國民黨中常會第 117 次決議，卻接受蔡元培、張靜江之私人函電，將其移交給尚未復省執行委員職務、供職於浙省政府的姜紹謨及沈爾喬二人辦理，「侵奪黨權於前，私授於後」；三、二蔣濫用職權，搜捕忠實同志，扣留省黨部公私來往函電，還任意查封工會，成立工農科侵奪黨部職權；四、縱容前浙江省臨時執行委員會所委派的縣黨部任意改組，無視中央停止黨務活動的命令，勾結西山會議分子沈定一，成立僞省黨部於紹興，分設辦事處於各縣，大肆活動，並謀發展軍事力量；五、軍事廳侵吞浙江省商民協會慰勞傷兵的捐款，引發傷兵搗毀商民協會，毆傷其職員。陳洪二人表示「當此提高黨權，整飭黨紀之時」，蔣伯誠、蔣夢麟有此「劫奪黨權，破壞黨紀，反抗中央之舉，影響所及，必至危害黨基，傾覆國本。」而國民黨中央「諸公皆黨國柱石，革命導師，對蔣伯誠蔣夢麟種種舉動，如認爲合法，則不必論；否則應請站在黨的立場，破除情面，毅然決然，依照四中全會整飭黨紀之決議案，予以嚴厲之處分」〔註146〕。但仍然未被國民黨中

〔註144〕《蔣中正總統檔案・事略稿本》，第 2 冊，第 463 頁。

〔註145〕《浙省民眾歡聲中的蔣氏來杭與離杭》，《中央日報》，1928 年 3 月 8 日，第二張第二面。

〔註146〕《陳希豪洪陸東呈請中央處理浙省黨政糾紛》，《中央日報》，1928 年 3 月 12 日，第二張第二面。

央所接受，而且在 3 月 14 日的中央政治會議第 139 次會議上，還批准何應欽、蔣伯誠增補黃崧甫爲浙省政府委員的請求〔註 147〕。如此一來，雙方的勝負也就塵埃落定了。

2、地方黨部的吶喊助威

與國民黨中央的態度相反，地方黨部對浙江此次黨政糾紛則採取了堅決支持的態度，他們紛紛發表通電，對浙江省黨部進行聲援。浙江省政府下令封閉杭州各工會後，南京特別市黨部對此發出通電，稱「喚起民眾，爲總理手訂方針；民眾運動，爲本黨革命基礎。第四次中央全會，雖有暫停民眾運動之動議，並無封閉民眾機關之明文，傾得杭州市總工會報告，浙江省政府竟有封閉杭市工會之反動行爲，望中央執委諸公，執行黨紀，分別查明，將省政府主動人員，嚴行懲處。杭市工會，全令恢復。」〔註 148〕而同時，江蘇省黨部也於 18 日就此發表通電以示抗議：「中央第四次全會雖暫有停止民眾運動之動議，然絕無封閉民眾機關之決案，該省政府何所據而出此反動行爲」，要求對其「一致聲討」並「嚴厲查辦」〔註 149〕。

不僅如此，駐法總支部歸國代表團也爲此發表通電，「本黨自經共產黨操縱與西山會議派篡竊以還，黨務糾紛，日益加加甚，幸中央四中全會得在危難環境中，正式舉行，各領袖以大團結精神，提高黨權，黨之生機，可望重新發軔，乃大會甫經閉幕」，而浙江省政府封閉杭州各級工會及拒不移交清黨案卷暨浙江省黨部機關報館，「遂聽之下，憤慨萬狀，夫以黨治國，黨治下政府之行動，何得皆背乎黨綱而馳，以政干黨，危害黨員生命猶小，阻礙黨務發展實大，況本黨革命基於民眾，其由黨領導民眾團體，如無反動行爲，即黨部亦不便橫加干涉，該省政府究據何項職權，膽敢出此背謬舉動，以摧殘革命基本力量，」要求對其「嚴加懲辦，用以保障本黨之威權，而杜姦人之效尤。」〔註 150〕從這些電文內容中就可以窺知，江蘇、南京等黨部之所以聲

〔註 147〕 《中央政治會議紀》，《中央日報》，1928 年 3 月 15 日，第二張第二面。
〔註 148〕 《南京特別市黨部反對浙省政府封閉工會》，《中央日報》，1928 年 2 月 18 日，第二張第二面。
〔註 149〕 《蘇省黨部聲援杭工會》，《民國日報》（上海），1928 年 2 月 22 日，第二張第三版；《蘇省黨部第十次會議》，《中央日報》，1928 年 2 月 22 日，第二張第二面。
〔註 150〕 《駐法總支部歸國代表團對於浙省黨部接收糾紛之表示》，《民國日報》（上海），1928 年 2 月 26 日，第二張第三版。

援浙江省黨部，則是爲了維護黨權在地方層級的不墜，因爲支持浙江省黨部，也是對自己權力的一種維護。爲了喚起國民黨中央對於提高地方黨權的重視，南京市黨部還於 1928 年 10 月發出呼呼，稱「最近各地軍政官長，每有阻撓黨務之事實，若不嚴加制裁，則黨權淩替，現象環生，黨國前途，何堪設想！」〔註151〕這其間的「事實」，當然有此次浙江黨務糾紛在內。

我們從國民黨央地黨部針對此次浙江黨政糾紛的態度可以看出，利益考量始終是支配其行動的決定性因素。國民黨中央首先考慮的是維持地方秩序，它需要省政府連續不斷的資源汲取來維持政權的運轉，並保證即將到來的北伐軍事上浩大開支。在面對浙省黨政糾紛時儘管國民黨中央的初始態度是支持黨方，但在省政府的強硬表態及以退爲進策略的運用下，其態度很快向務實的方向發展，最終採取了妥協態度；但對於江蘇省及南京特別市黨部而言，此次浙省黨政糾紛實乃爲寧漢合流後，各地方黨部「提高黨權」呼聲的首次績效考驗。所謂黨權的提高，就是相對於同級政權而言，核心就是黨政雙方在地方政權中主從問題。黨權若不能提高，則地方黨部勢必會爲政府所壓制，黨務工作人員也就無光明的政治前途可言。因而，江蘇等省黨部從自身利益立場出發，認定浙省黨部若在此次黨政糾紛中落敗，類似的命運也遲早會降臨到自己頭上，所以他們要堅決表態支持、聲援浙江省黨部，進而爲自己在地方政權中增加與政府進行權力博弈的籌碼。

第六節 小結

從浙省黨政糾紛這個個案可見，作爲糾紛的當事人浙江省政府、省黨部之間進行博弈的具體策略各異：爲了抵制省黨部的捲土重來，省政府主要採用了類似「以夷制夷」的策略，即暗中扶植前浙江省臨時執委會與新來的黨務特派員發生齟齬，而在面臨國民黨中央起初支持省黨部的不利形勢下，在國民黨中央直接致電省政府的程序問題上做文章，並取「以退爲進」之法，最終迫使國民黨中央「迴心轉意」，召回特派員；相形之下，省黨部方面就弱勢得多，面對省政府咄咄逼人的氣勢，黨部方面除了致電國民黨中央、國民政府乃至身爲軍人的浙省主席何應欽以請求支持及尋求民眾團體、其他省黨

〔註151〕《集權與黨，訓民以政——京市指委之黨政意見》，《益世報》，1928 年 10 月 1 日，第一張。

部的聲援外，別無他法。自然，省黨部在這場力量本就失衡的博弈中落敗就在意料之中了〔註152〕。

　　而在此次糾紛中屬於旁觀者的國民黨中央與地方黨部對此迥然相異的態度也很有意思。正如前文所言，國民黨央地黨部各自所取的立場都是基於自身利益的考量，以國民黨中央爲例，固然有自己對「提高黨權」的理解，如認爲「黨權高於一切，乃指中央黨權而言」〔註153〕，而在地方政權中卻有意不願黨高於政。但在此個案中，當在國民黨中央必須在黨政雙方中作出取捨之時，它一開始是取支持省黨部立場的，但後來因當時的時局制約等因素導致國民黨中央最終放棄省黨部，站在省政府一邊，就說明了決定地方黨權高低的不僅有國民黨中央的主觀意圖，還有其他一些特殊的客觀制約因素。當然，本文無意以個別案例推演或抽象出一個涵蓋全局的論斷，只是想通過對該個案不致過於粗疏的解剖，進而揭示出國民黨央地黨部在「提高黨權」呼聲中所展現的不同面相，以及促使該呼聲成效不彰的一些他因。

〔註152〕時至 1928 年 8 月，儘管陳希豪已任上海特別市黨務指導委員赴滬，但浙江省政府仍拒不取消中央特委對他的通緝。對此引發陳的極大不滿，他特致電國民黨中央，歷數自己的經歷，在談及這次浙江黨政糾紛時，稱儘管自己當時致電中央電文幾達數十封，但「中央從無一字責備省政府，從茲浙省黨務，即陷於無法維持；而中央對浙之威信，幾隨之掃地無餘」，足見此次糾紛中省黨部的弱勢。見《陳希豪呈請中央糾正浙省府非法通緝令》，《中央日報》，1928 年 8 月 17 日，第二張第三面。

〔註153〕《指令浙江省執行委員會》，《中央黨務月刊》，第 16 期，1929 年 10 月。

第三章　破除迷信：江浙黨部、政府及國民黨中央的三方互動

　　迷信問題在中國社會歷來就有，而在 20 世紀前期因中國社會問題嚴重，動亂頻仍而較爲突出〔註1〕。爲了實現國家對基層社會的權力滲透，1928 年至 1931 年，取得全國政權的南京國民政府發起了一場破除迷信的運動，在國民黨地方黨部的積極推動下，這場運動對地方社會影響頗大。其實關於迷信的破除，早在清末新政時期就已經拉開了序幕，以 1928 年開端的這次只不過是前面的繼續而已〔註2〕。1928 年後中國社會基層出現的破除迷信、打倒城隍廟等激進行爲，有西方學者將其運動的主導者簡單地歸結爲當地政府〔註3〕，這顯然是不恰當的。因爲在地方政權中，運動的推動者出現黨、政二元化的分際，他們各自都在這場運動中扮演了不同的角色。關於該次運動的研究，學

〔註1〕關於 1912 年至 1928 年的中國迷信問題研究，詳見鄭國：《民國前期迷信問題研究（1912～1928）》，山東師範大學碩士論文，2003 年。該文較爲細緻地敍述了民國前期迷信的形式、對象及特點影響等等，但未能對迷信與民間信仰之間進行區分，而是簡單地予以等同，而且官方與民間對於迷信各自的態度及互動關係等很少涉及。

〔註2〕如袁世凱在新政時就已有沒收廟產用以發展公共事業的主張及行動，且在新政期間「地方自治中包括學堂在內的現代化建制都是徵用廟宇興辦的」。見徐志偉：《一種「他者化」的話語建構與制度實踐——對清季至民國反「迷信」運動的再認識》，《學術月刊》，2009 年第 7 期。

〔註3〕（俄）Ｂ・維什尼亞科娃著，吳永清譯：《1929 年中國農民運動與秘密農民團體》，社科院近代史所編：《國外中國近代史研究》，第 21 輯，中國社會科學出版社，1992 年，第 210 頁。

界相關研究較多〔註4〕，但這些論文（著）或從宏觀上涉及該論題，或以一個個案來分析基層政權中黨政因破除迷信而發生的結構性衝突，而未將地方黨政及國民政府（國民黨中央）三方結合起來考察。本文擬以江浙地方黨部對「破除迷信」主張的宣傳與發動為切入點，討論江浙地方政府及國民黨中央對此的態度，進而分析國民黨中央、地方黨部及政府三方在貫徹破除迷信主張中發生的互動關係。

第一節　為建而破：破除迷信與打倒偶像

正如前所述，在 20 世紀之初，中國的反迷信運動就已經展開，特別是在國民黨內享有尊崇地位的孫中山即在 1912 年在南京參議院中致解職詞中即稱中國「又凡政治、法律、風俗、民智種種之事業，均需改良，始能與世界競爭。」〔註5〕這也使得以繼承孫中山道統為自我期許的南京政府也將破除迷信、舊風俗作為啓發「後知後覺」民眾的一個重要途徑，而這也自然為國民黨地方黨部所認同，他們公然宣稱要「為建設而破壞」〔註6〕，並於訓政之初即提出不少破除舊風俗、迷信的主張，而國民黨央地黨部在此次運動中扮演的角色區別在於中央是主張的提出者，而後者不僅如此，還要直接面臨著主張的貫徹問題。概而言之，此時二者提出的相關主張〔註7〕如下：

1、廢除舊曆

為了具體貫徹孫中山破除迷信的遺教並成立專門機構處理該問題，1928

〔註4〕 其中具有代表性的有：（日）三谷孝著，李恩民譯，《秘密結社與中國革命》，中國社會科學出版社，2002 年，第 251～251 頁；潘淑華：《「建構政權」，解構迷信？——1929 年至 1930 年廣州市風俗改革委員會的個案研究》，鄭振滿，等編：《民間信仰與社會空間》，福建人民出版社，2004 年，第 117 頁；沙青青：《信仰與權爭：1931 年高郵「打城隍」風潮之研究》，《近代史研究》，2010 年 1 期；Prasenjit Duara, Knowledge and Power in the Discourse of Modernity: The Campaign against Popuar Religion in Early Twenitieth Century China, *The Journal of Asian Studies*, 1991, 1 .February.

〔註5〕 宋教仁：《社會改良章程》，陳旭麓主編：《宋教仁集》，下冊，中華書局，1981 年，第 378～379 頁。

〔註6〕 德祐：《打倒偶像問題——請讀大陸報記者之諍言》，上海《民國日報副刊·覺悟》，1929 年 1 月 27 日。

〔註7〕 因此時國民黨中央及地方黨部提出的破除迷信主張涵蓋範圍極為廣泛，從日曆、婚姻、祠堂、寺廟乃至民間節日慶典等，本文僅將其主要方面予以敘述。

年3月，中央政治會議通過《內政部組織法》，正式成立內政部。規定「內政部直隸於國民政府依法令管理地方行政及土地、水利、人口、警察、選舉、國籍、宗教、公共衛生、社會救濟等事務」，其除了管理範圍廣泛外，「對於各省及各地方最要級行政長官之執行本部主管事務有指揮監督之責」，而且「內政部對於主管事務對於各省及各地最高級行政長官之命令或處分有認為違背法令或逾越權限者，得呈請中央變更或撤銷之」，〔註8〕。從該部的成立及職能劃分上看，足可見國民黨中央對改易民風民俗方面的決心，而首任部長薛篤弼則更是如此，他「為養成職員耐勞起見」，規定所有職員每天造成六點起床，並進行早操、跑步、拳術等健身運動〔註9〕。並頒布施政綱領稱要「改移不良之習俗，實行訓練民眾，趨於日新之新生命」〔註10〕。

隨後，內政部即以「百度維新之際，而政令與社會現狀如此懸殊，若不根本改革，早正新元，非維貽笑列邦，牴牾國體」為由，要求國民政府廢除舊曆，推行新曆〔註11〕，由此拉開了廢除舊曆的序幕。

首先在國民黨方面，各級黨部都積極貫徹這一決定。國民黨浙江省黨部宣傳部首先向國民黨中宣部呈文，要求廢除舊曆，提倡新曆，得到了後者的肯定，並表示該提議已由國民黨中央「函知國府辦理」〔註12〕。中宣部為了推動這一改革的實現，率先提出呼吁，對舊曆進行大力鞭撻，稱「舊曆是一本陰陽五行的類書，迷信日程的會典，我們要破除迷信，就要廢除舊曆，實行國曆！」而且還表示「沿用舊曆，就是奉行滿清的正朔，也就是民國的叛徒！」〔註13〕將舊曆與滿清的「舊」相等同，同時與民國的「新」對立，中宣部在意識形態領域滲透革命話語之目的隱然可見，因為所謂「民國的叛徒」即為「反革命」，恰與正義化身的「革命」相對立。除運用革命話語進行意識導向外，國民黨中宣部還接受寧波市黨部的建議〔註14〕，通過改變報刊的發

〔註8〕 《國民政府內政部組織法（1928年3月22日）》，中國第二歷史檔案館編：《中國國民黨中央執行委員會常務委員會會議錄》，第3冊，廣西師範大學出版社，2000年，第472頁。

〔註9〕 《內政部工作之一斑》，《申報》，1928年4月15日，第三張。

〔註10〕 《內政部宣布施政綱領》，《申報》，1928年4月20日，第三張。

〔註11〕 《內政公報》，第1卷第2期，1928年6月1日。

〔註12〕 中國國民黨中央執行委員會編：《中央執行委員會宣傳部十七年度部務一覽》，1929年，編者自印，第156頁。

〔註13〕 《實行國曆宣傳大綱》，《中央周報》，1928年12月31日，第30期。

〔註14〕 《取消報紙陰曆年節停刊》，上海《民國日報》，1929年1月25日，第四張第一版。

行規律來實現迫使民眾摒棄舊曆、貫徹新曆的意圖。如按照往常慣例，爲了慶祝春節，舊曆年年底各報紙都要停刊三五日不等，國民黨中宣部爲了倡導國曆，要求各黨部所屬報刊照常出版，或者至少出版一張，「以除積習」，理由是防止「反動分子」利用來「造謠惑眾」〔註15〕。

而地方黨部則將該決定貫徹得更爲堅決。浙江省宣傳部在積極向國民黨中央建言獻策的同時，積極籌備廢除陰曆宣傳活動，爲了促使民眾不再使用舊曆，該宣傳部還命令杭州《民國日報》自1929年元旦起廢除陰曆對照，並出書報刊物，通俗演講等大力宣傳廢除舊曆的意義，還要求浙江大學通令全省各校特別講演廢除陰曆問題〔註16〕。同時，上海國民黨主辦的黨報——《民國日報》也於1929年元旦發佈告示，稱自即日起不再刊載舊曆日期〔註17〕。同時，市黨部爲了廢除舊曆，以上海國粹書局發行夾帶舊曆的新曆爲由，派員到該書局購買五百冊，但僅「袖出市黨部公函」，而拒不付款，雙方遂起衝突，竟出現鬥毆情事〔註18〕，市黨部的行爲，與沒收無異，實則超出了自己的職權。在江蘇，新成立的江蘇省國民黨黨務整理委員會也積極進行推行新曆的工作，如江蘇省黨務整理委員會宣傳部爲了避免民眾「怵於舊習」，「仍沿用廢曆或廢曆循用之五行十八宿宜忌諸迷信習俗」，派員前往鎮江各書店嚴密查禁，將書店所售之國民通曆，通用國曆等印有迷信習俗之曆書，共計一百三十餘本，全部予以焚毀，並警告書店不得再售此類書籍〔註19〕。後又查出中央、鎮江等影戲院散發之廣告中附印舊曆，認爲其「實屬玩忽禁令」，而對其進行警告並分函告知鎮江所有娛樂場所〔註20〕。從以上例子可以看出，省市黨部在貫徹執行中央的主張方面較爲激進，竟將政府部門職權範圍內的事務包攬過來，「沒收」、「查禁」乃至「焚毀」的行爲，充分體現了地方黨部藉此來增加對地方事務干涉權的意圖。

其次是在政府部門方面。因爲廢除舊曆僅僅關係曆法計算，與民眾切身利益並無直接衝突，不會引發社會秩序的動蕩，所以政府方面對此也未有異

〔註15〕 《中央禁止各報刊停刊》，《益世報》，1929年2月2日，第一張第三面。

〔註16〕 《廢除陰曆宣傳運動》，上海《民國日報》，1928年12月17日，第二張第四面。

〔註17〕 《本報自今日起不再刊載舊曆日期請讀者注意》，上海《民國日報》，第一張第四面。

〔註18〕 《國粹書局發行中西合璧日曆》，《社會日報》，1929年12月1日，第三版。

〔註19〕 《蘇省宣傳部查禁迷信曆本》，《中央日報》，1930年2月6日，第二張第四面。

〔註20〕 《蘇省宣傳部屬行打破廢曆》，《中央日報》，1930年2月9日，第二張第四面。

議，如浙江省民政廳也發出訓令，要求各縣按照國民黨中央及國民政府的要
求，禁止出現陰陽曆對照的情況〔註21〕。後並應內政部之命而向各縣發出訓
令，要求各縣自 1930 年起「凡一切契約文據須用國曆」〔註22〕。總的來看，
政府部門廢除陰曆的具體執行之時卻較爲客觀與理性，由於使用舊曆歷來已
久，如在農業、商貿方面，慣用陰曆進行結算，在短期內很難完全禁止其使
用舊曆〔註23〕，因而行政部門在執行方面顯得較爲愼重。如 1930 年，浙江鄞
縣執委會呈請省黨部通飭各縣鄉鎮之市集應以國曆推算，「力行剷除廢曆」，
後經宣傳部致函省政府，省府就認爲「操之太急，轉覺桿格難行」，最後決定
先行「廣爲勸導，以挽舊習」〔註24〕。很明顯地表明瞭政府方面在廢除陰曆
運動中漸進務實的態度。

2、打倒「淫祠」及其他

　　民間信仰中包含範圍甚廣，而民衆爲其信仰中的偶像修築祠堂廟宇並進
行供奉，而這些廟宇則被國民黨人稱爲「淫祠」〔註25〕，被列入堅決剷除的
名單之中。1928 年，在國民政府的授意下，一些國民黨地方黨部開始積極推
動這場破除迷信運動的進行。他們紛紛推倒民間偶像，並將其廟產進行處置。

　　隨著基層社會破除迷信運動的日漸開展，由於國民政府沒有制訂一個毀
滅偶像的具體標準，因而出現了將矛頭指向宗教的現象，社會秩序也較爲混
亂。而國民黨人的行動，也遭到了宗教界的強烈反對。社會上又傳聞內政部
有通令全國將寺廟改爲學校之意圖，引起了宗教界不小的震動，對此江浙佛
教聯合會特地致電內政部核實，內政部表示佛教有「感化人心，轉移風氣，

〔註21〕《浙江省政府民政廳訓令第八二九號》，《浙江民政月刊》，1929 年 1 月，第
　　　　15 期。
〔註22〕《浙江省政府民政廳訓令刊字第一九三號》，《浙江民政月刊》，1929 年 10 月，
　　　　第 24 期。
〔註23〕《廢除舊曆宜顧實際》，《論評選輯（《國聞周報》第七卷一期至第七卷五十
　　　　期）》，第 16～17 頁，收入沈雲龍主編：《近代中國史料叢刊》三編第五輯，
　　　　臺北：文海出版社，1988 年。
〔註24〕《浙江省政府民政廳訓令第二〇二號》，《浙江民政月刊》，1930 年 2 月，第 28
　　　　期。
〔註25〕據王銘銘的研究，「淫祠」這個詞在宋代以後的文獻中廣泛存在，指的是不符
　　　　合官方神統的祭祀崇拜對象、場所與活動。王銘銘：《逝去的繁榮：一座老城
　　　　的歷史人類學考察》，浙江人民出版社，1999 年，第 187 頁。

改良社會，改造國家之功用」而予以否認〔註26〕，而且還劃分了應廢除之神祠的範圍，稱「其有功於國家社會之古聖先賢，在歷史上文化上有崇拜之價值者」，如關羽、岳飛等人之神祠則應保留，但對於那些「若在歷史上毫無根據，功業學問一無足稱，或本諸稗官小說，或本諸齊東野人」，如土地、財神、送子以及「狐仙蛇神牛頭馬面之類」的偶像，這些都「徒供愚婦愚夫之號召，自應列爲淫祠，嚴加禁止，以正人心。」〔註27〕這種劃分法在 1928 年 11 月內政部頒發的《神祠存廢標準》中再次進行了確認。

地方黨部也是毫不落後，他們爲了打倒各處之「淫祠」而積極建言獻策，如浙江省黨務指委會就提出，應將各地設立之「節孝祠」予以廢除，以改變「我國數千年來重男輕女之風」，稱「三綱五常，三從四德之遺訓，靡不輕視婦女等於財產萬物，而片面節操之獎勵，節孝祠之遍地林立，尤爲慘無人道壓迫女子之工具」爲由，呈請中央執行委員會，廢除全國之節孝祠，「將其產業撥充婦女協會經費」〔註28〕。

除此之外，鑒於民眾「多去拜佛求神，測字問卦求籤」〔註29〕，地方黨部還要求取締相關星相職業，如國民黨江蘇省吳縣第一次全縣代表大會就議決「取締巫卜星相，議交市政府辦理」，後經蘇州市政府會議決定其有「切實執行之必要」，稱：

「查巫卜星相純爲迷信荒謬之妄談，封建時代所遺留之毒□（該字模糊不清——引者，後同），巫師以神術醫病爲號召，胡談亂道，做斂錢之工具，謠言惑眾，視人命若兒戲，巫卜星相更以預測人禍福吉凶善惡相標榜，驅良民眩清理智，實足以阻逆人群之進化，使人昏憤，罪大惡極，遺害何要似，若不嚴予取締，則光明人間已成神誕妖氛之鬼域。」進而要求各公安局嚴予取締〔註30〕。國民政府內政部也接受上海市黨部第三區黨部黨務指導委員會等所請，以「卜筮星相堪輿等業惑眾斂財」爲由，於 1928 年 9 月 22 日制定

〔註26〕《函江浙佛教聯合會》，《內政公報》，第 1 卷第 1 期，1928 年 5 月 1 日。

〔註27〕《薛內長覆佛教會函》，《申報》，1928 年 4 月 20 日，第三張；《海潮音》，1928 年 5 月 9 日，第 9 年（原刊如此——後同）第 4 期。

〔註28〕《浙省指委會請撥全國節孝祠產業爲婦協會經費》，《中央日報》，1928 年 10 月 20 日，第二張第三面。

〔註29〕《杭縣縣黨部打破迷信的運動》，《中央日報》，1928 年 3 月 31 日，第二張第二面。

〔註30〕《飭令公安局取締巫卜星相》，《蘇州市政公報》，1929 年 7 月，第 1 卷第 4 / / 5 / 6 號。

了《廢除卜筮星相巫覡堪輿辦法》〔註31〕。在國民黨地方黨部的積極運作下，該辦法為取締此類職業，消除迷信的影響提供了重要法理依據。

一些縣黨部認為應禁止使用相關迷信物品。如上海縣黨部就認為應禁止清明節焚燒紙錢之類對象，並得到了縣政府的支持。〔註32〕而在杭州，因每年2月為杭州的香市，香客眾多，杭縣黨部「為喚起民眾宣傳主義起見」，決定組織香市宣傳隊，每日在岳飛墓前進行宣傳〔註33〕，天津市公安局還通令各區署，強行取締卜筮星相，並要求其限期三月內，改營正當職業〔註34〕。在地方黨部的推動下，國民政府內政部最後頒發了《取締經營迷信物品業辦法》，規定「凡供鬼神所用之錫箔、紙炮冥錢紙、黃表、符籙、文書、紙馬、象生及一切冥器」的生產概行取締，並由省市政府督飭公安局及工商業團體切實勸導限令其即日起一年內，改營他項正當職業〔註35〕。國民政府同時還特別命令各地寺廟不得給人提供所謂「仙藥」：

「查各地廟宇常有施給仙丹藥籤神方乩方治病等情事，在昔民智未啓，迷信神權以為此種丹方係由仙佛所賜，視為一種治病良劑，以致每年枉死者不可數計，現值科學昌明，文化日進，自不容再有此種迷信情事，亟應言行禁絕，以杜害源。」〔註36〕作為首都，南京特別市政府後也陸續發佈通令予以禁止〔註37〕。

另外，在移風易俗方面，一些地方黨部也提出了較為激進的主張。如浙江永嘉縣黨部甚至要求取消基層社會歷年來的迎神賽會及祈雨等民間活動〔註

〔註31〕《廢除卜筮星相巫覡堪輿辦法》，《內政公報》，1928年10月1日，第1卷第6期；蔡尚思主編：《民國法規集成》，第40冊，黃山書社，1999年，第449頁。

〔註32〕《上海縣黨部禁止清明焚化品》，《中央日報》，1928年3月28日，第二張第二面。

〔註33〕《杭縣縣黨部組織香市宣傳隊》，上海《民國日報》，1928年3月31日，第二張第三版。

〔註34〕《天津市公安局實行取締巫卜星相》，《益世報》，1928年10月13日，第三張。

〔註35〕《取締經營迷信物品業辦法》，《內政公報》，1930年4月，第3卷第3期；蔡尚思主編：《民國法規集成》，第40冊，黃山書社，1999年，第450頁。

〔註36〕立法院編譯處編：《嚴禁藥籤神方乩方案》，《中華民國法規彙編》，第三冊，中華書局印行，出版年不詳，第795頁，江蘇省檔案館藏，藏檔號：5/30/178。

〔註37〕《令飭嚴禁廟宇中施給仙丹神方案》，《首都市政公報》，1929年8月15日，第35期，江蘇省檔案館藏檔案，檔案號：5/30/50。

〔註38〕《浙江省政府民政廳代電第一八六號》，《浙江民政月刊》，1929年2月，第16期。

38〕。為了革除中國傳統多妻妾的弊病，浙江指委會還命令各縣市，稱「多妻蓄妾制度是我國兩性間最不平等的事實，解放被壓迫婦女是本黨歷來所標榜的主張」，要求各縣市對多妻蓄妾的黨員拒絕予以登記，同時致電國民黨中央要求將其在全國範圍內推廣〔註 39〕。這些都充分反映了國民黨地方黨部在革除民間陋習的決心，並藉此將政黨理念借助國家權力對民間信仰的干預而對基層社會施加影響，爭取在地方政權中的話語權。

第二節　權力重構：省縣黨部的宣傳與推動

　　為了貫徹自己的主張並增加在基層社會的影響力。江浙省縣黨部加大宣傳力度和發動並積極引導破除迷信運動的開展。地方黨部發動自己的宣傳機構大力鼓吹破除迷信的必要性及將「革命」與反迷信運動等同起來，希圖減少來自政府部門的制衡，同時，還積極地加入到破除迷信如打倒城隍的運動中。縱觀地方黨部在此時的踴躍表現，很是耐人尋味，其之所以如此，一方面固然為國民黨地方黨員的激進精神使然，同時因他們任職於黨部而不必負政府方面的責任；但另一方面，則與此時的黨權旁落有很大的關係。換句話說，就是地方黨部意圖藉此增加在地方政權中的影響，並對其中的權力格局進行重新劃分。有學者在考察了 20 世紀前三十年中國的反迷信運動就發現，每一個以現代化為名義的反迷信時期都體現了國家在基層社會的權力重構，而 1928 年至 1931 年國民黨發動的這場運動則為其黨內左派為了奪回對黨內及地方事務控制權的主要體現〔註 40〕。為了實現以上目的，進而使破除迷信運動深入地開展起來，地方黨部大力進行宣傳，並身體力行地投入其中。

1、輿論的造勢

　　對於革除積弊、破除迷信，地方黨部要比政府走得更遠。面對各地蜂起的破除迷信、打倒偶像的運動，上海《民國日報》明確表態支持各地的破除

〔註 39〕《浙指委會令各縣市對多妻蓄妾黨員一律拒絕其登記》，《中央日報》，1928
　　　　年 7 月 23 日，第二張第三面；《浙江省黨務指導委員會為拒絕多妻蓄妾之黨
　　　　員登記呈請中央鑒核備案並訓令各縣市黨部文》，《浙江黨務》，1928 年 7 月
　　　　28 日，第 9 期。

〔註 40〕Prasenjit Duara, Knowledge and Power in the Discourse of Modernity: The
　　　　Campaign against Popuar Religion in Early Twenitieth Century China, *The
　　　　Journal of Asian Studies*, 1991, Feb.1.

迷信運動，登載文章稱「不把發迷地的寺庵廟觀滅乾淨，則善男信女還是窮日裏口喃菩薩保祐，心求神像降福。」認爲各地要「兇惡地」趕走僧尼道姑，其廟產「概收歸國有，以充教育之經費，或興工業，或墾荒地或移交地方上辦公益事業」，並對其使用進行了明確的計劃，認爲：

> 寺庵觀廟所在之地，大都是風景雅然，山水相映的佳處，大的如適中之地，暫可代用校舍，小的駐兵練防，或做黨部機關，或集三五同志考古□□，研究革命學，或改爲地方辦實業之公所，或設爲普通醫院，或爲設爲殘疾所，或爲養老院，孤兒院……。

但是廟堂則「更應毀滅無遺，泥塑者擊碎，木雕者燒火」，還聲稱「不把迷信打破，廟宇毀滅，還談什麼革命，做什麼革命的行動？」〔註41〕在「革命」已被賦予神聖與正義化身的此時〔註42〕，其將破除迷信與「革命」等同起來，目的是爲了增加自己主張的合法性，進而爲自己的行動貼上一張護身符。爲了達到宣傳的效果，江浙地方黨部還採取了多種動員方式。

首先、動員普通民眾。各地黨部紛紛大力宣傳破除迷信的重要性，杭縣黨部就此發表文章，稱：

> 我們中國人中「迷信」的毒害，已有幾千年了，凡是身體健不健，運道好不好，何日陞官發財，能否長命富貴，以及一切疑難的事情，多去拜佛求神，測字問卦求籤……以爲解決唯一的方法，至於怎樣去衛生，怎樣去工作，怎樣去努力進行，都不聞不問。唯固步自封，向時代開倒車，你看中國人「迷信」的毒害，何等的深刻！據最近大體調查，杭州一地，一般民眾，歷年來燒香拜佛，用去的金錢，竟有二百五十餘萬元之多，同胞們試想一想，這筆錢的來源，豈不是由各位起早落夜，辛辛苦苦做出來的嗎？假使拿著聚集起來的款子，來辦小學，可辦小學一千二百五十所，每小學學生以一百計算，就有十二萬五千個失學兒童可以讀書……同胞們，現在的時代，是科學昌明，迷信打破，神權消滅，民權發達的時代；同時是帝國主義、軍閥、共產黨、買辦、政客、貪官污吏、土豪劣紳向我

〔註41〕邵振人：《怎樣處置寺庵廟觀》，上海《民國日報副刊・覺悟》，1928 年 12 月 18 日。

〔註42〕關於「革命」一詞如何被逐漸賦予正義與神聖的化身，可參見王奇生：《「革命」與「反革命」：一九二〇中國三大政黨的黨際互動》，《歷史研究》，2004 年第 5 期。

們進攻的時候，我們還可以昏昏沉沉，糊裏糊塗地亂摸亂闖，自投
陷阱而不覺悟嗎？趕快覺悟！趕快起來！打破阻礙社會進化的迷
信！〔註43〕

這篇文章言辭慷慨激昂，將破除迷信與現實中的教育發展和每個人的切
身利益結合起來，充分表現了其輿論動員的意圖。

同時，地方黨部還採取了多種方式進行宣傳鼓動。1929 年 4 月，江蘇嘉
定縣黨部爲了打毀縣城的城隍廟，採取了大量散發傳單的方式進行民眾動員
〔註44〕。浙江省宣傳部於 1929 年底決定製作宣傳破除迷信的小冊子，如《無
神論》、《無鬼論》、《宗教與迷信》、《爲破除迷信稿同胞書》、《破除迷信書》
等〔註45〕。江蘇省宣傳部也制定《江蘇省各級黨部宣傳破除迷信辦法》，如召
集民眾團體大會、破除迷信遊藝大會，制定小冊子，破除迷信的口號及標語〔註
46〕。另外，一些地方黨部並爲此舉行破除迷信宣傳周，如山西在 1929 年 1
月 28 日舉行了破除迷信宣傳周，第三集團軍特別黨部還召集軍界代表一千餘
人開會〔註47〕。通過報刊及集會動員的方式，將破除迷信的必要性與正當性
表現得淋漓盡致。

除了大量進行文告、傳單、集會宣傳外，江蘇省黨部還通過決議案，爲
破除迷信爭取更大的合法性，以及給下級黨部提供支持。1929 年 4 月，國民
黨江蘇省第一次全省代表大會後，新成立的省執委會制定了有名的「摧毀封
建勢力方案」，該方案指出此時國民政府雖然建立，但是「中國現在人民的思
想，還是受宗法的、禮教的封建餘毒牢牢的支配著」，國民黨被一些封建勢力
纏繞，一些黨員勢必會被其腐蝕而「背叛革命」，並提出「故欲恢複本黨革命
精神，鞏固本黨革命基礎，則目前唯一之任務，即在如何摧毀此種腐蝕本黨
破壞革命之封建遺孽，而滌除其餘毒」，而破除封建餘毒的重要內容就是「一
切庵廟寺觀，改做別用，如辦學校及救濟院等，鬼神型像，銷毀一空。」由

〔註43〕《杭縣縣黨部打破迷信的運動》，《中央日報》，1928 年 3 月 31 日，第二張第二面。
〔註44〕《嘉定縣黨部印發搗毀神像傳單案》，《江蘇省政府公報》，1929 年 5 月 4 日，第 126 期。
〔註45〕《浙省宣傳部編製破除迷信小叢書》，《中央日報》，1929 年 12 月 7 日，第二張第四面。
〔註46〕《蘇省宣傳部注重破除迷信宣傳》，《中央日報》1930 年 10 月 31 日，第二張第四面。
〔註47〕《太太婆婆同來破迷信》，《益世報》，1929 年 2 月 2 日，第一張第四面。

於江蘇省黨部中改組派及反 CC 派此時尙具有很大影響，因而這個方案在很大程度上體現了其意志，即不滿日趨保守的國民黨中央及黨權旁落的不甘心，如提出「政府官吏，由黨部遴選充任」〔註 48〕的主張就是希望能爲自己重新奪回在地方事務的控制權製造一個良好的輿論環境；

　　其次、動員國民黨中央及相關政府部門。此次破除迷信運動是在國民黨中央的授意，下級黨部的運作下發動起來的，很多時候國民政府往往是被動地進行回應，而並非一開始就牢牢地控制著運動的進程，故而在這場運動中，國民黨中央因反應滯後常常受到來自下級黨部的動員。如 1928 年 11 月內政部制定《神祠存廢標準》後，由於仍然無法遏制各地的破壞偶像運動，乃下令該標準暫緩三個月實行。由此引發浙江省黨部的不滿，並致電國民黨中宣部，指責內政部「朝令夕改」，致使「各地土劣紛紛運動，或將已毀神祠重新建立，或向黨部民眾圖謀報復」，要求國民黨中宣部制定相關破除迷信之宣傳方案〔註 49〕；

　　除積極建議國民黨中央支持各地黨部的破除迷信運動外，省黨部還與地方政府進行交涉。1929 年 12 月初，浙江省黨部舉行第六十八次會議，會上宣傳部稱「查星相卜筮，愚惑民眾，早經中央及國府三令五申禁止在案，惟杭州街坊旅館，招牌高懸，屢見不鮮，殊屬違背中央意旨，且於破除迷信，亦有莫大障礙」，經執委會議決，提交省政府要求嚴加禁止〔註 50〕。此後不久，江蘇省指委會就各處打毀神像事，致函省政府：

　　　　現值訓政開始，首當啓迪民智！而啓迪民智之方，又當以破除迷信爲前提！吾國民眾，向來迷信甚深！迎神賽會，往往舉事若狂！而崇拜偶像，更見其愚妄可憫！近來各縣打毀神像，純係破除迷信運動，與廟產登記毫無關係！乃竟有借神斂財之道士，因神像之被毀，而復行塑造。黨部欲發佈主張，縣政府則以保護廟產爲詞，致黨部與政府主張歧異；而一般愚民又多誤解保護廟產爲政府保存偶像之表示。迷信觀念，益牢不可破！似此實不足以貫徹黨治精神！

〔註 48〕　《蘇省執委會遵省代表會決議制定摧毀封建勢力案》，《中央日報》，1929 年 4 月 21 日，第二張第一面。
〔註 49〕　《浙省黨部請頒破除迷信宣傳方案》，《南京黨務週刊》，1929 年 9 月 16 日，第 16 期。
〔註 50〕　《浙省黨部函省政府查禁星相卜筮》，《中央日報》，1929 年 12 月 10 日，第二張第四面。

此外，該公函還要求省政府以後「立在黨的方面發施命令在案」〔註51〕，這份公函言辭尖銳，大有不達目的誓不罷休之勢，而其背後則隱含著更為複雜的政治意圖。很多縣黨部積極加入打倒「淫祠」的運動中，努力增加黨部在地方事務中的話語權，但往往會受到縣政府的掣肘，省黨部乃「以貫徹黨治精神」為由對前者進行支持，以實現對地方政權中權力格局的重構。

儘管地方黨部為了爭取創造一個好的輿論環境，對國民黨中央及同級黨部提交建議，但這仍然可以作為其進行動員的方式之一。通過將對普通民眾、國民黨中央及地方政府部門的動員相結合，的確不失為一種方法。但是宣傳只能提供輿論動員，但落實到具體操作層面，則更為複雜。因而，地方黨部在進行大力宣傳的同時，更是身體力行地投入到積極發動與領導破除迷信的運動中。

2、儀式的操演

作為地方黨部而言，積極宣傳破除迷信固然是對地方事務增加話語權的一種方式，但要真正將影響得到更大的發揮，則必須積極投身於參與及領導破除迷信的運動中來，非如此，不能增加黨部在民眾心目中的地位。正如楊永泰所承認的那樣：「土地廟本是一種迷信的東西，在我們革命勢力之下，看見了這個東西，有些地方黨部，激烈一點，便領住些人去打倒它。」〔註52〕此外，一些縣政府出於自身利益考量，往往對社會團體自發起來破除迷信、打毀神像的行動設置障礙，縣黨部必須對其施以援手，方能保證運動的持續進行。1927 年 7 月 22 日，江蘇省政府依照國民政府令，頒發《縣黨部與縣政府之關係條例》，規定縣黨部對縣政府有監督建議之權，但不得強制縣政府執行，縣政府對於縣黨部有維護之責，不得干涉黨務的正常進行〔註53〕，已經表明了縣黨部與縣政府互不統屬、互相監督的地位。所以由縣黨部出面發動與領導這場運動，可以有效地減少來自政府方面的阻力。這不僅是一種策略，而且是通過這種特殊的儀式進行力量展示。

〔註51〕《打破神像與破除迷信問題》，《江蘇省政府公報》，1928 年 12 月 27 日，第 64 期。

〔註52〕楊永泰：《革命先革心變政後變俗》，《楊永泰先生言論集》，收入沈雲龍主編：《近代中國史料叢刊》，第一編第 975 號，第 7 頁。

〔註53〕《縣黨部與縣政府之關係（1927 年 7 月 22 日）》，《江蘇省政府公報》，1927 年 9 月 22 日，第 2 期。

　　在江蘇鹽城，爲了破除迷信，縣黨部不顧縣政府的反對，執意決定打倒該縣城內的城隍廟。1928 年 10 月，在縣黨部常委徐慕予的率領下，集合當地各中學學生進行遊行示威活動。在隊伍抵達城隍廟後，隊伍在黨部委員彭克勤的率領下衝進廟內，且在眾人彷徨不前時，彭先行以木棒擊碎城隍塑像前的玻璃，學生乃一擁而上，「拖出城隍像到天井中，撕去衣服，砸碎像身，拉出心臟」，但見其爲一龜殼，「群相嘩笑」，接著在後殿將城隍娘娘等其他塑像擊碎〔註 54〕。1931 年高郵縣黨部更是利用國民黨中央宣傳部下達擴大宣傳破除迷信的指示之機，提出「訂政策要靠中央，搞執行還仗基層」的口號，決定「採取閃電式行動，一鼓封閉城隍廟」，在一干中小學生的參與下，迅速地將該縣城內的城隍廟破壞〔註 55〕。

　　在山西，也出現了在黨部領導下毀滅神像的運動。在黨部舉行破除迷信宣傳周結束後，黨部方面就很快組織並行動起來，1929 年 1 月 31 日，在太原市黨部領導下，軍警、各民眾團體等組成的隊伍，共計六百三十餘人，並編成四十二小組，搗毀了除案規定要求保留的關帝廟、文廟、呂祖廟、觀音廟外的廟宇共四十一座。具體過程如下：

> 上午十時許，經前派定之小組，均已紛集省黨部首，聽候總隊長命令，各隊長隊員均胸前佩有紅色徽章，上書隊長或隊員字樣，各隊員有荷鐵鍬者，有荷鎬頭者，有持掃帚者，有持鐵條者，有攜擡筐者，形形色色，煞是好看，每小組均持有藍布小旗一面，上書摧毀偶像大隊第□小組字樣，約十時半，即有總隊長下令，各分隊長隨即指揮各小組，按照指定地點，分頭而出，隨觀者直如蜂擁而去。〔註 56〕

　　這些隊伍前往指定寺廟，搗毀了其中的神像。此處縣黨部主導下進行的一系列破除迷信、毀滅偶像的運動，可說是對傳統落後文化的摒棄，但更多地是向政府方面進行力量展示〔註 57〕。實際上，這體現了一種表達黨部自身

〔註 54〕 蔡伯川：《火燒城隍廟》，《鹽城文史資料》，第 1、2 輯，第 50 頁。

〔註 55〕 黃松濤：《打城隍》，《高郵文史資料》，第 2 輯，第 42 頁；關於高郵該次打城隍的最新研究，見沙青青：《信仰與權爭：1931 年高郵「打城隍」風潮之研究》，《近代史研究》，2010 年 1 期。

〔註 56〕 《太原市上菩薩劫》，《益世報》，1929 年 2 月 4 日，第一張第四面。

〔註 57〕 如在鹽城縣，因「縣長與黨部的不協調而各行其事」，黨政關係較爲緊張。蔡伯川：《火燒城隍廟》，《鹽城文史資料》，第 1、2 輯，第 50 頁。高郵縣也是如此，縣長利用行政權力壓制縣黨部，如強行檢查黨部函電，暗中指使暴徒

利益訴求的抗爭政治。美國著名學者查爾斯・蒂利等人在考察了從 1930 年代英國憲章運動中至 2004 年烏克蘭人抗議腐敗選舉中的群眾示威集會後發現，「所有形式的抗爭都有賴於表演，但表演包含著對他人的直接攻擊到僅僅爲著影響鄰近或遠處的觀眾而登臺獻藝。」〔註 58〕而在本文中，地方黨部打毀城隍廟的行爲則是兩者的結合，既具有攻擊行爲，又有震懾效應。從這個意義上講，黨部身體力行地發動種種破壞神像的運動，已經成爲一種戲劇性的象徵儀式，體現爲展示性與表演性的意義，而「權力必須通過象徵儀式而得以表現」〔註 59〕。與民間信仰儀式不同，此類儀式更多地體現著權力技術及權力實踐的意義。但民眾的傳統觀念無法因縣黨部砸毀幾尊神像就可得到迅速改觀，權力的重構也不能因爲其積極進行毀神像的儀式表演而順利實現。反之，縣黨部的激進行動卻遭到了來自民眾與政府的聯合反擊，前者尷尬地發現儘管自己以訓練民眾爲職志，而在這場勝負立判的鬥爭中，居然成了孤家寡人。

3、孤獨的鬥士

在內政部頒佈的《神祠存廢標準》中，規定應廢除的神祠爲：一是「古神類」，古代科學未明，在歷史上相沿崇奉之神，「至今覺其毫無意義者」；二是「淫祠類」，「附會宗教、藉神斂錢，或依附草木、或沿襲齊東野語者」〔註 60〕，照此標準，城隍、財神、土地等自然就成爲應廢除的目標。而這些均屬於民間信仰範疇的偶像在民眾中卻具有很重要的意義，而舉行祭拜如迎神賽會等活動則也爲他們提供了重要的情感舒緩及娛樂功效，這是不容否認的事實。

在這裡，地方政府特別是黨部出於實際利益（如爭奪廟產）或理想主義立場，並未廣泛對破除迷信予以宣傳，而是單純地予以毀壞，忽略了神祠具有的社會功能。對此，日本學者三谷孝就指出：

毆打縣黨部執委等，最後縣黨部不堪其壓迫只得將辦公地點移至省城。《高郵縣黨部移省辦公》，《中央日報》，1929 年 8 月 14 日，第二張第四面。
〔註58〕（美）查爾斯・蒂利等著，李義中譯：《抗爭政治》，譯林出版社，2010 年，第 19 頁。
〔註59〕郭於華：《民間社會與儀式國家：一種權力實踐的解釋——陝北驥村的儀式與社會變遷研究》，收入郭於華主編：《儀式與社會變遷》，社會科學文獻出版社，2000 年，第 343 頁。
〔註60〕《民政廳令頒神祠存廢標準》，《申報》，1928 年 11 月 26 日，第四張。

　　　　神祠廟宇，作爲一個地域結合的象徵，在日常生活中以村落內
相互和睦的形式發揮了維持地主對農民控制的隱蔽功能。另一方
面，對在貧困與壓迫煎熬中的農民來說，作爲可能實現他們活著不
可能實現的願望和追求的場所的所謂「祝祭」這種非現實世界的中
心，也是不可或缺的存在。

而在當時舉辦的一些「迎神賽會」等活動，也使民眾獲得了一種前所未有的
精神補償〔註61〕。黨部對城隍廟的破壞以及對迎神賽會的粗暴干涉，自然使
民眾產生歇斯底里的情緒，一旦被反對勢力利用，即會產生巨大的衝擊力。
鹽城暴動的發生即是如此。

　　鹽城縣長李一誠因腐敗而屢遭黨部檢舉，因而該縣黨政關係本就較爲惡
劣〔註62〕。1928 年 10 月，鹽城縣黨部領導一些學生搗毀了該縣的城隍廟，而
且在縣黨部主持召開的各團體會議上，不顧縣政府代表的反對，決定將其改
爲鹽城民樂院。因爲城隍廟每年據說有數千元的收入，此舉自然嚴重侵犯了
廟內道士的利益，而也引起了一些士紳的強烈反對，他們「心存痛恨」，公然
宣稱「廢除偶像大逆不道」〔註63〕。10 月 8 日晚，城隍廟內遭人縱火，縣長
李一誠遂率隊趕來滅火，不料其竟當眾稱「此禍爲縣黨部公安局等所惹」，將
矛頭直指縣黨部及學校。縣長的表態遂引起了民眾對黨部等的極大反感，認
爲黨部將城隍廟偶像打倒後還不甘心，居然要縱火將其焚毀，眾人乃高呼口
號「打倒縣黨部公安局，殺盡洋學生」，並在一些暴徒的帶領下，遂將縣黨部、
教育局、各學校「搗毀一空」，他們「逢人便毆」，並將一中學生王某投入火
中焚斃。作爲一縣行政首腦的李一誠在場非但不予制止，反而徑直返回縣政
府，致使有人高呼「縣長教打黨部，大家不必退縮」，〔註64〕遂使混亂愈加不
可收拾，縣黨部無奈之下向政府請求保護，但後者置之不理，致使黨部學校
慘遭破壞。

　　在此事件中，縣長李一誠儘管處於隔岸觀火的位置，但有明顯的指使嫌

〔註61〕　（日）三谷孝著，李恩民譯：《秘密結社與中國革命》，中國社會科學出版社，
　　　　　2002 年，第 197 頁，第 219 頁。
〔註62〕　如 1928 年 4 月 30 日，內政部就發出指令，要求縣長李一誠就之前遭受的檢
　　　　　舉予以申辯。見《國民政府內政部指令，第一七一號》，《內政公報》，1928
　　　　　年 5 月 1 日，第 1 卷第 1 期。
〔註63〕　《鹽城暴動慘劇》，《申報》，1928 年 10 月 13 日，第三張。
〔註64〕　《十月八日鹽城大暴動的真相》，《中央日報》，第二張第三面。

疑，因爲其爲首的暴徒「具係縣政府皀吏」，且他們隊容嚴整，「公然來往於政府人員之間」。而縣政府事後以縣黨部名義散發的傳單更是耐人尋味：

> 諸同胞，你們知道昨晚城隍廟失火，由於後樓失火，這個火從何來？一時訪查不出，不料愚民猜疑惹起眾忿，演成打毀學校打毀黨部的事，經鄙人與金大隊長（公安隊長金品三）分投（原文如此）演講，幸民眾尚能瞭解，臨時分散，現在秩序並無妨礙，所有善後各事，都是本政府責任，與諸同胞無相干涉。諸同胞呀，你們盡可各安生業，勿聽宵小煽惑，勿得互相觀望，如果不聽我的話，再演成暴動的事，就犯法要辦罪了，那時懊悔遲了。諸同胞呀，三致意焉。〔註65〕

從傳單內容可知，縣政府至少傳遞了兩個信息：一是以「一時訪查不出」縱火犯爲由，不會追究此次組織及參與暴動之人的責任；二是這件事到此爲止，不得妄行比附，再行擾亂治安之舉，否則就要「辦罪」了。因此，縣政府特別是縣長李一誠在此次暴亂中所起推波助瀾的作用十分明顯。究其原因，則爲利用此次事件打擊黨部的勢力，破壞其藉此在地方事務中增加話語權的意圖。

事後，縣黨部等致電江蘇省黨部，要求嚴辦李一誠等人，此次暴動中受到衝擊的機關團體代表還在南京設立辦事處，坐逼國民黨中央進行處理〔註66〕。而各地黨部、學校紛紛發表通電，要求懲辦禍首，如蘇州中學致電鹽城中學校長及教育局長稱「昨閱報載鹽城暴民擾亂情形，駭悉貴縣黨部與貴局校同遭蹂躪，並有傷害學生情事，實爲教育界空前浩劫，令人髮指。此案必須嚴辦，自應一致向省方聲請，以除兇暴」〔註67〕。在輿論壓力下，江蘇省政府被迫將李撤職並將其移交南京的特種臨時法庭審理，但李一誠很快因其後臺張靜江出面而被保釋〔註68〕，致使此案最終不了了之。

在此個案中，我們可以看到縣黨部主導下「打城隍」居然戲劇性地變成了縣政府指使下的「打黨部」，而這樣的情況並非鹽城縣獨有，在後來輪到高

〔註65〕《十月八日鹽城大暴動的眞相》，《中央日報》，第二張第三面。
〔註66〕《省當局已允嚴懲嚴懲暴動禍首李一誠等》，《中央日報》，1928 年 10 月 17 日，第二張第三面。
〔註67〕《援助鹽城慘案通電》，《蘇中校刊》，第 11 期；1928 年 10 月 16 日。
〔註68〕蔡伯川：《火燒城隍廟》，《鹽城文史資料》，第 1、2 輯，第 53 頁。

郵縣黨部打城隍時，也遭到了同樣的命運〔註69〕。有媒體在論及此次慘案時，稱「蘇省江北多豪劣，江南多劣紳」，致使「當地人民智識淺薄，甘受其害」〔註70〕。此說明顯忽略了民間信仰在民眾中所具有的影響力。「吳俗信鬼，故賽會最盛於江南」〔註71〕，而據民國年間編修的《鹽城縣志》記載，該地宗族觀念很重，「凡聚族居者，必立祠堂，以春秋季月合祭其祖。」〔註72〕據統計，該縣因迷信而每年耗費金錢數位居全省60餘縣中排名第10位〔註73〕。足見迷信觀念可謂由來已久。這種根深蒂固的觀念不是黨部輕率地打毀幾座城隍廟就可以得到改觀的，簡單而粗暴的行動反而會遭到來自各方力量的強烈反彈。毛澤東在其著名的《湖南農民運動考察報告》中就指出，打倒城隍菩薩之類的行動必須做好對農民的宣傳引導工作，指出「菩薩要農民自己去丟，烈女祠、節孝坊要農民自己去摧毀，別人代庖是不對的」〔註74〕。同時，張國燾也認為，破除鄉村落後舊習俗，需要長期地說服教育，方能奏效，而不能強迫蠻幹〔註75〕。

　　從前面對江浙黨員群體結構的分析可知，國民黨江浙黨員符合國民黨清黨後精英化趨勢特徵，黨員在底層民眾中的比例極小，這事實上就造成了黨與民眾的隔閡，根本無法進行廣泛而有效的民眾動員〔註76〕。如在江蘇某縣（可能是懷遠縣），縣黨部在城隍廟內召集大會，在幹部們發表「完成革命，打倒城隍」之類慷慨激昂的演說後，講演者高喊「民眾願意加入

〔註69〕具體詳見沙青青：《信仰與權爭：1931年高郵「打城隍」風潮之研究》，《近代史研究》，2010年1期。

〔註70〕《肅清反動勢力是同志的責任》，上海《民國日報》，1929年2月16日，第四張第一面。

〔註71〕《新京備乘》，見丁世良等編：《中國地方志民俗資料彙編：華東卷（上）》，書目文獻出版社，1992年，第351頁。

〔註72〕林懿均等編：《續修鹽城縣志稿》，民國二十五年鉛印本，第129頁。

〔註73〕趙如珩編：《江蘇省鑑》，下冊，「社會」，1935年，第211頁。

〔註74〕毛澤東：《毛澤東選集》，第1卷，人民出版社，1991年，第33頁。

〔註75〕張國燾：《我的回憶》，第2冊，1991年，東方出版社，第219頁。

〔註76〕從打城隍的參與者來看，以接受新式教育的學生居多。在國立中央大學出版的校刊《地理雜誌》中，有學生回憶自己的故鄉阜寧縣時，感歎道：「故鄉的社會教育，也非常的幼稚，有一個民眾教育館，幾乎『門可羅雀』，公共體育場，公共圖書館，皆附設在教育館內，另外有黨部和教育局合辦的一所公共演講廳，係城隍廟所改建，城隍老爺，總算落伍了！」其對打城隍支持態度也說明了這一點。詳見江元鼎：《江蘇阜寧縣》，《地理雜誌》，1931年7月，第4卷第4期。

工作的就在廟裏，不願的出去」後，結果，發現留下來的只是機關團體的人員，他們最後只好獨自「做那拉拖攀研的快劇」〔註 77〕。如此一來，破壞城隍廟遭致士紳及民眾的反感，甚至引發騷亂，而其藉此增加對地方政權影響的意圖對政府而言也是一種威脅。因而，地方黨部悲哀地發現自己在這次旨在啓迪民智的破除迷信、打倒偶像的運動中，僅扮演了一個孤獨鬥士的角色。

第三節　尊重舊俗：政府部門的態度分析

作爲政府部門而言，打倒「淫祠」，將廟產用於舉辦公益事業，未嘗不是一件好事〔註 78〕。但當很多地方因黨部的大力發動及一些不法分子乘機謀私，以致引發騷亂後，政府發現其處分廟產所獲得的收益要遠遠小於平息因此而引發的騷亂所付出的成本時，其態度就漸漸發生轉變了。因爲從政府的角度來講，保持秩序的穩定才是其守土安民的首要職責，至於廟產，則根本無法與之相比。

1、從支持到抵制

破除迷信，乃孫中山的遺教之一。此時國民政府內政部也對此要求各省要致力於破除迷信，而各地方黨部則更是在報紙上發表通電，要求積極進行破除迷信的運動。一時之間，此類呼聲不絕於耳。通過破除舊有陋習，以國家威權來「再造國民」，對於提高行政效率，增加資源汲取量不無裨益，行政機構當然支持〔註 79〕。政府方面也對於將一些祠堂、廟產充公改辦公益事業，地方政府的初始態度是支持的，如蘇州，就出現了將城隍廟改爲市政局的情況〔註 80〕；在江蘇丹徒縣，縣長干脆明令禁止該縣舉行城隍廟會及相關迎神

〔註 77〕丘遠：《廢除神祠運動談》，《江蘇旬刊》，1928 年 12 月，第 11 期。

〔註 78〕有人於 1930 年調查了安徽、江蘇、福建、山東等地 19 個小學，其中由廟宇、祠堂改建的就達到一半。見林振鏞：《小學教員之生計（續完）》，《時事月報》，1930 年 3 月，第 2 卷第 3 期。

〔註 79〕如在浙江，據該省民政廳統計，浙江海寧等 21 個縣在 1929 年間共發生了 29217 件「違警」案，而其中「妨害風俗」部分就有 16949 件，佔了總數的 58%。見《民國十八年各市縣違警案件統計表》，見《浙江民政年刊》，1930 年 8 月。

〔註 80〕《地方通信：城隍廟改設市政局（蘇州）》，《申報》，1928 年 10 月 20 日，第三張。

賽會〔註81〕；在上海，經上海市政會議議決，將一座邑廟改作「革命烈士祠」〔註82〕。況且，民眾運動乃黨部職權範圍內的事務，爲了避免落下「干涉黨務、違背總理遺教」的話柄，政府一時也不好從正面進行反對〔註83〕。

爲了重構地方權力格局，擴大黨部的影響力，同時協調黨政關係，加強團結，1927年，江蘇省黨部與省政府商議，決定建立各縣「黨政談話會」，名爲「江蘇××縣黨政談話會」，以「共謀本縣黨治之發展」，參加這爲縣黨部執監委員、縣長及各局局長。該會議每二周召開一次，由縣黨部輪流召集，並要求每次討論的決議予以執行。〔註84〕因此，1928年8月19日，江蘇省舉行第五次黨政談話會，在會上省黨部提出對於迷信行動之取締案，得到了省政府方面的同意，會議並決定「由黨部及中央大學會商擬具辦法」，即對各地廟產進行沒收，用以舉辦社會事業〔註85〕。但由於未對「廟產」進行準確區分，以致出現將佛教寺廟列入應廢除之列，不少寺廟被非法佔據，寺內僧侶被驅逐，遂引起了佛教界的強烈反對。如1928年中旬，杭州第一中學區呈請浙江大學轉請省政府，命令各縣縣長「根據寺廟款產登記數目，調查全年收益，值百抽二十五，悉做小學經費」，遂遭到江浙佛教聯合會的反對〔註86〕。因國民政府尚未對應取締之「淫祠」進行準確劃分，致使各地衝突不斷。省政府很快發現，一些不法之徒乘機以此謀取私利，社會秩序也因此而紊亂。如在灌雲縣，一個名爲井田的人，自封爲「收廟產委員長」，聯合一些地痞訟棍，「見廟必抄，見神必毀，見財物食糧必搶掠」，而且將當地著名寺廟如二聖宮、佛陀寺、古佛寺等八廟之田產查沒，不准僧人耕種收割〔註87〕。這些

〔註81〕　《地方通信：鎮江》，《申報》，1928年4月5日，第三張。
〔註82〕　《急殺道士》，《社會日報》，1929年11月2日，第三版。
〔註83〕　在兩湖地區，中央政治會議武漢分會在制定的1928年《核定兩湖施政大綱》中，爲解決教育發展的中的經費問題，明確規定要「廢止淫祠廟宇廣設平民補習學校」，見武漢政治分會秘書處：《核定兩湖施政大綱》，編者自印，1928年，第34頁。
〔註84〕　江蘇省志編纂委員會：《江蘇省志　國民黨志》，江蘇人民出版社，2006年，第221頁。該書此處說法有誤，即稱該談話會制度確立於1929年。實際上1927年11月26日，江蘇省政府與黨部第二次黨政談話會舉行，並決定黨政談話會每月至少舉行一次。《省黨部省政府委員第二次談話會紀錄》，《江蘇省政府公報》，1927年11月24日，第11期。
〔註85〕　《蘇省黨政第五次談話會》，《中央日報》，1928年8月20日，第二張第三面。
〔註86〕　《江浙佛教聯合會上政府呈文》，《海潮音》，1928年5月9日，第4期。
〔註87〕　《令查復井田等收沒廟產案》，《江蘇省政府公報》，1928年10月15日，第55期。

毀寺行為，引起了佛教界與政府的嚴重衝突，前者紛紛發表通電，強烈反對各處將寺廟作為鬥爭目標的行為〔註88〕。

在破壞城隍廟方面，各地在縣黨部的領導下打城隍更是進行得如火如荼，但這些行為遭到了來自民眾的強烈反感，如在鹽城，該縣城隍被打倒後，於1928年10月引發了有名的鹽城慘案〔註89〕，縣黨部等機關慘遭暴民搗毀，一名學生遇難，迫使國民政府派軍隊前來維持秩序。這次慘案雖然遭到了來自地方黨部、團體學校的一致譴責，旅滬的鹽城學生更是不肯罷休，乃赴京請願要求懲辦禍首〔註90〕。

但省政府對此的態度則截然相反，為了調查此案，省政府及黨部派出聯合調查組前往鹽城，該調查組由省民政廳三科科長陳惟儉、省政府委員黎明華、民政廳視察員金家凰、熊　、省黨部委員李百仞及中央大學代表薛鍾泰、孔德組成。調查組抵達鹽城後，省政府代表的態度與其他代表有著鮮明對比，面對各團體的請願，熊　非但不予採納，反而斥責他們「亂子已鬧大了，不要再越鬧越大」，而且針對當地中學以罷課相威脅要求嚴厲處置李一誠等人的要求，黎明華指責他們「以罷課要挾省方，比李金的罪惡還大」〔註91〕。熊黎二人的態度在很大程度上即代表了省政府對此案的看法，省政府主要從維持地方秩序的角度出發，雖然未曾明言，但也表達了對縣黨部輕率地打毀城隍廟，以致引發暴亂的強烈不滿，這從後來李一誠等人並未得到應有的懲處就可以看出來〔註92〕。

〔註88〕 見《歐陽竟致蔡院長函》，《廣州佛學會通電》，《海潮音》，1928年5月9日，第4期；《呈五次中大執監會國民政府請願文》，《海潮音》，1928年8月，第7期。

〔註89〕 關於該次慘案的具體情形，詳見拙文：《民國奇案：從打城隍到打黨部》，《文史天地》，2010年11期。

〔註90〕 《旅滬鹽城學生赴京請願》，《中央日報》，1928年10月24日，第二張第三面。

〔註91〕 《鹽城慘案禍首解省經過》，《中央日報》，1928年10月30日，第二張第三面。

〔註92〕 1928年11月30日，民政廳就鹽城慘案給省政府呈遞了一份處理報告，並在報告中極力為李開脫，稱「李縣長與地方商民尚無毀譽，與黨部及教育界殊不融洽，公安局長朱愛國以李縣長與黨教兩方既不相融，遂利用此機為排李為目的」。還辯稱李到火災現場後不組織救火，反而離開的原因是「以觀者愈集愈眾，恐陷入危險，遂退出繞道而歸，」這才引發民眾以為縣長教打黨部的誤會。此說顯然漏洞百出，縣長乃負一縣行政責任之最高長官，在火災現場非但不積極組織滅火，竟「繞道而歸」。單憑此，即可追究李的瀆職之責。但江蘇省政府對此卻是睜一隻眼閉一隻眼，最後也同意了南京江寧地方法院檢察處對李所作的不起訴決定。詳見：《呈省政府呈覆鹽城縣慘案等處理情

由破壞城隍廟而引發的騷亂並非僅為鹽城一處。如在安徽壽縣，1928 年10 月 15 日，該縣黨部也遭到暴民的搗毀。起因為縣黨部為賑濟之前的火災災民及解決本縣的駐兵問題，乃召集各公團、學校開會，議決將城隍廟房屋改為災民及部隊駐所。消息一出，一些豪紳趁各黨員及學校成員在縣黨部作紀念周之際，遂率領一些暴民衝進縣黨部「首先撕毀黨國旗，及總理遺像，並將會內器具搗毀淨盡，除秘書處在樓上，文件未失去外，各部文件、印信、表冊及委職員行李衣物均被劫掠一空」，黨部職員也被毆傷數人，重傷一人；學生被毆傷二十餘人，重傷五人，擾亂時間達三小時之久〔註93〕。

種種因破壞城隍廟而引發的騷亂，這都使負維持地方治安之責的政府十分頭疼。例如，按照江蘇省政府制定的 1928 年度施政大綱中規定，該省要開始訓政建設，首先得「本過去之教訓，認為一切障礙從而掃除之」，其次要「先應空閒時間之許可，根據黨義推行方針，切實執行之，挾山超海既所不能，揠苗助長亦所不取」，「言必務實，功不求速」。〔註94〕即要漸進地解決諸多問題，而縣黨部在此次破除迷信運動中簡單粗暴的工作方法，使地方秩序陷於混亂，則根本上違反了省政府「功不求速」的原則。儘管內政部為了對佛教寺廟進行保護，於 1928 年 9 月 2 日頒佈了《寺廟登記條例》決定對由屬地公安局對寺廟進行登記管理，主要登記寺廟的人口、不動產、法物等，同時規定「寺廟之不動產或法物有增益或減損時應隨時聲請登記」，若寺廟違反相關此類規定則進行強制登記或罰款一百，或撤換其主持〔註95〕。但此規定對諸如城隍廟之類的神祠並無明確說明其應是存是廢。

因為沒有來自中央的指令，省政府也無法直接對各縣打毀城隍廟的行為進行反對。無奈之下，省政府終於想了一個辦法，乃於 1928 年 10 月 29 日指示各縣長，稱破除迷信是必要的，但《管理寺廟條例》（此為北京國民政府時期制定）中第 4 條關於寺廟不得廢止或解散，廟產也不得被沒收或充作罰金的規定在新的條例未頒佈前仍然有效，因此，各縣不能激進貿然行事，以致

形》，《明日之江蘇》，1929 年 1 月 1 日，第 1 期：《江寧法院偵查李一誠案不起訴》，《江蘇省政府公報》，第 122 期，1929 年 4 月 30 日。

〔註93〕 《反動勢力囂張下安徽壽縣土劣大暴動》，《中央日報》，1928 年 10 月 29 日，第二張第三面。

〔註94〕 《江蘇省政府十七年度施政大綱（鉛印本）》，江蘇省民政廳 1928 年 7 月印行，第 1 頁，南京圖書館民國文獻特藏部藏。

〔註95〕 《寺廟登記條例》，《增訂國民政府司法例規》，下冊，1931 年編，第 1992～1993 頁，江蘇省檔案館藏檔案，檔案號：5／30／184。

造成紛爭〔註96〕。省政府此舉意在將日益混亂的局勢納入到制度化的範圍內，沿用北京政府時期的法令，要求各地暫停對神祠的處理，然後再等候中央新的法令出臺，進而遏制日漸失控的局勢。

但省政府此舉的意圖被省黨部識破，省黨部於11月致函省政府，辯稱各地各縣毀打神像純係破除迷信，與廟產登記毫無關係，並要求「請省府立在黨的方面，發施命令。」〔註97〕因破除迷信乃孫中山遺教，省黨部乃以此自重，使政府方面不好反對。但此次省政府下定決心要結束這種混亂局面，因而態度較為強硬，其回函曰：

> 查訓政開始，破除迷信，實為切要之圖，敝政府極表贊同，惟神像廟產，既有歷史之關係，又有管理寺產條例之保障，在民眾未經切實訓練之前，驟行廢除，不但啟民眾誤會，抑且易滋糾紛！敝政府繫屬行政機關，對於職權範圍處理事件，自當以法令為根據，未便另有主張，相應函覆查照。對於破除迷信問題，應請通飭各縣黨部，先從事於宣傳和訓練為入手方法。至於神像廟產，在管理寺廟條例，未能奉國民政府取消以前，一律暫仍其舊，以維現狀，而重法權。〔註98〕

省政府首先對破除迷信活動「極表贊同」，以避免出現「路線錯誤」，但同時也對自己所負之責任進行了明確告知，因為地方秩序混亂，到時板子會打在負「行政機關」責任的省政府身上。除此之外，還對黨部破除迷信工作的簡單粗暴提出了委婉地批評，要求省黨部暫停各縣黨部對城隍廟的衝擊，以「宣傳和訓練為入手方法」解決問題。而此事前後國民政府頒佈的《神祠存廢標準》等條例則為省政府明確表態反對各地擅自破壞神祠的行動提供了重要依據。

2、從抵制到反對

面對地方上漫無標準的破壞神祠行動，甚至一些寺廟也遭到了衝擊。為

〔註96〕《管理寺廟新例未頒佈以前暫仍其舊》，《江蘇省政府公報》，1928年11月12日，第59期。

〔註97〕《毀打神像係破除迷信》，上海《民國日報》，1928年11月23日，第二張第三面。

〔註98〕《打破神像與破除迷信問題》，《江蘇省政府公報》，1928年12月27日，第64期。

了遏制這一混亂局勢，內政部於 1928 年 11 月下發了著名的《神祠存廢標準》。該標準下發後，由於宣傳不力或民眾認識上的偏差，各地妄毀神祠的情況並未能得到改觀。如 1929 年初，江浙佛教聯合會致電國民政府，稱神祠存廢標準頒佈後，「各處無知愚民無分別應存應廢之知識，任意搗毀，如寶山、餘姚等縣，幾於無廟可免，以致人心惶惑，莫知所從」〔註 99〕，要求對應存之寺廟進行保護，後內政部發佈訓令要求各省對此進行制止，在浙江，民政廳隨後致電各縣長，稱其「事關地方秩序，應由該縣長切實負責督率所屬分別遵照，限期消滅糾正保護。不得再任人民計其他機關團體有搗毀情事」。同時規定神祠存廢應由主管機關辦理，人民不得直接處置〔註 100〕。

鑒於該標準並未使各地自由毀壞神祠的行動得到遏制，內政部乃於 1929 年 1 月發出「絕」電，要求各地暫停打毀神祠的行動。江蘇省政府乘勢發佈訓令，規定「所有各處寺廟，在新神寺廟管理條例未經頒佈以前，一律暫仍其舊，如有人民擅自毀滅，自應遵照部電，即予嚴懲！」〔註 101〕為進一步確定「暫停」的期限，內政部接著於 2 月致電各省民政廳稱因「各省因拆毀神祠，時有糾紛，應電飭各縣長暫緩三個月執行，並規定各縣神祠存廢事宜，由各縣長查明妥填辦理之，其他機關團體不得任意拆毀」〔註 102〕，將停止破壞神祠行動的時間確定下來，這就給地方政府阻止各地的破壞行動提供了有力的支持。

從前面的鹽城縣等打城隍的個案分析可知，縣政府本來就對縣黨部打毀神祠的行動心存不滿，而省政府的暫停命令更是給他們提供了堅決的支持。南京政府建立後，縣級黨政關係一直比較緊張，為解決這個問題，江蘇吳江縣政府及黨部向各自的上級提出了定期召開黨政聯席會議以解決糾紛的建議，江蘇省黨政雙方接受了建議〔註 103〕，儘管規定縣黨政聯席會議要每兩周舉行一次，但該省級會議卻直到 1929 年 10 月才召開第二次會議，「很顯然，

〔註 99〕 《內部維護各地寺廟佛像》，《海潮音》，1929 年 3 月，第 1 期。

〔註 100〕 《浙江省民政廳代電》，《浙江民政月刊》，1929 年 1 月，第 15 期。

〔註 101〕 《內部絕電毀滅神祠應依照標準禁止任意妄毀》，《江蘇省政府公報》，1929 年 1 月 28 日，第 70 期。

〔註 102〕 《拆毀神祠暫緩三個月執行》，《民國日報》（廣州），1929 年 2 月 8 日，第三面。

〔註 103〕 1928 年底，江蘇省民政廳發佈訓令，要求「每二星期由縣政府邀集縣黨部人員開黨政談話會一次」。見《令各縣縣長服從黨部切實共同努力訓政工作》，《明日之江蘇》，第 1 期，1929 年 1 月 1 日。

這個制度並沒有被嚴格執行」〔註104〕。省一級是如此，由於涉及具體的事務，縣一級黨政矛盾將更爲尖銳。當時就有國民黨人指出「黨政糾紛，以縣爲最，不但江蘇如此，各省都有同樣的情形，不過在江蘇，比較的顯著罷了。」〔註105〕而1929年1月28日，內政部公佈了《縣長獎懲條例》，規定縣長若有「破除社會迷信及改正不良風俗著有成效」及奉行禁煙禁賭等項法令者有力者，由省民政廳查核予以獎勵。〔註106〕但後來很快又對其進行修正，其規定由民政廳獎勵的第二條就是「遇有非常事故能臨機應變，保持境內秩序者」，第七條才是「破除迷信，及改正不良風俗，著有成效者」，同時表示要對些「事變發生怠於防制，致成重大損害者」的縣長予以懲戒〔註107〕。由此可見，國民政府對地方秩序穩定的關注要遠遠大於縣政府是否能成功地破除迷信。

如1929年3月，浙江保安團第五團團長李士珍致電民政廳，稱其防區遭久旱，而「民眾狃於舊習」，將舉行迎神祈雨大會，屆時將聚集上萬人，「倘不預爲禁止，難保不無匪類羼入，藉端滋事，治安堪虞」，若僅發佈告示予以勸禁的話，肯定無效，因而請示民政廳處理辦法，民政廳對此訓令臨海、寧海等7縣縣長：「查本年如春以來，雨水稀少，人民狃於積習，舉行迎神祈雨，如果影響地方治安，應由各該縣政府布告勸阻，以弭隱患」〔註108〕。言外之意就是認爲人們「狃於積習」而舉辦祈雨大會，若在不影響治安的情況下，則予以默許。又如浙江永嘉縣黨部「以破除迷信」爲理由，認爲新年迎神賽會、龍燈也在禁止之列，因而命令各地黨員予以禁止，導致「時起爭端」，而省黨部則站在縣黨部一邊，要求加派警力制止此類活動，但民政廳卻致電各縣稱「查龍燈爲人民娛樂之一種，應加以指導改良，徒事禁止，於社會無益，凡增糾紛」〔註109〕。在這裡，我們可以看出省政府「尊重舊俗」之意甚明。蘇州市政府在其1929年施政大綱中也確指出，要發動「破除迷信運動」，但

〔註104〕Tsai, David,「Party-Government Relations in Kiangsu Province, 1927～1932.」In *Select Papers from the Center for Far Eastern Studies*, no.1（1975～1976）, the university of Chicago, 1976, p.109.

〔註105〕小明：《怎樣消弭各縣的黨政糾紛》，《江蘇黨務周刊》，1930年2月2日，第4期。

〔註106〕《縣長獎懲條例》，《內政公報》，第2卷第2期，1929年3月1日。

〔註107〕《修正縣長獎懲條例》，《江蘇省政府公報》，第81期，1929年3月31日。

〔註108〕《浙江省政府民政廳令民字第一八三三號》，《浙江民政月刊》，1929年4月，第18期。

〔註109〕《浙江省政府民政廳代電第一八六號》，《浙江民政月刊》，1929年2月，第16期。

是要「利用時機破除市民迷信」〔註110〕，溫和漸進的態度也十分明確。

在國民政府有意識地導向、省政府明確地表態下，縣政府將注意力集中在維持地方穩定的層面上，而對縣黨部及民眾團體的破除迷信運動較為忌憚，必將事事阻梗。如1929年4月，嘉定縣黨部為了發動民眾起來搗毀該縣城隍廟，該縣黨部宣傳部印發了大量傳單。該縣縣長陳傳德隨即報告民政廳長繆斌稱，「屬縣城內城隍廟神像多數被人搗毀」，縣長以為此雖是破除迷信，但與內政部規定各處寺廟不許其他機關或團體人民自由搗毀，「顯有違背」，要求省黨部對此進行制止〔註111〕。縣政府不僅阻止黨部進行打毀神祠、奪占寺廟的行動，而且對本政府內各部門的行動予以嚴格限制。如江蘇寶應縣內有座淨居寺，因其房屋整齊，且「有膏腴秧田六十餘畝」，被教育局於1928年8月以創辦通俗教育為名，將該廟主持驅逐，廟產沒收，且拒不聽從省政府歸還廟產之命令，寶應縣政府於1929年7月勒令其歸還，但局長范某糾集多人予以違抗，被該寺主持以「違抗省令，侵佔廟產」起訴，結果該教育局長被以「違背內政部停止處分寺廟，不尊省令」為名，判處徒刑十月〔註112〕。

從黨政雙方就破除迷信、毀滅「淫祠」的態度分野來看，兩者因主觀目的、扮演角色乃至承擔責任的差異而對此出現了不同的認知。正如有學者在考察1929年至1930年廣州風俗改革委員會後指出的那樣，在黨國體制下，政府與黨部對於塑造了他們對「迷信」不同的態度：政府主要關注從地方汲取資源以作國家建設之用，而寺廟及冥鏹香燭捐卻為不錯的財政來源；但對強調革命精神的黨部來說，改革群眾落後的思想及激發其革命性才是最重要的工作〔註113〕。地方政府始終站在自身立場上來審視這場破除迷信運動對自身可能帶來的利與弊，在對廟產充公及舉辦公益事業所獲得的收益與放任黨部及機關團體進行毀壞神祠所要付出的管理成本之間進行一番權衡後，地方政府最終站在了維護基層政權穩定的一邊。

〔註110〕《蘇州市政府社會科施政大綱》，《蘇州市政月刊》，1929年2/3月，第1卷第2/3號。

〔註111〕《嘉定縣黨部印發搗毀神像傳單案》，《江蘇省政府公報》，1929年5月4日，第126期。

〔註112〕《江蘇寶應縣政府判決教育局長侵佔廟產予以刑事罪全文》，《海潮音》，1929年10月，第9期。

〔註113〕潘淑華：《「建構政權」，解構迷信？——1929年至1930年廣州市風俗改革委員會的個案研究》，鄭振滿，等編：《民間信仰與社會空間》，福建人民出版社，2004年，第117頁。

第四節　被動回應：來自中央的尷尬

　　在這場破除迷信運動中，作為最高領導者的國民黨中央對此的態度很是值得考察。從前面的一些敘述可以看到，國民政府在這場運動中從一開始就沒有控制住局勢，其總是在下級政府或黨部（民眾團體）的建議後才被動地作出回應，從《寺廟登記條例》、《神祠存廢標準》的出臺，都是在地方上鬧得不可開交，引發各利益攸關方的強烈反應後才倉促地進行補救。總之，在該運動中，國民黨中央（國民政府）扮演了一個消防隊員而非運籌帷幄的領導者角色。

1、革命行動不可阻

　　清黨儘管使國民黨自身組織遭到重創，但「甚至在清洗共產黨人之後，依然留下來主張採取比蔣介石所贊成的更為激進的解決全國問題辦法的廣大的國民黨員階層」〔註114〕，這在 1928 年發起的這場破除迷信運動中表現得十分明顯。由於這些國民黨左派黨員屬於地方黨部，這就決定了此次運動自下而上的基本特徵。國民黨中央或者國民政府基本沒有公開發表文告，鼓動下級黨部起來與迷信作鬥爭。相反，地方黨部則在這場運動中走在國民黨中央的前列，並不斷推動後者做出回應。

　　自二十世紀以來，破除迷信之聲就不絕於耳，特別是到了 1928 年，國民黨以非競爭性為基本特徵的革命政黨身份執掌全國政權，但黨權卻出現了旁落之勢，「武主文從」的格局開始出現。隨著破除迷信的聲勢漸漲，一些地方黨部乃乘機以此為契機來實現在地方政權中的權力重構，擴大在地方事務中的話語權，增強在民眾中的影響。為此，他們將破除迷信與革命行動等同起來，公開聲稱「不把迷信打破，廟宇毀滅，還談什麼革命，做什麼革命的行動？」〔註115〕同時，破除迷信、舊風俗為孫中山的主張之一，早在 1920 年，孫中山在廣東兼任軍政府內政部部長時即制定《內政方針》，即明確表示要「改良風俗」〔註116〕。如此一來，在地方黨部的大力鼓動下，國民黨中央也只得

〔註114〕費正清等主編：《劍橋中華民國史（1921～1949）》，下冊，中國社會科學文獻出版社，1993 年，第 137 頁。

〔註115〕邵振人：《怎樣處置寺庵廟觀》，上海《民國日報副刊‧覺悟》，1928 年 12 月 18 日。

〔註116〕孫中山：《內政方針》，黃彥編：《孫文選集》，中冊，廣東人民出版社，2006 年，第 5 頁。

予以默認，而且破除迷信若能成功，對地方建設也不失為一件好事。

面對各地在黨部及機關團體的發動下，破壞神祠的行動開始走向擴大化，一些佛寺、道觀乃至名勝古　也遭到了破壞。特別是寺廟，當時竟出現了「廢廟興學」的主張，引發了佛教界的強烈抗議，他們紛紛致電國民政府及內政部要求予以制止，內政部特函覆該會，表示廢廟興學的主張為「無稽之談」，表示信教乃國民之自由，但鑒於社會上確實存在著一些僧人「上焉者獨善其身，其次者不過藉寺廟為生活之資，下焉者甚且以廟宇為藏污納垢之所」，因而希望佛教界能自我整頓及改良，並「進一步努力作積極之工作」，希望他們能「自動的按廟宇原有之房屋、田產多寡，興辦各種學校，或平民圖書館，或平民醫院，或平民公場等」，認為如此既與佛教的宗旨相符，又可「鉗制譏訕僧侶為不勞而食者之口」，否則「縱無人主張改廟宇為學校，恐佛教自身亦必日趨於滅亡之路也」〔註117〕。可見，內政部對地方上沒收一些不法僧人的廟產表示了支持態度，並希望佛教界能加強自律，防止「自趨於滅亡之路」。

但鑒於一些地方出現了將矛頭擴大化的趨勢，應佛教界之情，內政部於1928年9月2日頒佈了《寺廟登記條例》決定對由屬地公安局對寺廟進行登記管理，主要登記寺廟的人口、不動產、法物等，同時規定「寺廟之不動產或法物有增益或減損時應隨時聲請登記」，若寺廟違反相關此類規定則進行強制登記或罰款一百，或撤換其主持〔註118〕，將寺廟納入行政管理的範圍之內，藉此加強對佛寺的保護。同時為防止破壞各處的名勝古　，當月內政部還頒佈《名勝古　古物保存條例》，要求對其進行保護，若「因保護疏忽致毀損或消滅時各該市縣政府負責人應受懲戒處分」，而對於其有「損毀、盜竊、詐欺或侵佔等行為者，依照刑法所規定最高之刑處斷」〔註119〕。從這些條例的出臺順序可以看出，無論是登記寺廟還是保護文物古籍，甚至為後來的《神祠存廢標準》，都是國民政府在面對日趨動亂的局勢及一些利益相關方的抗議後才出臺，充分說明其在這次運動中扮演了「消防隊長」角色。

〔註117〕《薛內長覆佛教會函》，《申報》，1928年4月20日，第三張；《海潮音》，1928年5月9日，第4期。

〔註118〕《寺廟登記條例》，《增訂國民政府司法例規》，下冊，1931年編，第1992～1993頁；江蘇省檔案館藏，檔案號：5／30／184。

〔註119〕《名勝古蹟古物保存條例》，《國民政府司法例規（三）》，第2323頁，江蘇省檔案館藏，檔案號：5／30／158。

為了控制各地擅自將一些應予以保護的神祠予以打毀的局勢，1928 年 11 月，內政部經過「參考中國經史及各種宗教典籍，詳加研究」頒佈了著名的《神祠存廢標準》。在該標準中內政部明確表示了對破除迷信的支持，稱「迷信為文化之障礙，神權乃愚民之政策」，「際此文化日新，科學昌明之世，此等陋俗，若不亟予改革，不唯足以錮蔽民智，實足貽笑列邦」。〔註120〕並指出應保存的神祠有兩類，一是「先哲類」，即有功於民族國家、社會並宣揚忠孝節義，「足為人類矜式者為之」；二是「宗教類」，「凡以神道設教，宗旨純正，能受一般民眾信仰者」；應廢除的神祠標準為：一是「古神類」，古代科學未明，在歷史上相沿崇奉之神，「至今覺其毫無意義者」；二是「淫祠類」，「附會宗教、藉神斂錢，或依附草木、或沿襲齊東野語者」〔註121〕。從這裡可以看出，內政部在制定該標準時，明顯忽略了民間信仰在基層社會中的作用，而單純地將其定為「淫祠」類予以毀滅。但內政部同時為了保護寺廟，又自相矛盾地規定北京政府制定的《管理寺廟條例》同時有效。

隨後，內政部致電江蘇省民政廳：

> 本部前頒神祠存廢標準原位尊崇先哲與破除迷信起見，範圍各別規定詳明，乃各地人民對於應存神祠亦任意毀滅，任意行動，糾紛叢生，殊於治安關係甚巨，務請通令各屬，布告人民一體遵照標準，分別辦理，不准人民任意毀銷，倘敢故違，即予嚴懲，以儆效尤，而維安寧。〔註122〕

而省政府方面，深感同時執行《神祠存廢標準》與北京政府時期的《管理寺廟條例》的困難，因為前者要求對一些寺廟進行取締，但後者則規定要予以保護，江蘇省政府遂於 1929 年 1 月 16 日致電國民政府：

> 《管理寺廟條例》（係維持現狀）與《神祠存廢標準》（除先哲及屬於宗教之神祠外其餘一律取締）根本截然不同，若同時並行，事實上諸多困難。……在黨部和教育局方面，勢必根據神祠存廢標準實行毀除，在僧道及一部分民眾方面，又必根據管理寺廟條例所規定，要求保護。雙方各有根據。省政府既要遵照管理寺廟條例，

〔註120〕立法院編譯處編：《神祠存廢標準》，《中華民國法規彙編》，第三冊，中華書局印行，出版年不詳，第 807 頁，江蘇省檔案館藏，檔案號：5／30／178。
〔註121〕《民政廳令頒神祠存廢標準》，《申報》，1928 年 11 月 26 日，第四張。
〔註122〕《奉令民眾不得任意拆毀神祠由》，《蘇州市政月刊》，1929 年 2／3 月，第 1 卷第 2／3 號。

> 又不能違反神祠存廢標準，爲此，惟有按照部函以斟酌地方情形爲
> 唯一辦法。〔註123〕

　　這個電文形象地說明了省政府在黨部與民眾等勢力之間進行平衡的情況，面對神祠寺觀的存廢，黨部與教育局、民眾僧道都在內政部做出《管理寺廟條例》與《神祠存廢標準》並行的規定中鑽空子，各取所需，令政府方面很難做出評判。在省政府的催促下，內政部開始重新考慮採取措施制止日漸擴大的事態。

2、納入制度化軌道

　　由於各地因打毀城隍廟引發了不少動亂，如前面的鹽城慘案、安徽壽縣縣黨部被暴民打毀等等，而內政部頒發的《神祠存廢標準》中也已明確規定城隍、土地等寺廟爲應廢除之「淫祠」所以地方上也很難進行反對。但不斷出現的騷亂並非國民政府所願見到的，因而內政部在頒佈該標準後不久就致電各省民政廳，決定暫停各地的毀祠行動，稱因「各省因拆毀神祠，時有糾紛，應電飭各縣長暫緩三個月執行，並規定各縣神祠存廢事宜，由各縣長查明妥填辦理之，其他機關團體不得任意拆毀」。〔註124〕但此舉遭到了國民黨地方黨部的反對，他們對此置之不理，繼續進行打毀神祠的行動。

　　浙江省黨部宣傳部就對此致電國民黨中宣部稱：

> 　　查民國十七年十二月，國民政府內政部鑒於破除迷信工作之重
> 要，曾訂定「神祠存廢標準」，通令各省一體遵照。當時浙省奉行不
> 遺餘力，各地黨民眾，或由自動，或督促當地政府，搗毀應廢之
> 神祠。一時民智頓啓，氣象一新。旋內政部以各地土劣及佛教會之
> 反對，電飭各省關於前項標準，在三個月內暫緩實行。此電達後，
> 各地土劣紛紛運動，或將已毀神祠重新建立，或向黨部民眾圖謀報
> 復。

　　省黨部由此指責內政部「朝令暮改，以致數千年膠固於釋道異說，陰陽

〔註123〕《管理寺廟條例，神祠存廢標準，兩者不能並行》，《江蘇省政府公報》，73期，1929 年 3 月。轉引自（日）三谷孝著，李恩民譯：《秘密結社與中國革命》，中國社會科學出版社，2002 年，第 203 頁。

〔註124〕《拆毀神祠暫緩三個月執行》，《民國日報》（廣州），1929 年 2 月 8 日，第三面。

誕論之民志，初遇曙光，又逢陰霾。」〔註125〕鑒於一些地方仍未能暫停打毀神祠的行動，1929年2月2日，內政部決定廢止《神祠存廢標準》，發佈告示「查本部前頒神祠存廢標準，原爲一時參考起見，奉令前因，此後關於寺廟事項，即應依照寺廟管理條例辦理」〔註126〕，並頒佈《寺廟管理條例》，在將正常寺廟納入保護的範圍之內並加強了對寺廟的管理，若寺廟僧道「有破壞清規，違反黨治及妨害善良風俗」行爲，由地方政府上報至內政部後解散，其財產充公用以舉辦公共事業。同時規定「無故侵佔寺廟財產者依刑律侵佔財產罪處斷。」〔註127〕這明確表示了國民政府加強了對寺廟的管理，但是這僅爲對寺廟進行保護，並未涉及相關城隍、土地等屬於民間信仰範疇的祠宇問題，因此並未從根本上解決問題。

單就寺廟而言，該管理條例的確加強了對一些不法寺廟的管理，如據阜寧縣地藏庵主持聖波和尚，就因不守清規並私下蓄妾，該僧侶的不端品行被報告給內政部後，內政部遂命令江蘇省民政廳以該寺「行爲殊屬不守清規，妨害善良風俗」爲由，依照《寺廟管理條例》第四條解散該廟所有財產，並由縣政府保管〔註128〕。但是其並未完全制止各地的毀寺行動，如在北平，該地鐵山寺被電車工會侵佔，寺中僧侶被驅逐，1929年10月北平破除迷信委員會在調查寺院的情況後，竟敦促政府令眾僧尼一律改業，寺院作爲舉行社會事業的地點〔註129〕。而在浙江，也出現了一些搶佔寺產、驅逐僧侶的行爲，迫使浙江省民政廳不得不發佈通令予以制止，「查各屬對於寺廟之神像佛像經典等法物及房屋等不動產仍難免有自由搗毀或處置情事，妨害秩序引起糾紛，殊述不合。嗣後應責成各縣市縣長遵照條例切實保護」，並表示倘若再有類似事件發生，「不論何人，即予懲辦」〔註130〕。

〔註125〕《浙省黨部請頒破除迷信宣傳方案》，《南京黨務周刊》，1929年9月16日，第16期。

〔註126〕《內部咨告廢止神祠存廢標準》，《江蘇省政府公報》，1929年3月31日，第81期。

〔註127〕《寺廟管理條例》，《內政公報》，第2卷第2期，1929年3月1日。

〔註128〕《內政部指令江蘇省民政廳長繆斌（1929年5月28日）》，《內政公報》，1929年6月，第2卷第5期。

〔註129〕《北平破除迷信會議決促政府令僧尼改業》，季嘯風等編：《中華民國史史料外編——日本末次情報研究所資料》，廣西師範大學出版社，第94冊，第354頁。

〔註130〕《浙江省政府民政廳代電第三五〇號》，《浙江民政月刊》，1929年4月，第18期。

同時，在打毀城隍廟等祠宇方面，各地方黨部發現了國民政府在破除神祠方面模棱兩可的態度後，並不理會省政府要求其停止的呼吁，而是仍然樂此不疲地進行著此類行動。如在江蘇，1929 年 4 月，嘉定縣黨部根本無視內政部及江蘇省民政廳的命令，仍然下發剷除神像的傳單並搗毀了當地的城隍廟〔註 131〕。在江陰縣亦然，該地城隍廟被打毀後，原址改做了縣黨部的機關所在地〔註 132〕。甚至一些行政機關也參與其中，如如為了爭奪廟產，屢起爭執，如銅山縣內有一大王廟，當地紅十字會與教育局都想將其廟產據為己有，而教育局以「教育經費，奇拙萬分」為由，搶先下手，將其變賣拆卸，所得費用，充作教育經費。雙方由此打了一場官司，後由縣政府出面調解了事〔註 133〕。

在這種情況下，一些黨部仍然繼續主張打毀城隍廟，將破除迷信繼續貫徹下去。1929 年中旬，浙江杭縣召開了國民黨全縣代表大會，大會就主張迅速廢除淫祠，將其財產充作各縣黨部特別經費，該決議被呈報省黨部後，1929 年 8 月 20 日，浙江省執委會第三十九次會議通過決議，決定就廢除淫祠事呈請中央，但其財產處置方式則聽憑中央處理〔註 134〕。從這裡我們也可以看出縣黨部之所以積極組織打城隍，其現實利益驅動也是一個主要原因，而這卻與更加注重破除迷信理想的省黨部所不同。

面對地方黨部以破除迷信為理由，大力毀壞各地城隍廟之類的民間祠宇，以致引發騷亂的局勢，而內政部苦於無法明確表態反對，因為從國家對社會進行權力滲透的角度看，黨部的打毀城隍之類的「淫祠」並無可指責之處。內政部無奈之下，只好以對《寺廟管理條例》進行修正為理由，並向各省發佈訓令，稱在寺廟管理條例未修正公佈以前，各寺廟一律維持現狀。但此舉效果仍然不佳，浙江省民政廳發現許多縣仍然有對各項寺廟藉口破除迷

〔註 131〕《嘉定縣黨部印發搗毀神像傳單案》，《江蘇省政府公報》，1929 年 5 月 4 日，第 126 期。

〔註 132〕《內政部咨江蘇省政府（1929 年 5 月 10 日）》，《內政公報》，1929 年 6 月，第 2 卷第 5 期；《處理江陰縣城隍廟應依寺廟管理條例辦理》，《江蘇省政府公報》，1929 年 6 月 17 日，第 161 期。

〔註 133〕《處理大王廟之經過》，《銅山縣政公報》，1929 年 7 月 15 日，第 6 期，江蘇省檔案館藏，檔案號：5／30／59。

〔註 134〕《浙省執委會第二十九次常會決議案》，《中央日報》，1929 年 8 月 22 日，第二張第四面。

信，對其進行自由處分或搗毀的現象，乃以「妨礙秩序引起糾紛，殊屬不合」爲由，要求各縣予以嚴格遵守〔註135〕。

《寺廟管理條例》的修訂一直拖到 1929 年底，才由國民政府頒佈《監督寺廟條例》，宣佈廢止 1929 年初頒佈的《寺廟管理條例》，該監督條例規定政府對寺廟財產的處置進行監督〔註136〕。但是，從其內容我們可以看出，這僅僅爲國民政府對宗教寺廟的控制與保護，仍然沒有對那些「淫祠」處理的相關規定。究其原因，則爲國民政府的尷尬地位決定了其既想打倒城隍破除迷信，但又不想引起地方秩序的紊亂，一直試圖將打倒城隍廟等行動納入制度化的軌道，以致對此始終沒有正面回應〔註137〕。而正是國民政府欲言又止的曖昧態度，使得黨政雙方各自有了很大的解釋空間，從而使地方社會因打倒城隍之類的神祠而屢屢引發黨政衝突，如後來高郵縣的打城隍，就是一個很明顯的例子〔註138〕。

在幾經波折後，1929 年底《寺廟監督條例》的出臺，才爲利益相關方提供了一個行爲選擇依據。1931 年，浙江奉化縣黨部報告國民黨中央，稱該縣有一個寺廟，名爲大覺寺，因該寺在 1927 年被人搗毀，一個叫王德祥的神婆正四處籌款，準備將其修復，引起了黨部方面的堅決反對：「該王氏德祥竟敢蔑視法令，鳩工重塑，實屬有意提倡迷信，淆惑人心，於訓政事業殊有障礙」，要求將其查禁，「以破除迷信而利訓政」，但國民黨中央回覆爲「查監督寺廟條例對於寺廟重塑佛像並無取締明文，事關宗教儀式，自不應加以干預」。〔註139〕可見，《寺廟監督條例》的頒佈，爲國民黨中央將各地黨部的「破四舊」行爲納入制度化軌道，提供了重要依據。

〔註135〕《浙江省政府民政廳訓令刊字第一五八號》，《浙江民政月刊》，1929 年 10 月，第 24 期。

〔註136〕此處寺廟指除康藏青蒙等地以外的寺廟，見《監督寺廟條例》，蔡尚思主編：《民國法規集成》，第 40 冊，黃山書社，1999 年，第 404 頁；《國民政府司法例規（三）》，第 2302～2303 頁；江蘇省檔案館藏，檔案號：5／30／158。

〔註137〕如 1931 年 2 月，國民黨中宣部依舊向地方黨部下達了破除迷信的指示。詳見《地方通信：揚州》，《申報》，1931 年 2 月 2 日，第 7 版。

〔註138〕詳見沙青青：《信仰與權爭：1931 年高郵「打城隍」風潮研究》，《近代史研究》，2010 年 1 期。

〔註139〕《令浙江省執行委員會》（1931 年 5 月 30 日），《中央黨務月刊》，第 35 期，1931 年 6 月。

第五節 小結

時人面對這這場破除迷信運動，就已指出迷信雖然阻礙人的思想，但「迷信之成非一朝一夕之故，而溺於迷信，尤非有意為惡」，認為「決不可用突然震世駭俗之手段以行之，亦不可用峻刑嚴法以懲之」，此類激烈的行動，必遭到強力反彈，致使「迷信尚未破除，而治安實已騷亂」。〔註140〕同時，在上海市社會局主辦的刊物《社會月刊》上有人也發表文章稱破除迷信「首先要考慮、顧及本國民情習慣，不可魯莽從事，過於激烈；否則要引起社會上無意識的糾紛」〔註141〕。這種顧慮實際上就昭示了盲目行動必將導致社會混亂。因此，在這場運動中國民黨地方黨部、國民黨中央（國民政府）及地方政府三者對破除迷信各自的態度分析可知，三者分別扮演了不同的角色。

國民黨地方黨部具有較強的理想主義色彩，同時兼及一些政治意圖。杜贊奇在考察1920與1930年代之交中國的反迷信運動時就敏銳地指出，此時的反迷信運動是國民黨「清共」後，國民黨左派黨組織面對自己不斷失去的地方事務權的流逝，而試圖重建自己在黨內和地方事務中對政治的控制權，這既代表了國民黨激進派的現代化理想，但不可避免的與政治問題相糾纏〔註142〕。一些國民黨地方黨員這種破除迷信的理想情懷在目睹1928年底阿富汗國內因守舊勢力阻礙的失敗後更是得到了抒發，對此他們發出呼籲「看到阿富汗的事件，愈感到迷信宗教之可怕，我們要趕快做成第一步破除迷信的『毀除偶像運動』！」〔註143〕在懷著理想之外，地方黨部也有著現實的考量，他們藉此增強在地方事務中的話語權，並力圖對地方政權中的權力分配進行重新洗牌，進而奪回曾今屬於自己的權力。因為隨著破除迷信運動的深入開展，對於地方國民黨人來說「反迷信運動已經成為一種工具，利用它，運動的領導者即可在面對官僚化的政權的情況下，繼續保持對地方事務的控制」〔註144〕。

〔註140〕冷：《破除迷信》，《申報》，1928年10月22日，第二張。

〔註141〕杭定安：《迷信與科學》，《社會月刊》，第1卷第2號，1929年2月。

〔註142〕（美）杜贊奇著，王憲明等譯：《從民族國家拯救歷史：民族主義話語與中國現代史研究》，江蘇人民出版社，2009年，第99頁。

〔註143〕王大維：《破除迷信打倒偶像：由阿富汗事件而得的教訓》，上海《民國日報副刊・覺悟》，1929年1月30日。

〔註144〕（美）杜贊奇著，王憲明等譯：《從民族國家拯救歷史：民族主義話語與中國現代史研究》，江蘇人民出版社，2009年，第100頁。

　　而對地方政府來說，破除迷信對於提高行政效率並無壞處，因而其在根本上並不反對。但是打毀神祠引發士紳民眾的不滿乃至社會動亂，其獲取的廟產遠小於因此而付出的管理成本，特別是士紳的反對，省縣特別是縣政府對此必須予以重視。根據王奇生教授對民國時期縣長這個群體的研究，發現南京國民政府時期省籍迴避制度基本被廢棄，而縣籍迴避制度在南京政府直接控制的區域亦然。如以江浙爲例，浙江有本縣人不得爲本縣縣長的規定，而江蘇連此規定都沒有〔註145〕。因而作爲縣長而言，他們更多的是注重對鄉土社會關係的梳理以及資源的最大限度汲取，而打倒城隍，除了可以獲得些許廟產以外，帶來的卻是士紳的反對及頻頻爆發的騷亂與械鬥，這對於視穩定爲第一要務的政府而言是無法接受的。

　　作爲前兩者上級的國民政府（國民黨中央），其對於破除迷信的態度同樣是支持的，但鑒於地方上出現的失範行爲，並未能將這場破除迷信運動納入其控制的範圍內，而且在法規制定方面往往具有明顯的滯後性，主要是對來自下級意見的應付，而非對這場運動進行及時預見。特別在是否對所謂「淫祠」進行廢除方面，它始終不予正面回應，以致地方黨政雙方糾紛不斷，這種模棱兩可的態度，使得地方黨部缺乏來自中央權威的支持，進而無法實現增強地方事務影響力的目標，要進行權力重構則更是困難重重。黨部方面理想化的行動，並未換來國民黨中央的權威認可。通過對前面江蘇省國民黨黨員的年齡結構可知，在 20～35 歲的佔了很大的比例，年輕人往往較中老年人更富有激情，但也容易走極端。〔註146〕對此，蔣介石即指出，年輕的黨員和地方黨部，行事往往「不顧政治之現實而徒憑一己之理想」。〔註147〕其意即是如此。

　　但總的來說，黨部主導的打城隍等類似行動往往會受到來自政府方面的掣肘，而其簡單粗暴的工作方式，也無端增加了民眾士紳的反感，非但沒有

〔註145〕王奇生：《民國時期縣長的群體構成與人事嬗遞——以長江流域省份爲中心》，《歷史研究》，1999 年第 2 期。

〔註146〕其他省市亦有著與江蘇省國民黨黨員年齡結構總體相似的現象，即年齡總體較輕。如據 1929 年北平市黨部調查，該市男性黨員爲 1939 人，年齡在 20 至 30 歲之間爲 1707 人，占 88%；124 名女性黨員中，20 至 30 歲的爲 101 人，占 81%。參見：中國國民黨北平特別市黨務指導委員會組織部：《中國國民黨北平特別市黨務指導委員會組織部六七八月份工作彙報》，1929 年 9 月印行，頁碼不詳。

〔註147〕《蔣介石日記》1929 年 3 月 27 日，轉引自王奇生：《黨員、黨權與黨爭：1924～1949 年中國國民黨的組織形態》（修訂增補本），華文出版社，2010 年版，第 237～238 頁。

使其增加在地方事務中的影響，反而使自己在爭取民眾方面出現問題。因為在這裡，神祠及由此舉辦的各種廟會等具有的社會功能被忽略，有學者在研究了 1934 年蘇州的求雨儀式後也認為，民間類似的迎神賽會中被視為「非理性」的狂歡精神，其可以潛藏著一種理智的目的，它增強社區內的凝聚力並有助於為受困於災害的人們舒解壓力〔註148〕，而黨部卻對此予以粗暴地破壞及取締，自然不能得到來自民眾的支持。面對民眾的反對，黨部的打城隍行動也並未能實現破除迷信的目標。而在經歷失敗後，政府部門和黨部出於務實的考慮，開始有意識的參與傳統民間信仰活動，如在 30 年代，江浙發生旱災，浙江一個縣的縣長就如同傳統時代的縣官一樣，在民眾的壓力下一起參與求雨的儀式。〔註149〕而在當時的四川，情況也十分類似。〔註150〕30 年代，某些黨部甚至乾脆主動參與到祭祀的活動中來〔註151〕。

黃宗智在考察了清代及民國的司法變革及其實踐後指出，儘管在立法領域國家觀念逐漸與傳統習俗相分離，充分體現了現代性，但在實踐領域卻難以擺脫舊的習俗，最後也使立法者改變了照搬西方模式的初衷，而做出與中國傳統和現實相適應的考量〔註152〕。而這在國民黨地方黨部及政府部門對待民間信仰方面的態度變化上也是同樣適用的〔註153〕。

〔註148〕沈潔：《反迷信與社區信仰可見的現代歷程——以 1934 年蘇州的求雨儀式為例》，《史林》，2007 年 2 期。

〔註149〕潘淑華：《「建構政權」，解構迷信？——1929 年至 1930 年廣州市風俗改革委員會的個案研究》，鄭振滿，等編：《民間信仰與社會空間》，福建人民出版社，2004 年，第 117 頁。

〔註150〕如四川省主席劉湘為了迎合當時的祈雨儀式，乃下令其公館齋戒七日，當時的一些行政督察專員及縣長也參與到其中來。詳見曹成建：《「俯順輿情」重於「消除迷信」——1936～1937 年四川旱災中政府對拜神祈雨的態度》，《民國研究》，第 15 輯，社會科學文獻出版社，2009 年，第 24～37 頁。

〔註151〕如河南省黨務辦事處還令湯陰縣黨部於岳飛誕辰日在岳王廟舉行祭嶽活動。見《中央日報》，1935 年 3 月 28 日，第二張第二面。

〔註152〕黃宗智：《法典、習俗與司法實踐：清代與民國的比較》，上海書店出版社，2003 年，第 187，第 197 頁。

〔註153〕有意思的是，不僅國民黨是如此，執政後的中國共產黨，在經歷了文革「破四舊」的文化浩劫後，開始更加理性地對待民間信仰，甚至將其作為拉動當地經濟增長的內容之一。據報導，2010 年 10 月 30 日，耗資近 2000 萬修復的廣州城隍廟正式免費對市民開放，並恢復燒香等傳統民俗活動。廣州市市長萬慶良、常務副市長蘇澤群出席了此次開放儀式。見《廣州市長拜海瑞，求無腐敗分子》，《成都商報》，2011 年 11 月 1 日，第 11 版。

第四章　減輕農民負擔：浙江二五減租的宣傳與推行

　　減輕農民負擔，爲地方黨部所極力宣傳的政治主張之一。但將其落到實處，則主要體現在打倒土豪劣紳及二五減租的推行上，因爲兩者都與農民有著極爲密切的關係。對於土豪劣紳問題，國共兩黨對於土豪劣紳的態度基本一致，學界對此也有較爲深入的研究。〔註1〕關於二五減租的研究已經較多，國內也出現了相關成果〔註2〕。但這些研究大都關注二五減租本身的演變情況，本文則主要將關注重心放在 1928～1929 年浙江省黨部在宣傳與推動二五減租方面與省政府發生的衝突，進而分析黨部在宣傳與推行政治主張時所遇到的制約性因素〔註3〕，同時將打倒土豪劣紳主張與二五減租二者的實踐

〔註1〕　張世瑛：《罪與罰：北伐時期湖南地區懲治土豪劣紳中的暴力儀式》，《國史館集刊》（臺北），2006 年第 9 期，該文主要分析了北伐時期對土豪劣紳的懲處中體現的暴力儀式對中共後來發動民眾運動的影響；賀躍夫，《民國時期的紳權與鄉村社會控制》，《二十一世紀》（香港），1994 年 12 月，總第 26 期；鄭建生，《國民革命中的農民運動——以武漢政權爲中心的探討》，國立政治大學歷史研究所博士論文，1995 年。
〔註2〕　論文有：曹樹基：《兩種「田面田」與浙江的「二五減租」》，《歷史研究》，2007 年 2 期；王小嘉：《從二五到三七五：近代浙江租佃制度與浙江二五減租政策的嬗變》，《中國經濟史研究》，2006 年 4 期；王合群：《浙江「二五」減租研究（1927～1949）》，華東師範大學博士論文，2003 年；諸葛達：《浙江二五減租述評》，《浙江師範大學學報》，1998 年 6 期。
〔註3〕　目前已有文章關注到了浙江關於二五減租引發的黨政糾紛，但該文主要是從南京政府鄉村整合的角度來看待此次黨政糾紛，見馬佩英：《南京國民政府鄉村整合失敗原因探析——以 1929 年發生在浙江的黨政糾紛爲例》，《河南大學學報》，2003 年 2 期。本文則主要以該糾紛爲個案考察浙江地方黨部在宣傳與

結合起來考察，更能突顯國民黨地方黨部在政治主張的踐行方面所遭遇的困境〔註4〕。

第一節　繼續革命：打倒土豪劣紳與減輕農民負擔

1、土豪劣紳的捲土重來

　　長期以來，人們往往以為「清黨」是國民黨由激進走向保守的標誌。但實際上一大批國民黨基層黨員的「革命激情」並未被這次重大變故所泯滅。相反，他們在「將革命進行到底」的精神鼓舞下，比國民黨中央走得更遠。儘管清黨後廣泛而激進的基層社會改造運動開始遭受國民黨內保守勢力的不斷壓制，但不可忽視的是，南京政府成立後，此類激進的政治運動並沒有戛然而止，相反卻有進一步蔓延之勢。但是作為大革命前遭到壓制與打擊的土豪劣紳而言，國民黨的「清共」為他們提供一個極佳的捲土重來的機會，一時之間「紅帽子」飛舞於從事農村工作的基層國民黨員頭上。

　　通過張仲禮的研究，揭示了地方鄉紳在傳統社會中發揮的社會功能。〔註5〕而民國時期的紳士不再以功名為標準，而通常是指各縣參與教育、地方自治、商務及其他公共事務的地方紳董，如縣教育會會長、學校校長、縣議會及參議會會員、商會會長、地方慈善機構紳董等。總之，作為清末地方紳董階層的延續，他們是控制一縣文化教育、政治及經濟的權力精英，往往直接對一縣發揮著重要的影響力。〔註6〕隨著老一輩紳士從權勢地位上

〔註4〕 貫徹其政治主張的方式及途徑，並分析其面臨的制約性因素，與其正復不同。另外，本章主要內容業已公開發表，詳見拙文：《訓政前期國民黨中央與地方黨部的政治分歧——以 1929 年浙江二五減租為考察中心》，《民國研究》，2014 年春季號，第 25 輯。

〔註4〕 關於黨部方面竭力推行二五減租的原因，除了貫徹其「總理遺教」外，藉此增加對地方事務的話語權，以便「向基層政治滲透」，也是其行動的重要驅動力。見楊煥鵬：《國家視野中的江南基層政治（1927～1929）——以杭、嘉、湖地區為中心》，復旦大學博士論文，2005 年，第 37 頁。

〔註5〕 根據張仲禮的研究，中國士紳的收入主要包括做官、秘書、教書、地主、經商、政府津貼、行醫、替人寫碑文字帖家譜及出售書法字畫等，而土地的租佃收入並非為其最主要的收入來源。詳見氏著《中國紳士的收入》，上海社會科學院出版社，2001 年。

〔註6〕 賀躍夫：《民國時期的紳權與鄉村社會控制》，《二十一世紀》（香港），1994 年 12 月，總第 26 期，第 38 頁。

退去，而熱心於鄉政改革的年輕知識分子不見容於官場，正好爲土豪劣紳
提供了一個縱橫馳騁的舞臺。由於民初以來，近代警察制度只是在城市建
立，而對於廣大的鄉村仍是國家管理的眞空地帶。因此，北洋政府乃至後
來的南京政府都頒佈《地方保衛團法》、《保衛團法》，允許民間訓練非政府
武裝以協助政府維持鄉村秩序，以減少政府的管理成本。如此一來，大量
非政府武裝湧現，基層社會再次出現了自太平軍以來地方社會軍事化的現
象，並且有過之而無不及。據南京國民政府內政部調查統計，1930 年至 1933
年間，江蘇、浙江、江西等十三省，共有保衛團成員約 542 萬人〔註7〕，足
見其在鄉村中的影響。據研究，「土豪劣紳」已經成爲民國時期基層社會的
主要支配者〔註8〕。

　　「四一二」政變後，鑒於國民黨中央對民眾運動的停止，各地土劣紛紛
反撲，他們主要採取了以下方式來對抗來自國民黨地方黨部的威脅：

　　首先，武裝對抗。在江蘇，因其地緣特點，蘇北由於經濟落後，地理位
置遠差蘇南，所以該地豪紳勢力更是盤根錯節。根據學者研究，淮北的地主
豪紳勢力較大，多建有圩寨且擁有私人武裝，甚至縣長亦相形失色。在淮北，
這些地主集經濟、行政、軍事、宗教、司法等權力於一身，公權私有表現得
十分明顯，而這種多位一體的權力，在對抗傳統行政權力時擁有極大的優勢。
對於作爲其附庸的普通小農而言，由於社會資源的極度匱乏，使他們對強勢
群體產生了嚴重的人身依附，同時在沒有形成各自不同利益、不同代表、不
同社會理念的相互對立的階級和代言人，經常造成強勢人物振臂一呼，弱勢
民眾應者雲集的局面，進而使淮北社會的上層人物極易成爲社會的不穩定因
素〔註9〕。時人就指出，江蘇「徐海（指蘇北──引者）一帶的地主，阡陌連
野衛士成群，自築堡壘，自設公堂，勞苦民眾，欺侮鞭撻，爲所欲存，甚至
無形劃界分疆，儼然是小小的封建諸侯！」同時國家行政力量都很難介入其
中，根本無法貫徹打倒土豪劣紳的主張。在蘇南地區，很多人因爲檢舉土豪
劣紳而「弄得傾家蕩產，痛苦無量」，而在蘇北，則更甚前者，「最近沛縣居

〔註7〕章有義編：《中國近代農業史資料》，第三輯，北京三聯書店，1957 年，第 902
　　　頁。
〔註8〕王奇生：《革命與反革命：社會文化視野下的民國政治》，社會科學文獻出版
　　　社，2010 年，第 337 頁。
〔註9〕馬俊亞：《近代淮北地主的勢力與影響——以徐淮海圩寨爲中心的考察》，《歷
　　　史研究》，2010 年 1 期。

然有豪紳暴動，宿遷居然有取消打倒土豪劣紳口號的呈請」，而沭陽的土豪劣紳，還公然組織「滅黨會」來對抗國民黨〔註10〕；

其次，與地方行政力量結成利益共同體，以「共黨嫌疑」打擊黨務工作人員。由於豪紳在農村中具有很強的影響力，作爲縣政府而言，要完成上級的賦稅徵收任務，必須與之搞好關係，「多數的縣長，都成了恢復紳豪權勢的原動力，尤其在撥發二五庫券及招待軍隊的時候，許多縣長爲便利他們的事務起見，乃利用豪紳，而同時賦予紳豪以欺壓，剝削，敲詐窮苦民眾的新權威。」這樣，面對黨部方面的不斷催促，縣政府乃採取各種措施進行抵制，如對黨部的檢舉置之不理，或者使一些民憤極大的土劣「不被有力者保釋，就是判極輕微的罪」。甚至聯合土劣打擊黨部，逮捕黨務人員，以至於出現「『要打倒土豪劣紳，幾幾乎被土豪劣紳打倒』，在江蘇，確不是過分之言」的現象〔註11〕。在江蘇是如此，浙江也不例外，浙江各縣縣黨部，自奉國民黨中央令停止活動後，各地土劣乘機向政府誣告國民黨左派黨員爲「共產餘黨」，以洩往日私憤，而不少縣政府也不問曲直，將其徑行抓捕〔註12〕。由於「四一二」後，國民黨中央對民眾運動及對黨務工作的叫停，也使地方黨部及致力於下層工作的國民黨員遭遇地方土劣的強力反撲。

據1928年江蘇省黨務指導委員倪弼視察江蘇黨務後，提交了《視察總報告》，認爲該省61縣中，「沒有一個縣沒有幾個橫行境內、武斷鄉里的大土豪劣紳。不過徐淮海三屬的，聲勢格外猖獗，他們利用土匪爲護身符。同類中還有完（頑）固的組織，明顯的與革命勢力宣戰。江南各縣土豪劣紳比較乖巧，一方面靠有力者做後盾，一方面是投機，到黨內借黨爲護身符」，這些人喜歡觀測風向，「黨得勢則冒充同志，投機專營；黨空虛則乘隙來攻，必使傾覆而後已」。他們還善於利用黨部與行政機關的衝突，挑撥離間。〔註13〕這些人的行爲選擇，直接增加了國民黨基層黨組織「打倒土豪劣紳」主張的實現難度。

據報載，一些基層黨員受到土豪劣紳等壓迫，受制於國民黨中央暫停農

〔註10〕 李壽雍：《在江蘇辦黨》，《江蘇黨聲》，第6期，1928年9月2日。
〔註11〕 李壽雍：《在江蘇辦黨》，《江蘇黨聲》，第6期，1928年9月2日。
〔註12〕 《浙省各縣黨部請省政府保障黨員》，《中央日報》，1928年3月23日，第二張第二面。
〔註13〕 轉引自江蘇省地方志編纂委員會：《江蘇省志 國民黨志》，江蘇人民出版社，2006年，第130頁。

運之政策，苦不堪言。如曾任嘉定縣黨部特別委員兼農工商部部長、縣農民協會籌備處代理籌備委員張來方，於 1925 年加入國民黨後，努力黨務工作，積極響應黨軍，革新縣政，在爲農民減負方面，「力主減輕田租，解除佃農痛苦」，爲土豪所深惡。但國民黨中央對黨務進行整理後，縣黨部乃停止工作及農民運動，儘管省農民協會要求縣農協繼續進行，但受到地方官吏的掣肘使得工作極爲困難。當地土豪劣紳乘機反撲，張來方的住宅不但慘遭暴民毀壞，自己還被指爲共產黨嫌疑，迫使張不堪壓力而自殺。嘉定縣黨部及農協籌備處在其訃告中指出：「同等人以張來芳同志之死，不僅其個人問題，其致死之原因何在，實本黨之大問題，深足勞本黨同志之研究及批評；此問題之解決，實爲解決本黨全體同志工作前途之關鍵。」〔註 14〕此事在當時影響較大，遂引起了國民黨中央委員朱霽青的重視，他致信于右任、譚延闓等人稱「嘉定農運執委，受土劣逼迫而自僵，各地民眾受夾擊之痛苦，亦可見一斑矣。」〔註15〕因沒有來自國民黨中央的政策支持，一時之間，各地黨員叫苦不迭；

再次，大量進入體制內以求自保。國民黨發動「清黨」以後，開始排斥工農大眾，而大量投機官吏、土劣紛紛混入黨內。當時金陵大學出版的刊物《金陵周刊》中有人就對此作出了形象的描述：

> 清黨以後，投機腐化者沛然湧入，彼輩或爲墮落浮薄少年，或爲魚肉鄉民之豪紳，在民眾中間，本占上風，民眾無知，即以彼輩爲國民黨之代表。彼輩固有成本之黨證，彼輩固能一唱三歎而背誦總理遺囑，彼輩固能畢恭畢敬向總理遺像行三鞠躬禮也，彼輩耳聞以黨治國之警句，遂運用嚴密之三段論法，謂中央既可治政府，吾人吾可治縣政府也，彼輩引導民眾遊行，高呼打倒土豪劣紳，其自身固即土豪劣紳也。民眾處此，遂有若啞子吃黃連，有苦無門訴也〔註16〕。

這個描述十分形象地勾勒了當時各地豪紳混入黨內的情景。而時爲江蘇省政府委員的何民魂也指出「無如最使我們痛心的，因清黨而土劣貪污，乘機混入本黨，由此引起很多糾紛，反使一般忠實同志，找不到工作，甚至誣忠實同志爲叛逆，那些假黨員，到處見得到。」〔註17〕

〔註14〕 《在惡化與腐化勢力夾攻中自殺的張來芳同志》，《中央日報》，1928 年 4 月19 日，第二張第二面。
〔註15〕 《朱霽青論黨與民眾》，《中央日報》，1928 年 5 月 6 日，第二張第二面。
〔註16〕 乾：《同聲吶喊》，《金陵周刊》，1928 年 1 月 1 日，第 5 期。
〔註17〕 何民魂：《痛念與自惕》，《中央日報》，1928 年 3 月 12 日，第一張第二面。

　　爲了使這種情況有所改觀，國民黨地方黨部及黨員則是大聲疾呼，以求引起國民黨中央的重視。一個叫張韶舞的國民黨員曾因誣爲有共產黨嫌疑而入獄，後經陳果夫等人的協助才被釋放，他後致函上海《民國日報》，指出各地土劣反攻的情形：「官僚政客及其爪牙和土豪劣紳趁著這個機會給他們（指那些致力於農村工作的國民黨員）一頂赤冠，陷害至於死地，更不知有幾千幾百幾十人」〔註18〕，同時還警告道：「本黨的根基，一天天地任假革命分子，在本黨內抱定圖謀陞官發財主義，陷害忠實同志，本黨的前途，只有日趨凋零，絕無發展的希望」〔註19〕。面對各地黨部的呼籲及黨員因此而慘遭迫害的事實，國民黨中央開始考慮應付之法。

2、打倒土劣主張的繼續與實踐

　　雖然「清黨」使國共兩黨進入了一個生死搏鬥的十年，但兩者對於打倒「土豪劣紳」的態度卻並無二致。共產黨走上了武裝鬥爭的道路後，繼續將打倒土豪劣紳作爲其革命的目標之一〔註20〕，制定了一系列條例對佔領區內的土豪劣紳進行打擊。在1930年制定的《中國工農兵會議（蘇維埃）第一次全國代表大會選舉條例》中還明確將「軍閥、官僚、紳士、鄉董」排除在選舉與被選舉範圍之外，「有土皆豪、無紳不劣」的意味十分明顯〔註21〕。而在國民黨方面，儘管暫停了民眾運動，但也並未放棄打倒土豪劣紳的口號，如在「第二期清黨」中明確規定要清除混入黨內的土豪劣紳。

　　如1927年5月30日，吳稚暉、葉楚傖等提議，國民黨員「受共產黨之暗示」在4月15日前因打倒土豪劣紳而有出軌行動的，則免於追責，該提議後在國民黨中常會得到通過，並提交國民政府執行。此本僅爲保護黨員，並

〔註18〕　張韶舞：《一個被誣爲共產黨者的自訴》，上海《民國日報》，1928年3月2日，第二張第三版。

〔註19〕　張韶舞：《一個被誣爲共產黨者的自訴》，上海《民國日報》，1928年3月2日，第二張第三版。

〔註20〕　如1929年中共江蘇省第二次代表大會上通過的《政治決議案》中指出，「江蘇雖然是民族工業的中心，而鄉村中依然是豪紳地主的統治」。見中共江蘇省委黨史工作室等編：《中國共產黨江蘇省歷次代表大會文獻彙編（1927～1994）》，中共江蘇省委黨史工作室等印行，2000年，第161頁。

〔註21〕　《中國工農兵會議（蘇維埃）第一次全國代表大會選舉條例》（1930年10月），彭明主編：《中國現代史資料選輯（1927～1931）》，第三冊，中國人民大學出版社，1988年，第153頁。

非是對國民黨清黨以前觸犯土豪劣紳條例的豪紳放任不管，但由於解釋不明，曾爲某些審判機關誤引。1928 年 4 月，上海地方法院在審判太倉土豪劣紳姚鶴齡時，在量刑時認爲姚所犯土豪劣紳所條款在清黨之前，故不予追究責任。在該判決生效後，「各處土豪劣紳無不額手稱慶，太倉民眾方面異常憤恨。」對此吳稚暉等人認爲「此案關係重大，照此蒙混引判，則土豪劣紳一律無罪，各處民眾之受害，將更甚於前」，遂提請國民政府對此明令解釋，該判決遂被撤銷〔註22〕。可見，國民黨內對於打倒土豪劣紳的原則上並無分歧。

　　而地方黨部則更是紛紛提出繼續懲辦土豪劣紳的主張。如 1928 年初，江蘇省黨部第七次會議議決「免除一切苛捐雜稅，以解除民眾痛苦，作共產黨宣傳的反證」，並要求「嚴辦土豪劣紳，並沒收其財產，倘行政官吏有庇護者，立即撤懲。因各方土豪劣紳無形中與共產黨勾結，沒收土豪劣紳財產，足補廢除苛捐雜稅所廢除之收入。」而在減輕農民負擔方面，要求政府「嚴禁軍隊拉夫，強住民房，勒索餉糧，擅提地方公款，俾民眾不離開本黨而爲共產黨煽惑；協助黨部及行政官吏，嚴緝共產分子及土豪劣紳；」〔註23〕將減輕農民負擔與打倒土豪劣紳結合起來。1929 年 4 月下旬，江蘇省執委會制定的「摧毀封建勢力案」中，矛頭也直指土豪劣紳，稱「本黨政治之不能刷新，不但黨外之貪污土劣，未能完全剗除，即黨內亦且有此種敗類之潛伏，處處破壞黨治之表現，以後應以民眾之意志爲依歸，剗除摧殘民眾之貪官污吏土豪劣紳，即不加注意而引用貪污土劣，或發現貪污土劣，而不加以嚴厲處分的政府人員，亦須連坐，以靖亂源」〔註24〕。在浙江，1929 年 11 月，省黨部宣傳部召開全省宣傳會議，專門研究對打倒土豪劣紳的宣傳工作〔註25〕。

　　爲了繼續打倒土豪劣紳，1927 年 7 月 28 日，國民黨中央政治會議通過《特種刑事臨時法庭組織條例》，規定該法庭分中央與地方兩類，均設庭長一人，

〔註22〕《上海地方法院之奇異判決》，《中央日報》，1928 年 4 月 12 日，第二張第二面；吳稚暉：《關於黨人自動懲治土豪劣紳之提議》，羅家倫主編：《吳稚暉先生全集》，卷八，中國國民黨黨史史料編纂委員會出版，1969 年，第 638～639 頁。

〔註23〕《江蘇省黨部議決防止共產黨的方案》，《中央日報》，1928 年 2 月 16 日，第一張第二面。

〔註24〕《蘇省執委會遵省代表會決議制定摧毀封建勢力案》，《中央日報》，1929 年 4 月 21 日，第二張第一版。

〔註25〕《浙全省宣傳會議開幕》，《中央日報》，1929 年 11 月 3 日，第二張第四面。

審判員若干，主要審判「關於反革命及土豪劣紳之刑事訴訟案件」〔註 26〕設立專門機構的審判土豪劣紳，足見其重視程度。同時，1927 年 8 月 18 日，國民政府又頒佈《懲治土豪劣紳條例》，稱「國民政府自清共以後，各地國民黨員黨政人員，因對土豪劣紳之行為解釋，異常紛歧。致常於地方舊勢力發生不必要之衝突。國府為開展黨治精神，保障民眾權益」起見，制定該條例，其公佈了土豪劣紳的十二條標準，如武斷鄉曲，欺壓平民，強迫成婚，重利盤剝及危害公眾利益等〔註 27〕。隨後，各省的特種刑事法庭也紛紛設立。

　　江蘇也成立了專門的特種刑事臨時法庭。1927 年 12 月 22 日，江蘇省政府會議決定任命省府委員劉雲昭為該庭庭長，並且決定將懲辦土豪劣紳的案件移歸該法庭辦理。〔註 28〕該法庭於 2 月 1 日發佈宣言指出打倒豪紳勢力的必要性，稱「因是帝國主義、軍閥、貪官污吏、土豪劣紳及惡化分子，皆為國民革命之對象，即皆在排斥剷除之範圍」，認為「貪官污吏、土豪劣紳、憑藉權勢，武斷鄉曲，鞭笞筋骨，吮吸脂膏，反覆無常」，此必「斬國家本元之氣，阻社會進化之機。」同時「蘇省當江海之衛，號人文之藪，物質文明，最稱發達，社會道德，日趨澆漓，所謂貪官污吏、土豪劣紳、惡化分子，較他省為獨多。」進而指出「打倒帝國主義與軍閥，固屬國民革命之最大目標，而排除貪官污吏、土豪劣紳及惡化分子，尤為今日當務之急。」而且說明了懲處豪紳之所以要另設該法庭的緣故：

　　　　貪官污吏、土豪劣紳、惡化分子，性嗜殺人，習於作亂，剝削及於精髓，暴橫愈於虎狼，自立邢章，擅作威福，恣行無忌，居之坦然，盜匪所不敢為，事理所不容許，行之若素，視為故常，罪大惡極，未可納於常經，懲後懲前，普通法院普通發條，實難奏止闢無刑之效，是則本法庭之設置，蓋時勢所必需〔註 29〕。

特種刑事法庭設立後，開始懲辦各地的土豪劣紳，但就實際情況來看，

〔註 26〕《特種刑事臨時法庭及懲治土豪劣紳條例之決議案及其條例》，羅家倫編：《革命文獻》，第 22 輯，1984 年，第 190～193 頁。
〔註 27〕《中華民國史實紀要》（1927 年 7 至 12 月），臺北中華民國史實紀要編輯委員會印行，1978 年，第 425～426 頁。
〔註 28〕《江蘇省政府委員會第 19 次會議記錄（1927 年 12 月 22 日）》，江蘇省檔案館藏，檔案號：1001／乙／688。《江蘇省政府委員會第三次臨時會議（1928 年 2 月 2 日）》，江蘇省檔案館藏，檔案號：1001／乙／689。
〔註 29〕《蘇省特種刑事法庭成立》，《申報》，1928 年 1 月 31 日，第三張。

該法庭也確實緝拿了一些土劣，如瀋陽大批土豪劣紳被捕，曾任職直魯軍參議的王連漢、周子九、沙策實、李華亭等八人，「把持縣政，魚肉鄉民，勒索敲詐，逼命埋冤，勾結土匪」於前，直魯軍南下攻佔瀋陽後，「唆使逆軍，會同瀋警，大捕黨員，搗毀黨部」於後，而北伐軍再克瀋陽後，「率領縣警隊暴動，在城內任意開槍，將新縣長拘押毒打，並搗毀縣黨部，將委員職員青年學生捕去六十餘人，並槍殺民眾五六人，佔領各機關，大作威福」。待省政府委員劉雲昭巡視瀋陽後，將其於 1928 年 5 月 22 日全部捉拿，將其移交地方特種刑事法庭〔註30〕。但具體審判情況，則確實不容樂觀。

筆者翻閱 1928 年 10 至 12 月的《江蘇省政府公報》，其中關於特種刑庭的審判書中幾乎都是對於「反革命案件」的處理，而鮮見對土豪劣紳的判決，筆者統計了 1928 年 10 月至 12 月《江蘇省政府公報》登載的特種刑庭判決書（詳見本書圖表十九），發現對土豪劣紳的處理大都為「反革命」罪。而 11 月江蘇省特種刑庭發佈的六件判決書中，全是以「反革命」罪為判決依據。〔註31〕江蘇的這種情況，在其他地方也同樣類似。

如在兩廣地區，筆者查閱 1928 年 4 月至 10 月的《中央政治會議廣州分會月刊》，其中「司法」部分關於特種刑庭的基本上屬於處理「反革命」案件，僅有 1 例是懲處土豪劣紳的案件，即廣東新平縣長應特種刑庭之通緝拿辦當地「土劣潘仿南」。〔註32〕以「反革命」罪處理土豪劣紳來解決鄉村內部矛盾的方式，實際上成為將近代以來革命鬥爭形態引入鄉村社會的起源。這種「反革命」的語言暴力，更為各方所競相使用，成為對付對手的殺手　。一方一旦佔據上風，必然高揚反「反革命」大旗，將對手徹底打倒乃至肉體消滅，如此循環往復。此後，有著相似政治文化的中國共產黨，更是將這種「革命」與「反革命」在鄉村社會運作得淋漓盡致。但這種「非此即彼」、「水火不容」、「聖魔兩立」的二元對立思維，對於以後鄉村社會內部的利益乃至人際關係格局影響異常深遠。

隨著國家機器的完善，在 1928 年 8 月的國民黨二屆五中全會上，國民黨中央通過了蔡元培的臨時提議，決定取消特種刑庭，將其案件歸普通司法機

〔註30〕　《瀋陽大批土豪劣紳被捕》，《中央日報》，1928 年 5 月 28 日，第二張第三面。
〔註31〕　詳見《特種刑事地方法庭判決書六件》，《江蘇省政府公報》，1928 年 12 月 3 日，第 62 期。
〔註32〕　「司法」，《中央政治會議廣州分會月刊》，第 10 期，1928 年 10 月 31 日。

關審判〔註33〕。特種刑庭很快於 1928 年底取消，該機構故而基本上沒有起到懲處土豪劣紳的作用。究其原因，主要有如下諸端：

（一）土豪劣紳的規避。對於一些遭到黨部及民族檢舉的土劣，由於懲治土豪劣紳乃國民政府定下的決策，他們無力正面挑戰這種權威，而對面對特種刑庭的傳喚，他們的應付方式大都是逃亡，藉以等待國民黨中央政策的轉變。面對這種情況，特種刑庭因為並沒有屬於自己獨立的執行機構，無奈之下只好要求各縣縣長嚴密緝拿〔註 34〕。至於各縣長是否全力配合緝拿，則實在無法預料。而國民黨方面針對土豪劣紳的「第二期清黨」，所謂「土豪劣紳」、「貪官污吏」，更是毫無標準可循，不過便利於內訌與自殘，徒增無窮糾紛而已〔註 35〕；

（二）縣政府有意抵制。由於縣政府與地方豪紳因各種原因結成的利益共同體始終存在，為了保證自己的行政效率，順利完成上級交付的徵收任務，不得不倚仗地方士紳代為完成。縣長基於自己的前途考慮，礙於情面，很難下定決心與豪紳撕破臉，從單方面改變這種與後者共治鄉村的局面，因而就對來自特種刑庭配合捉拿土劣的要求進行暗中抵制。如江蘇一些縣在黨部及民眾檢舉土豪劣紳後，特種刑事法庭發現證據不足，而轉令各縣再行核實，發現各縣「遵照查覆者固多，而遲延不覆，屢催罔應者，亦復不少。案件進行濡滯，其故多由於此。」使劉雲昭不得不通令各縣加緊辦理，「不得再事遲延」。〔註 36〕而縣政府處於現實政治考慮，對於懲辦土豪劣紳並不積極，甚至宿遷縣長以「召集全縣紳董開會議決訓政時期實施各項要政」為由，提請江蘇省政府命令特種刑庭在該縣會議期內，「凡屬土劣及反革命治罪犯，暫停解辦」〔註 37〕；

〔註33〕《中國國民黨歷次代表大會及中央全會史料》，上冊，第 544 頁。

〔註34〕筆者檢閱《江蘇省政府公報》，常常可見特種刑庭對外逃土豪劣紳發佈的通緝令。如特種刑庭一次就通緝了海門縣陸沖鵬等十三名土豪劣紳，其罪名均為「武斷鄉曲，傷害平民」。（見《特刑地方法庭通緝令三則》，《江蘇省政府公報》，1928 年 11 月 26 日，第 61 期。

〔註35〕楊奎松：《1927 年南京國民黨「清黨」運動之研究》，文章來源：http://www. aisixiang.com/data/detail.php 拾 id=34438，2010 年 6 月 23 日。

〔註36〕《令縣對特刑庭案件迅速查覆》，《江蘇省政府公報》，1928 年 6 月 18 日，第 38 期。

〔註37〕《省政府委員會第七十七次會議（1928 年 6 月 28 日）》，《江蘇省政府公報》，1928 年 7 月 2 日，第 40 期。

（三）地方黨部舉措失當。地方黨部方面應付土豪劣紳方面舉措失當，也是個原因之一。當時有人就對此描述了一些黨部在此方面的缺陷：

> 各縣黨部自公開以後，一般青年同志，對於地方上土豪劣紳的魚肉貧弱，盤踞機關，壟斷行政，吞沒公帑，早已疾首痛心；一旦握有黨權，自然不可復忍，但是一切未布置妥善，就大吹大擂，要如何拿辦某土豪，要如何嚴懲某劣紳；事情並未進行，信息已遍佈國中，一般土劣，平時因爲屬害衝突，積不相能，至此就聯合了戰線，死力抵抗。少不更事的青年，怎能敵得老謀深算的土劣？況且又有金錢魔力，於是貪官軍棍，甘爲利用，而黨内同志，無不被誣爲赤化匪共，通緝的通緝，拿辦的拿辦〔註38〕。

可見黨部打倒土劣的行動過於輕率，結果反而遭到其反撲。這些土豪劣紳在鄉村中勢力龐大，他們武斷鄉曲，干預詞訟，代官征稅之時，常有擅自加碼以自肥的現象，致使鄉村的政治生態不斷惡化，因而地方黨部積極打倒土豪劣紳的主張對於減輕農民負擔方面有重要意義。但是要將減輕負擔落到實處，單憑打倒土豪劣紳而不在租佃制度上有所行動，則勢必使減輕農民負擔的口號成爲一句空談。正如浙江省黨部執委周炳琳認爲的那樣，「減租的意義既可以促進農業生產，又可以改良農村經濟，還可以削減豪紳勢力。」〔註39〕本文將集中考察浙江的二五減租實施情況，進而揭示由此引發國民黨中央、浙江省政府、省黨部三者之間的互動關係。

第二節　乘風破浪：黨部對於二五減租的宣傳與推動

二五減租爲國民黨踐行三民主義中「民生」的重要内容，亦爲孫中山「耕者有其田」目標的實現途徑之一。國民黨不願意採取激進的方式消滅地主豪紳，發動底層民衆起來奪取地主的土地並摧毀紳權在鄉村中的統治，使農民與鄉紳徹底決裂，而希冀通過漸進改革的方式來實現農民負擔的減輕，最終實現在鄉村中「階級調和」的目的。所以，二五減租就是國民黨在農村實行的主要改革舉措。二五減租雖然在 1920 年代就已經在部分地區推行，但很快因國共分家而停頓。

〔註38〕薛迪功：《對於以前各縣黨務工作的觀感》，《江蘇黨務周刊》，1930 年 9 月 6 日，第 34 期。

〔註39〕周炳琳：《二五減租的經濟根據》，《浙江黨務》，1928 年 10 月 6 日，第 19 期。

　　在湖北，湘鄂臨時政務委員會以原二五減租條例頒佈後「佃農地主間，遂糾葛尤叢生，鄉間之經濟基礎，亦因之崩潰殆盡」爲由，宣佈廢止該條例並規定「租課仍以雙方所定之契約爲準」。〔註40〕1928 年 8 月 20 日，中央政治會議武漢分會訓令湖南省政府仿照湖北例，廢止《暫行二五減租條例》〔註41〕。而作爲二五減租推行肇始之地的廣東，亦將其暫緩。〔註42〕在浙江，代理浙江省主席的蔣伯誠等人於 1928 年 1 月底就致電國民黨中央並省黨部，稱據軍警調查，「共黨受赤俄唆使，派多數黨徒赴本省各地，以階級鬥爭、土地革命等繆說，煽動農工抗租罷工，企圖搗亂」，要求「在本黨未確定計劃以前，一切民眾暫行停止運動，倘有抗租等情，各縣市政府嚴行取締」〔註43〕。

　　隨著國民黨在全國統治地位的進一步確立，二五減租政策卻並未被其拋棄，相反，在一些地方繼續推行，如浙江。在浙江省黨部的大力宣傳與推動下，特別是 1928 年至 1929 年間，該省的二五減租搞得有聲有色，甚至被譽爲「浙江減租運動過程中之黃金時代」〔註 44〕。所以，選取該個案來分析國民黨地方黨部在宣傳與推行其減輕農民負擔的政治主張方面，具有相當重要的價值。

1、減租運動中的輿論動員

　　減租運動的實行在浙江省可謂由來已久。在國民黨浙江省黨部成立即 1927 年 1 月 8 日之前，由沈定一、宣中華等人在蕭山就開始了減租運動。沈定一後因參加西山會議派被國民黨二大給予警告並停止黨權處分後，使共產黨員宣中華成爲事實上的負責人，宣中華很快召開全省各縣代表聯席會議，提出減低田農田租及禁止預收田租等原則，繼續領導農民進行減租運動，取

〔註40〕《鄂省廢止二五減租條例》，《銀行周報》，1928 年 3 月 6 日，第 12 卷第 8 期，第 5 頁。

〔註41〕《中央政治會議武漢分會訓令　第二五三號》，載《中央政治會議武漢分會月報》，第 1 卷第 3 期，1928 年 9 月。

〔註42〕《農田二五減租案暫緩執行》，《農事雙月刊》，1928 年 8 月 2 日，第 6 卷第 6 號，第 78 頁。

〔註43〕報告事項（十八）（1928 年 1 月 26 日），中國第二歷史檔案館編：《中國國民黨中央執行委員會常務委員會會議錄》，第 3 冊，廣西師範大學出版社，2000 年，第 302 頁。

〔註44〕鄭康模：《浙江二五減租之研究》，蕭錚主編：《民國二十年中國大陸土地問題資料》，第 65 號，成文出版社有限公司印行，1977 年，第 33969 頁。

得了不少成績。對此，國民黨人也承認「雖其心或有出諸欲推動階級的鬥爭，要其對減租運動之努力，亦確是不可否認的事實」〔註45〕。國民黨發動「清黨」後，CC 系成員蕭錚等人主要負責浙江黨務，但其後因大力推行減租而被張靜江領導的省政府趕出了浙江。在中央特委會時期，西山會議派令沈定一回浙辦理浙江黨務，沈返浙後，繼續大力推行減租運動，後遭到反對派的嫉恨而被暗殺，使浙江的減租運動無形停頓。

1928 年，國民黨中央向浙江派遣黨務指導委員後，開始恢復浙江黨組織。指導委員中可謂「人才濟濟，多為青年才俊之士」，如周炳琳為北大畢業（且與傅斯年、段錫朋〔註46〕等人為五四學生運動的領袖之一），許紹棣畢業於復旦大學，李超英後為臺灣大學教授〔註47〕。這些人都受過新式教育，且具有強烈的理想主義色彩。他們到達浙江後，迅速推動省政府方面制定相關減租法規。1929 年 3 月 1 日，國民黨浙江省代表大會召開，並發表宣言稱，「本省農民占全省人口的百分之九十以上，其痛苦較任何人為澤巨，其熱望革命之成功，亦較任何人為迫切，倘此大多數民眾問題不解決，則革命懸的，徒脫空言耳。二五減租，為解放農民之第一步」〔註48〕，明確表示了其推行二五減租的決心。

1928 年 7 月 27 日，浙江省召開黨政聯席會議，討論佃農繳租及 1928 年佃農繳租章程，決定實行二五減租，稱「往昔租額，全以業主之善惡而定，極不平等，故有重新估定租額之規定；估定正產全收穫量之最高額，再照減租政策減百分之二十五」，同時為了客觀準確地估定最高收穫量，決定設立在各縣設立佃業理事局，專門負責此事，同時為了保證其獨立，規定其有專門的經費。而且規定，減租政策發佈後，若業主故意不收租以抵制，由縣佃業理事局和鄉區辦事處查明屬實，專報縣政府，「應收之租額沒收充公」〔註49〕。該決定的出臺宣告訓政前期浙江二五減租運動正式拉開了序幕。

〔註45〕 鄭康模：《浙江二五減租之研究》，蕭錚主編：《民國二十年中國大陸土地問題資料》，第 65 號，成文出版社有限公司印行，1977 年，第 33963 頁。
〔註46〕 關於段錫朋的介紹，詳見拙文：《段錫朋：被淡忘的五四運動學生領袖》、《南方都市報》歷史版，2009 年 8 月 6 日。
〔註47〕 胡健中：《一個中國土地改革先驅者的自白——胡健中先生談浙江二五減租及其被捕下獄的故事》，《傳記文學》，1978 年，第 33 卷第 5 期；王遂今：《胡健中和〈東南日報〉》，《浙江文史資料選輯》，第 28 輯，第 136 頁。
〔註48〕 《浙省代表大會宣言》，《中央日報》，1929 年 3 月 2 日，第二張第三版。
〔註49〕 《浙省農民解放的先聲》，《中央日報》，1928 年 7 月 30 日，第二張第三面。

　　為了廣泛宣傳二五減租，浙江黨部宣傳部決定加大對其宣傳力度。儘管在 1929 年 6 月國民黨中央宣傳部召開全國宣傳會議，表達了對江浙等省宣傳部近一年來宣傳工作的肯定〔註 50〕。但根據浙江省宣傳部經審查當年 5 月各縣宣傳部工作報告，仍然對各縣宣傳部的工作還不夠到位進行了嚴肅批評，首先就指出宣傳工作的弱點在於「農村宣傳工作欠缺」，認為「近查各縣報告，能努力於農村宣傳者，實屬極少」，其原因在於「一方面固因經濟人力之不足，然無計劃，無準備，亦為農村宣傳鬆弛之原因」〔註 51〕。在對各縣市宣傳部的工作提出了批評並總結教訓後，面對新一輪減租運動，浙江宣傳部則更是大力開動宣傳機器，為二五減租造勢。9 月 17 日，浙江省黨務指導委員會宣傳部於召開第二十次部務會議，決定籌辦大規模的減租宣傳周，制定《農民減租告宣傳大綱》、《農民減租告農民書》、《農民減租告田主書》，並布置了大量宣傳電影、標語、圖書、小冊子等〔註 52〕，為普及減租知識而努力。

　　為最大限度地進行輿論動員，省宣傳部還決定發動一場減租宣傳周，並制定《浙江省各縣市農民減租宣傳周實施方案》，設計了多種宣傳方式，如口頭宣傳（下鄉做露天演講及在各學校進行減租演講等）、文字宣傳（發傳單、報刊等）、藝術宣傳（如進行化裝演講、圖畫宣傳等）〔註 53〕。同時省黨部還致函各縣市黨部，認為「際此農民水深火熱，創痛劇深，減租政策之待切施行，更不容緩，而實施之初，設無廣大宣傳，裨眾共喻斯旨，則驟而施行，既滋疑惑，且土劣乘機攫漁，共黨抵隙煽亂，轉使善政之原意湮沒」，因而要求各縣市黨部同時舉行減租宣傳周，並限文到兩周內切實舉行，並將辦理情形呈報省黨部〔註 54〕。這樣，此次減租運動輿論動員就自上而下的發動了起來。

　　在農村，由於民眾知識水平普遍偏低，為了最大限度地擴大普及面，省宣傳部以 1928 年減租條例公佈後「一般民眾未盡明瞭此次減租之意義」為由，

〔註 50〕《過去各省市宣傳工作述要》，《中央日報》，1929 年 6 月 5 日，第二張第三面。

〔註 51〕《浙省宣傳部頒發各縣宣傳工作總批評》，《中央日報》，1929 年 7 月 15 日，第二張第三面。

〔註 52〕《浙宣傳部籌備大規模的減租宣傳周》，《中央日報》，1928 年 9 月 18 日，第二張第三版。

〔註 53〕《浙江省各縣市農民減租宣傳周實施方案》，《浙江黨務》，1928 年 9 月 29 日，第 18 期。

〔註 54〕《中國國民黨浙江省黨務指導委員會令》，《浙江黨務》，1928 年 9 月 29 日，第 18 期。

還公開徵求宣傳標語、口號及文章，主要爲宣傳減租的意義、農民受租佃盤剝的痛苦及關於減租的歌謠等，並表示一旦刊用則付給稿酬一元至三元〔註55〕。通過向社會公開徵求民眾喜聞樂見的標語，進而擴大減租知識的受眾面。

學校是進行新式教育的場所，而學生中不少人更是來自農村家庭，若以他們爲媒介，將減租知識傳遞回農村，將更大範圍地提高減租運動的普及面。因此，浙江省黨部也十分重視對在校學生的宣傳。在宣傳周開始的第二日，省宣傳部就召集杭州市中等以上學校學生代表在省黨部大禮堂談話，宣傳部秘書徐文臺在致開會詞時指出「去年本省曾有一次佃農繳租章程的公佈，但是土豪劣紳的搗亂，刁頑地痞的破壞，共產黨的煽惑，結果頗不能令人滿意。」其原因就在於「因爲大多數民眾不能明瞭減租的意義，土豪劣紳刁頑地主，共產黨徒才有機會可乘。」因此「我們覺得今年應有擴大的宣傳運動，才能得到較能滿意的結果。省宣傳部一面通令各縣市黨部於文到一周內舉行佃農減租宣傳周，早各地農村有廣大的宣傳運動，同時在杭州舉行宣傳周。」他大力呼籲學生也加入到宣傳行動中來〔註56〕。

在發動學生的時候，省黨部也向國民黨員解釋實行與宣傳二五減租的重要性。宣傳部發表了《爲佃農減租告本黨同志書》，呼籲浙江全體黨員都應該加入到宣傳二五減租的行動中來，稱「二五減租，在現在浙江的佃業狀況之下，是多麼重要的一件事。」〔註57〕就在減租宣傳周的第三天，浙江省黨部就在杭州市召集該市全體黨員談話，宣傳部長許紹棣在致開會詞中表示「如果農民的生活不得安定，國家的基礎就不能穩固。中國革命的基礎在農民，大多數的農民問題不解決，一切問題也都不能解決，革命也是空的，要農民問題解決了，革命才有意義！」〔註58〕

由此可見，省黨部將大眾動員與個別特殊動員結合起來，造成了一定的聲勢，既擴大了減租運動的受眾範圍，又增加了黨部在民眾中的影響與威信，而政府方面，對此儘管並不歡迎，但也暫時不便公然出面反對。

〔註55〕《徵求減租宣傳文字》，《浙江黨務》，1928 年 9 月 22 日，第 17 期。

〔註56〕《浙佃農減租宣傳周第二日》，《中央日報》，1928 年 9 月 29 日，第二張第三版。

〔註57〕《浙指委會宣傳部爲佃農減租告本黨同志書》，《中央日報》，1928 年 9 月 29 日，第二張第三版。

〔註58〕《佃農減租宣傳周之第三日》，《中央日報》，1928 年 9 月 30 日，第二張第三版。

2、宣傳內容解讀

在宣傳內容上，浙江省黨部充分表達了實行二五減租的必要性與緊迫性，進而爲自己的行動尋求法理依據，推動著省政府方面實現二五減租。縱觀省黨部的一些宣言、文告及會議決議，其內容大致具有以下幾類特徵：

（一）革命話語霸權。1920 年代的大革命狂潮之下，「革命」一詞可謂是當時出現的高頻詞條乃成爲至終極道德典範，而「反革命」則成爲一柄足以致人死命的利器，爲許多政治派別所競用。但在當時的時代背景中，「革命」與「反革命」的邊界從來就不存在一條涇渭分明的分水嶺，各派對「革命」一詞的解釋都包含著濃烈的任意性和專斷性成分〔註 59〕。浙江省黨部在公佈《佃農減租宣傳大綱》中稱，「本黨同志對農民運動應具的一個根本觀念，便知道目前黨政聯席會議議決的『二五』減租辦法，在本黨革命的主張上，實在是一個卑之無甚高論，而必須徹底實行的。否則，『革命』『革命』始終不過是一個『口號』而已！」同時也對那些反對減租的勢力提出警告：

> 這次二五減租，是經本黨黨政聯席會議決定公佈的，無論如何，是要實行的，如有刁頑田主，自甘以身試法，冀圖破壞，或襲去年故智，非法組織產權聯合會，壓迫佃農，反對黨部，違抗政府，必受最嚴厲的制裁。到那時候身敗名裂，落得一個反革命的罪名，眞正太不值得！〔註60〕

在這裡，省黨部通過對「革命」與「反革命」聖魔兩立的話語闡釋，將推行與阻礙減租運動提升到一個正義與邪惡兩相對峙的高度。

（二）總理遺教神聖。省黨部始終將孫中山「耕者有其田」主張及其對於減租的批示奉爲圭臬，爲自己的行爲尋求到了「正統」地位。如在其公佈的《佃農減租宣傳大綱》中不斷引用孫中山的言論，如「總理又告訴我們，『我們要解決農民痛苦，歸結是耕者有其田。這個意思，就是要農民得到自己勞動的結果，要這種勞動的結果不被別人奪去了。現在農民的勞動結果，在農民自己只能分四成，地主得六成。政府所抽的捐都是有農民出的，不是由地

〔註59〕 相關論述詳見：王奇生：《革命與反革命：一九二〇年代中國三大政黨的黨際互動》，《歷史研究》，2004 年 5 期；黃金麟：《革命與反革命：清黨再思考》，《新史學》（臺北），第 11 卷 1 期，2000 年；張世瑛：《罪與罰：北伐時期湖南地區懲治土豪劣紳中的暴力儀式》，《國史館集刊》（臺北），2006 年第 9 期。

〔註60〕 《浙指委佃農減租宣傳大綱》，《中央日報》，1928 年 9 月 28 日，第二張第三版；《佃農減租宣傳大綱》，《浙江黨務》，1928 年 10 月 20 日，第 20 期。

主出的。像這種情形，是很不公平的。』又說『如果耕者沒有田地，每年還是要納田租，那還是不徹底的革命』。」省黨部進而將其解讀為「可見本黨最後主張，是不僅僅減少農民一點痛苦為足，是要耕者有其田的。」〔註61〕其訓練部也依樣畫葫蘆，反覆引用孫中山的「我們解決農民痛苦，歸結是耕者有其田」等相關言論〔註62〕，為自己的行為尋找合法依據。

　　（三）凸顯生存危機。在通過對革命話語及總理遺教不可違宣傳的同時，省黨部還從另外一個側面來強調推行二五減租的必要性。由於中共此時已經舉起武裝鬥爭的旗幟，一時各地暴動不斷，而其在農村徹底推行的土地革命在動員農民參加鬥爭方面效果極為明顯。在中共的宣傳下，一些農村出現了前所未有的階級對立情緒。這種情況也引起了國民黨人的畏懼，於是浙江省黨部著力宣稱，推行二五減租對於消弭共產黨在農村的發起暴動危險具有非常重要的意義，同時那些危害國民黨的那些抵制減租的腐化官僚，也不應該成為阻礙減租的絆腳石，國民黨應該對其「本總理大無畏的精神，不屈不撓，堅持到底切實執行二五減租」〔註63〕，這明顯是一種通過強調己方生存危機來進行反向動員的方式，事實上它在有時會比正面動員產生更為有效的結果〔註64〕。

　　事實上，浙江省黨部在這場對二五減租的宣傳運動中，採取的這些宣傳方式也有力地推動了省政府加快了減租法規的頒佈，如各縣佃業理事局也很快建立起來，其經費也得到了確定〔註65〕。但是，二五減租的大範圍宣傳以及在實行過程中出現的一些弊端，直接觸及到了地方士紳及土地業主的利益以致引起了他們的恐慌與反對。

〔註61〕　《浙指委佃農減租宣傳大綱》，《中央日報》，1928 年 9 月 28 日，第二張第三版；《佃農減租宣傳大綱》，《浙江黨務》，1928 年 10 月 20 日，第 20 期。

〔註62〕　《黨員對於佃農減租運動應有的認識與努力》，《浙江黨務》，1928 年 10 月 20 日，第 20 期。

〔註63〕　《浙佃農減租宣傳周第二日》，《中央日報》，1928 年 9 月 29 日，第二張第三版。

〔註64〕　美國社會學家米拉·馬克思·費里（Myra Marx Ferree）就針對奧爾森的「選擇性激勵」觀點，認為一個社會動員不僅僅是提供選擇性激勵，而通過突出強調集體性災難的威脅來引發反動員有時也更為有效。見氏著《理性概念的政治脈絡：理性選擇理論和資源動員》，（美）艾爾東·莫里斯等：《社會運動理論的前沿領域》，北京大學出版社，2002 年，第 45 頁；（美）曼瑟爾·奧爾森著，陳郁等譯：《集體行動的邏輯》，上海三聯書店等，1995 年，第 71 頁。

〔註65〕　《縣佃業理事局經費等級表》，《浙江黨務》，1928 年 10 月 20 日，第 20 期。

3、減租宣傳中的異音

要徹底施行二五減租，一個重要條件就是必須完善制度並在用人上進行嚴格把關。否則，很容易激起糾紛，擾亂鄉村秩序。如大革命時期的湖北本來已在共產黨人和國民黨左派的推動下已經開展了二五減租，但由於未對主持減租的農協進行有效管理，致使過火現象頻頻，鄉村矛盾突出。因而湖北在寧漢合流後，以「自二五減租條例頒佈後，共產黨徒之作農村運動者，又從而構煽之，於是佃農地主間，糾葛叢生，均失其收交之標準。乃至共黨潛伏各屬搗亂後，佃農多為所挾持，地主不敢收租，佃農亦不敢交課，率皆觀望風色，釀成擱淺之局。而賦稅收入，乃大受其影響」為由，取消了二五減租〔註66〕。在制度建設沒有跟進的情況下，倉促進行減租，勢必遇到很多挫折。

浙江實行二五減租後，由於制度建設上存在漏洞，任用非人及各地租佃制度較為複雜等等，地主士紳怨聲載道。江浙地區的農業為小規模分散經營，各地租佃制度十分複雜，其種類可謂五花八門。如在江蘇啟東就有一種特殊的租佃制度，其土地所有權不全在地主，而有一部分屬於農民，且佃戶可以轉讓自己的這部分所有權，因而佃戶自耕時，「向地主繳納之地租，較普通為少」。概而言之，江蘇地租制度多樣，達五種之多，有「地主僅供給土地」、「地主兼供給農舍」、「地主除土地房屋外，供給農具牲畜肥料種子等之一部或全部」、「地主自行犁地下種後交於佃戶，使任耕鋤收穫之責」，按這五種辦法，佃戶所得依次減少〔註67〕。同時地租率也更是繁複多變，如有按水田旱地、土壤之肥瘠，分為上中下三等，其地租率也同時變化〔註68〕。浙江省黨部在會同省政府制定減租法規時，較為簡單，在地方上執行起來甚是困難。如有人就總結此時二五減租運動受阻的原因之一就是行政技術上，因土地整理未竣，浙江租佃制度較為複雜各種情況並存，致使減租操作起來甚是不便〔註69〕。

由於二五減租觸及了浙江士紳的利益，他們紛紛採取措施進行抵抗，如致電國民政府，陳述其在具體執行時出現的諸多弊端，要求取消該減租辦法。

〔註66〕《鄂省廢止二五減租條例》，《申報》，1928年2月20日，第二張。
〔註67〕趙如珩編：《江蘇省鑒》，下冊，「社會」，1935年，第38頁。
〔註68〕趙如珩編：《江蘇省鑒》，下冊，「社會」，1935年，第40～41頁。
〔註69〕朱彙森主編：《土地改革史料（1928～1960）》，國史館印行，1988年，第5～6頁。

如浙江士紳董松溪等人就呈請國民政府，稱浙江「黨政雙方，高坐廟堂，罔知民間情狀，絕不採納，決將減租條例公布施行。凡共黨充滿之縣（此次浙省各縣黨部指委多係共黨），遂乘機鼓動農協，而農協實已暗中久受共黨洗禮。於是揚旗結隊，千萬成群，無論城鄉，風起雲湧。今夜開會，明日又開會；東區開會，西村亦開會。藉減租之名，行免繳之實。自黨部至處理佃業各機關，以逮於各農協會，均為惡化、腐化、無產暴民所佔據。」〔註70〕其通過指責浙江省黨務指導委員會向各縣派出的縣黨務指導委員「多係共黨」，給省黨部方面戴一個「紅帽子」，意圖將其打倒。事實上，省黨務指導委員基本為CC成員，其向各縣派出的指導委員，不可能「多係共黨」。由此可見，「共黨嫌疑」仍然為士紳反擊從事鄉村改革的國民黨員的慣用手法。

由於二五減租必須在正確估定當地的最高產額基礎上進行，否則業主肆意提高最高產額，使減租後的田租仍然可能不下於之前所繳之租，進而使減租成為一句空話。但是要正確估定最高產額並不容易，特別是主持該工作的佃業理事局一旦任用非人，則極易引發業佃矛盾。1928年11月26日，永嘉城區業主黃協卿等致電國民政府，稱浙江頒佈的佃農繳租章程「係以正產全收量核計，繳租佃農藉產量極難估定，遂相匿報，恣意勒減。佃業理事局處每袒於佃方，致業主所得不及佃農什之二、三，不平太甚，重怨沸騰。」〔註71〕一個月後，黃與其他九人連署再次呈請國民政府，指陳佃業理事局在估定產量方面的不合理，如在該縣上河鄉，全年收穫每畝一般達六、七百觔，但該縣佃業理事局竟定為四百七十觔。但當業主前往收租後，「詎各佃農等輒群起抵抗，謂省府命令尚不服從，況理事局之文誥，何能做準？伊等已有估好，每畝估給數十觔，願則受之，不願任汝去告等語。」而在「下河鄉之膺符區，則又別創辦法，由該區辦事處邀集業佃各六人，開會密議。民等城區業主要求列席，均被拒絕。」〔註72〕而在1929年2月6日，永嘉縣葉清等人也致電

〔註70〕《浙江省公民代表董松溪等呈為妄行減租，共黨乘機謀亂，乞俯下情，迅賜電令制止》，朱彙森主編：《土地改革史料（1928～1960）》，國史館印行，1988年，第51～52頁。
〔註71〕《永嘉城區業主黃協卿等電稱，浙江省頒行佃農繳租章程不平太甚，懇令速將廢止另訂，以抒民困》，朱彙森主編：《土地改革史料（1928～1960）》，國史館印行，1988年，第58頁。
〔註72〕《永嘉城區業主黃協卿等等，為浙江省頒行十七年佃農繳租章程確多弊害，懇迅令該訂》，朱彙森主編：《土地改革史料（1928～1960）》，國史館印行，1988年，第58頁。

國民政府稱「本區佃農，受反動分子之挑撥，始則以繳租原則二五減租之外，再減二五，到處自由宣傳，釀成各處佃農抗不繳租；繼又改變方針，藉農民協會為護符，捏報歉收，以作自由減租之張本。」〔註73〕一時之間函電交加，這些電文被國民政府批轉給浙江省政府後，對其產生了很大的輿論壓力。不僅如此，一些黨部人員因此還遭到劣紳的攻擊，如武義縣黨務指導委員兼佃業理事局理事胡福，因減租推行努力，遂引起「兇惡業主與土豪劣紳等之懷恨」，乃賄使暴徒伏擊胡於黨部門口，使其負重傷。也有被侮辱，毆打並投入糞池，縣黨部被搗毀等等〔註74〕。這些亂象都使得省政府方面的態度出現變更。

其實早在 1928 年初，浙江省政府就針對減租運動中農協扮演的負面角色深表不滿，1928 年 1 月 9 日，通令各縣縣長云：

> 案查本政府前與省黨部聯席會議，議決浙江省本年佃農繳租實施條例，公布施行，原為解除農佃痛苦，消泯佃業爭端，用意至為深切，乃自是項條例頒佈以來，佃業雙方糾紛益甚，推原其故，皆由於各農民協會，誤解條例，不善指導，或竟受不良分子之挾制，從中阻撓把持，以致枝節橫生，主張歧義，業主欲收租而無從收取，佃戶欲繳租而不敢照繳，甚有不明事理之業戶，籍口本年減租運動，竟將應完正附各稅滯納不交，而農民協會猶以官廳催收為多事，昌言反對，遂致向在冬季旺收之大宗田賦收入，亦因完數寥寥，影響全省財政，若不亟加糾正，匪特於解除佃業痛苦糾紛本旨不相符合，即本省黨務軍政各費，勢將無從所出，支持為難，查佃業糾紛暫行仲裁條例，及處理糾紛決議案，續經本政府與省黨部聯席會議議決公佈在案，茲本政府為維持地方級革命進行計，經於委員會第六十二次會議議決，本年各縣繳租事件，應通飭查照本年佃業糾紛暫行仲裁條例及處理糾紛決議案，嚴屬執行，業主及佃農，如有違背佃農繳租章程實施條例，由縣拿辦，農民協會如有把持阻撓等情事，由縣將會封閉，一面督同當地營警，嚴拿各主持人，以反動治罪，

〔註73〕《浙江永嘉縣葉清等呈，為佃農非法宣傳，業方大受痛苦，祈迅令浙江省政府，飭縣著令佃農。依照原議全收穫量標準補足租穀》，朱彙森主編：《土地改革史料（1928～1960）》，國史館印行，1988 年，第 65 頁。

〔註74〕鄭康模：《浙江二五減租之研究》，蕭錚主編：《民國二十年中國大陸土地問題資料》，成文出版社有限公司印行，1977 年，第 33971～33972 頁。

並另函省黨部令各縣轉飭各農民協會遵照等因，除分別函令外，為
此令仰該縣長即便切實遵辦勿違，此令。又浙江省黨部臨時執行委
員會通令各縣黨部云：為令遵事，查本省本年佃農繳租實施條例第
一條第四款，有正產全收的估定，自須按照各鄉村實際情形，分別
為制，不能以此而概彼也。聞近來各縣黨部，對於估定全收，多復
不甚措意，以致糾紛迭見，閭閻騷然，甚無當也，令到之日，仰即
會同各區佃農，妥為估定數量，分別呈部，以憑考覈，勿違切切，
此令。〔註75〕

從此電文中可以看出，省政府方面對於農協在二五減租運動中起的負面
作用深為不滿，而各農民協會歸各級黨部的管轄，省黨部方面也致電各地不
得走向極端，拒不向業主繳納租金，但省政府方面實際上是仍然在不指名地
批評地方黨部。儘管在地方黨部的積極推動下，浙江省政府一時之間不好直
接反對二五減租，但是減租運動倘若引發鄉村社會秩序亂，就超出了省政府
的容忍範圍。鑒於士紳方面函電交加，輿論氛圍已就，省政府決定重新考慮
其對減租運動的態度了。

第三節　命運多舛：二五減租中的黨政衝突及其收場

由於在浙江二五減租的大規模實行尚為首次，其面臨的社會大環境還是
制度建設方面都存在一些問題，同時減租中所任非人，一些地痞訟棍摻雜其
中，也直接侵犯了土地業主的利益，二五減租在1928年實行後所暴露出來的
弊端大致可分為業佃雙方利益衝突加劇、中間人（地痞流氓）之剝削及煽動、
辦理減租人員之失宜、減租法規訂立之欠完密等等〔註76〕。一時之間，社會
上要求取消減租的呼聲此起彼伏。省政府方面，張靜江等人本來一直就對減
租持保留態度，而此時士紳的反對聲浪正好給其提供了一個取消二五減租的
藉口。

1、二五減租遭取消

省政府方面之所以不便一開始就表態反對實行二五減租，一個重要原因

〔註75〕《浙省解決佃農糾紛》，《大公報》，1928年1月18日，第六版。
〔註76〕洪瑞堅：《浙江之二五減租》，正中書局，1935年，第45頁。

就是減租乃孫中山手訂的重要政綱之一，因而擁有穩固的合法性，省黨部方面也以此爲依據，使得省政府無法當即進行抵制。三民主義中的民生主義的內容之一爲「平均地權」，1912 年中華民國南京臨時政府成立後，孫即提出「平均地權，試行本黨底民生政策」〔註77〕，1924 年中國國民黨改組後，在共產黨人的幫助與推動下，國民黨成立了農民部，後又成立了中央農民運動委員會，並出版多種刊物。同時，農民的減租要求便得更爲強烈，並發生了與地主的衝突事件。但孫中山對此站在農民一邊，據鮑羅廷回憶，孫在 1924 年北上前夕，曾親自簽署了一份二五減租的命令〔註78〕。面對日益擴大的局勢，1926 年 10 月，在國民黨中央及各省市代表聯席會議上，正式通過了《關於本黨最近政綱決議案》，明確提出「減輕佃農田租百分之二十五」，〔註79〕進而從法理上將實行二五減租確定了下來。在 1927 年 3 月，武漢召開的國民黨二屆三中全會上發佈的《對農民宣言》，再次重申了該政策，並補充規定了佃農使用土地權、改良田稅法等政策〔註80〕。

「四一二」政變後，國民政府仍然承認 1926 年聯席會議上作出的決議，並要求各省執行。在浙江，1927 年 11 月，沈定一領導下的國民黨浙江省臨時黨部會同省政府制定《浙江省本年佃農繳租實施條例》和《浙江省本年佃農糾紛仲裁委員會暫行仲裁條例》，但因各種原因並未得到實行。1928 年 7 月，新成立的浙江省黨務指導委員會與省政府召開聯席會議，在以上兩條例的基礎上，頒佈《十七年佃農繳租章程》和《佃業理事局暫行章程》，同時頒佈《十七年佃農繳租章程說明書》，各縣之佃業理事局主持減租事宜，其理事「多由各縣委員兼任之，故事實上均由各縣黨部主持推行二五減租」〔註81〕。可見，浙江的二五減租實際上是沿襲武漢時期的減租政策，具有很強的合法性和號召力。

〔註77〕 孫中山：《在中國國民黨本部特設駐粵辦事處的演說》，《孫中山全集》，第 5 卷，中華書局，1985 年，第 477 頁。

〔註78〕 鮑羅廷在 1926 年講演時，曾提及自己親見孫中山簽署減少農民現租的命令。見鮑羅廷：《土地問題》，《鮑羅廷在中國的有關資料》，中國社會科學出版社，1983 年，第 103 頁。

〔註79〕 《本黨最近政綱決議案》，《中國國民黨歷次全國代表大會及中央全會史料》，上冊，第 286 頁。

〔註80〕 《對全國農民宣言》，《中國國民黨歷次全國代表大會及中央全會史料》，上冊，第 310 頁。

〔註81〕 朱彙森主編：《土地改革史料（1928～1960）》，國史館印行，1988 年，第 3 頁。

　　省黨部方面對於 1928 年的二五減租宣傳不遺餘力，這實際上也是一種增強在地方政權中影響力的重要方式，通過減租運動來獲得來自農村民眾的支持，進而爲實現權力重構創造條件。因此，大力推動二五減租，無論是對於浙江省黨部還是佃農而言，都能實現「雙贏」。爲了進一步推動並敦促省政府方面加快減租運動的進程，1929 年 2 月 23 日，國民黨浙江省黨部召開全省代表大會做出了「從速舉辦本省土地登記及土地清丈」的決議〔註82〕，大會並督促省黨部會同省政府迅速制定十八年度佃農繳租章程。4 月，爲了貫徹省代會的會議精神，新成立的省執監委員會召開第一次常會就決定「援往年成例，會同省政府成立本年度繳租章程」〔註83〕，並致函省政府進行具體協商。

　　正當浙江省黨部方面意氣風發，全力推進二五減租之時，卻遭到來自省政府方面的當頭一棒。由於省政府方面急需款項，準備預徵田賦，而地方士紳乃乘機以取消二五減租相要挾〔註84〕。1929 年 4 月，省政府召開第 217 次委員會會議，會上通過了省主席張靜江的提議，不但將二五減租取消，而且還打破以前不預徵田賦的規定，決定「預徵田賦，除建設捐外，省縣賦稅並一律借徵」〔註85〕。其取消二五減租的理由大致爲以下三點：「試辦以來並無成效；抗阻撤佃糾紛迭起；地痞共黨乘機騷擾；田價暴落影響經濟」〔註86〕等等。1929 年 4 月 24 日，張靜江還呈請國民政府，稱「辦法試行以後，迄今

〔註82〕　《浙省代表會決議建議全代制定今後民運方案》，上海《民國日報》，1929 年 2 月 24 日，第四張第一面。

〔註83〕　鄭康模：《浙江二五減租之研究》，蕭錚主編：《民國二十年中國大陸土地問題資料》，成文出版社有限公司印行，1977 年，第 33980 頁。

〔註84〕　關於浙江省政府預徵田賦的原因及用途，一說爲當時浙江省政府準備修築浙贛路的杭江段（杭州至江山），但因經費無著，於是打算向地主籌款預徵一年田賦。見胡健中：《一個中國土地各該先驅者的自白——胡健中先生談浙江五減租及其被捕下獄的故事》，《傳記文學》，1978 年，第 33 卷第 5 期；另外一說爲張靜江是爲了籌辦西湖博覽會，以致需款浩繁。見魏紹徵：《從二五減租到三七五減租——一段土地改革演變的歷史》，《傳記文學》，1978 年，第 33 卷第 5 期。但根據報載，浙江省政府委員會第 225 次會議上通過了建設廳長的提案，決定將預徵之田賦「專充鐵路、電力、水利等建設之用」，其中包括投資杭江鐵路。可知前說更爲準確。詳見《浙省借徵田賦支配用途》，《銀行周報》，第 13 卷第 19 期，1929 年 5 月 21 日。

〔註85〕　鄭康模：《浙江二五減租之研究》，蕭錚主編：《民國二十年中國大陸土地問題資料》，成文出版社有限公司印行，1977 年，第 33981 頁。

〔註86〕　《浙省府取消二五減租原案》，上海《民國日報》，1929 年 4 月 22 日，第二張第一面；《浙省政府決定取消二五減租》，《銀行周報》，1929 年第 16 期。

已歷兩年，其間糾紛迭起，不獨佃業兩方均受其害，即社會、經濟、政府稅收亦復動受影響，洵屬有弊無利。」決定在國民黨中央尚未頒佈修訂的佃農保護法頒佈前，暫停二五減租，「此時田租多寡，暫由佃業兩方，於佃農保護法第二條所規定佃農繳租項，不得超過所租地收穫量百分之四十之原則範圍以內，自行協定」〔註 87〕。此消息一出，輿論莫不一片譁然，作為大力開動宣傳機器，公開表示誓將二五減租進行到底的省黨部一時措手不及，因為省政府此舉無疑將省黨部置於非常尷尬的境地。而為了維護自己的權威，省黨部方面迅速展開了與政府方面的交涉。

2、減租停辦後的黨政交鋒

正如前面所述，由於在此時浙江省黨部已經開動了宣傳機器，大力宣傳二五減租的意義，在社會上也產生了較大的影響，黨部的威信也在樹立。但是浙江省政府單方面決定取消二五減租，則不但是對佃農不利，而且對省黨部而言，其在社會上的形象也遭到沉重打擊，對此省黨部方面也承認「我們退一萬步講，承認取消二五減租是可以的。現在省政府不經過聯席會議的討論，突然單獨決議取消，其手續上合法與否的問題尚小；而事前不計劃一良好的宣傳方法，以圖挽補救。與全省人民一反印象，則其所影響者實大」。〔註 88〕因此，省黨部必須據理力爭，它所要挽回的除了減租的繼續外，還有自己的顏面。故而表示要「將不惜一切的犧牲以爭回二五減租之實現」〔註 89〕。

省黨部方面得知省政府單方面取消二五減租的消息後，當即決定對其展開嚴正交涉。浙江省黨部乃致函省政府，先是歷數二五減租的法理依據，認為「總理遺教，實欲於最短期內促進耕者有其田，而二五減租政策，實為實現平均地權之捷徑」，指出「十六年清黨而後，黨政聯席會議公佈浙江最近政綱，即以實行二五減租揭示於省民，每年由黨政聯席會議決定當年減租章程而公佈之」，「去歲國民政府佃農保護法之公佈，則更使本省減租在法理上之依據，於政綱及本省最近政綱而外，更增一層保障」，而省政府

〔註87〕《浙江省政府主席張人傑等呈，為二五減租辦法試行以來，糾紛迭起，佃業雙方均受其害，經省議決取消》，朱彙森主編：《土地改革史料（1928～1960）》，國史館印行，1988 年，第 69 頁。

〔註88〕湘女：《浙政府取消二五減租》，《浙江黨務》，1928 年 5 月 5 日，第 36 期。

〔註89〕鄭康模：《浙江二五減租之研究》，蕭錚主編：《民國二十年中國大陸土地問題資料》，成文出版社有限公司印行，1977 年，第 33981 頁。

單方面取消，「在法理上職權上均為不可解釋」，並且「浙江省政府之取消二五減租政策，實為非僅僅違反黨義政綱，僭越職權，且昧於社會環境情形，使新浙江發生絕大之危險，本黨已得之政權發生劇烈之動搖。」〔註90〕因而要求省政府進行復議，即收回成命。但省政府方面辯稱為二五減租實施辦法，國民黨中央尚未規定頒行，各省也未一致舉辦，因而屬於試辦性質，現發現流弊甚多，「並無成效可舉」，為免除弊害，暫將其停止試辦，而要等國民黨中央「詳定關於減租實施妥善辦法」後，再行遵辦，「並無違反可言」，故對其取消該決議的要求「未便照辦」〔註91〕。同時民政廳長朱家驊也在省政府紀念周上稱：

> 本省自前年試辦二五減租以來，不但政府稅收逐年減少，就是佃農本身也沒有得到多大的利益，並且因減租問題二發生的佃農與與地主的爭執，尤使各縣地痞流氓土匪共黨乘機騷擾，致佃農與業主不能合作，共謀農業生產之發展，其實減租乃消極的政策，農民的福利決不在消極的減少負擔，乃在積極的增加生產〔註92〕。

概言之，黨部與政府雙方的觀點大致如下：

省黨部方面的理由是：一、實行二五減租，與共產黨問題無關，為踐行孫中山遺教的內容；二、減租政策乃解決社會問題之關鍵；三、減租政策為普通平和之社會政策，都有前例可循。而省政府方面也提出了八項理由：一、佃業理事局辦理糾紛案件，侵越法權；二、佃業糾紛迭起；三、繳租數量應由佃業雙方自訂；四、負責減租的鄉區辦事處人才缺乏；五、政府稅收短少；六、共產黨乘機騷擾；七、減租僅係口號；八、減租在浙江僅為試辦〔註93〕。平心而論，浙江省政府在提出取消減租的理由方面確有牽強之處，如認為佃業理事局處理佃業糾紛案件，僭越法權，而規定取消減租後的佃業糾紛由地方法院辦理一條，正如省黨部所指出的，「農民國民程度幼稚異常，普通法院，呈訴手續之繁重，訟費之巨疊，以及胥吏豪紳之詐索，實使農民望衡裹足，

〔註90〕　《浙江省執行委員會函浙江省政府請將省政府第二一七次委員會關於取消二五減租決議案提出復議理由書》，《浙江黨務》，1928 年 5 月 5 日，第 36 期。
〔註91〕　《浙省二五減租案不再復議》，上海《民國日報》，1929 年 4 月 26 日，第二張第二面。
〔註92〕　鄭康模：《浙江二五減租之研究》，蕭錚主編：《民國二十年中國大陸土地問題資料》，成文出版社有限公司印行，1977 年，第 33982～33983 頁。
〔註93〕　洪瑞堅：《浙江之二五減租》，正中書局，1935 年，第 51 頁。

萬不能敵地主之神通」〔註94〕。儘管二五減租制度設計上的確存在缺陷，但只要對其加以完善即可，根本不必輕率地予以取消。單就省政府方面稱減租導致其賦稅銳減之說，就與實情不符，因爲據研究，1928年實行減租後的浙江省政府賦稅收入非但沒有減少，反而有增加的趨向〔註95〕。

浙江省黨部在接到省政府拒絕對其取消二五減租的復議回函後，再次致函省政府，指出其前後文中存在的矛盾之處，表示對其「違背黨義政綱僭越職權之取消二五減租決議，實未便予以承認」〔註96〕。浙江省黨部在與省政府方面交涉無果後，開始尋求國民黨中央的支持，在呈遞給後者的報告中也指出，浙江1928年間的減租章程乃黨政雙方共同制訂，後經國民黨中央核准備案後施行的，「今竟由省政府單方決議取消之，在法理上、職權上均爲不可解釋；且與國民政府頒佈之佃農保護法大相刺謬」，並造成土豪劣紳反撲，農民生活陷入艱難。另外省黨部方面還稱那些「日日求生不得，喘息於貪污豪紳下壓迫之農民，則對於此種故開倒車違反黨義之背乖革命主張，其慘痛憤懣爲何如？其對於本黨之感想爲何如？」〔註97〕這裡實際上指的就是農民對浙江省黨部威望的認同問題，因爲省政府方面如此取消二五減租，將置省黨部於進退失據之境，若不取消浙江省政府的決議，勢必給予省黨部的威信以沉重打擊，黨權的提高根本就無從談起。

爲了調查此次取消減租對省黨部方面產生的負面影響，1928年5月7日，浙江省黨部訓令各市縣黨部，要求其調查屬地在浙省政府取消二五減租後，該縣佃農有何舉動，對黨部與政府的態度如何，豪紳與業主有何舉措及對黨部政府的態度如何等，要求其在接令三日內詳報〔註98〕。一些農民也表示了自己的失望，稱「現在的國民黨，現在的政府，口裏儘管唱著解放農民爲農民謀利益的高調，其實都是靠不住的」，這與其說是在責備浙江省政府，不如說是指責先前誇下海口的省黨部。因此，爲了挽回自己正在流失的威望，省黨部發佈對農民書，以引導農民對取消二五減租的認識，稱農民協會不會因

〔註94〕《浙江省執行委員會函浙江省政府請將省政府第二一七次委員會關於取消二五減租決議案提出復議理由書》，《浙江黨務》，1929年5月5日，第36期。

〔註95〕王合群：《浙江「二五減租」研究》，華東師範大學博士論文，2003年，第68頁。

〔註96〕《浙江省執行委員會復生政府函》，《浙江黨務》，1929年5月5日，第36期。

〔註97〕《浙江省黨部呈報中央處理浙江省政府決議取消二五減租之經過文》，《浙江黨務》，1929年5月5日，第36期。

〔註98〕《中國國民黨浙江省執行委員會通令秘字第十六號》，《浙江黨務》，1929年5月11日，第37期。

爲二五減租的取消而取消，同時爲了轉移矛盾，而將責任推到此前二五減租存在的很多問題上，進而表示「省政府取消二五減租，也許有不得已的苦衷」〔註99〕。但是，此種障眼法根本無法挽回已流失的黨部威望，因爲在農民眼裏，誰能給予其實惠，便認可誰的權威。

在這次黨政交鋒中，黨政兩大系統各站一邊，紛紛表態支持上級的決定。如縣政府站在省政府一邊，如武義縣稱「保護業權，如有反對取消二五減租者，即反革命，無論何人拿辦嚴懲」，同時省政府委員等人也「大發表其言論，辯護取消二五減租主張之合法」，朱家驊在省政府紀念周上稱「二五減租暫行取消，本省自前年試辦二五減租以來，不但政府稅收逐年減少，就是佃農本身也沒有得到多大的利益，並且因減租問題二發生的佃農與與地主的爭執，尤使各縣地痞流氓土匪共黨乘機騷擾，致佃農與業主不能合作，共謀農業生產之發展，其實減租乃消極的政策，農民的福利決不在消極的減少負擔，乃在積極的增加生產」。〔註100〕

相比之下，各縣黨部區黨部區分部及農民協會等團體則站在省黨部一邊，紛紛通電反對省政府的行爲，其電文「報章記載，日必十餘起」，省黨部接到各縣各級黨部及人民團體之文電「合計不下二百餘件」〔註101〕。如省黨部下轄的杭州《民國日報》則更是大力撰文，反對省政府的決議。因該報社社長爲浙江省黨部候補監委胡健中（胡爲浙江省指委會宣傳部長許紹棣復旦大學時期的同學），胡擔任該報總編輯後，不久被選爲國民黨浙江省黨部候補監察委員。1929年4月，浙江省政府取消二五減租，胡健中在報上發表文章明確表示反對，此時恰巧嘉興發生了中國銀行被洗劫的事件，胡發表《嘉興中行被匪洗劫》一文，寫道：「我們自然的聯想到省政府最近取消二五減租的決議案了。我們敢說這種違背黨綱、昧於時勢的設施，實不啻爲將來的不幸事件散佈下多量的種子，嘉興的劫案很可以拿來做相對研究的資料。」〔註102〕此文一出，激起軒然大波。

1929年4月26日，張靜江等呈國民政府，稱以取消減租後，杭州《民國

〔註99〕愁：《農民對取消二五減租應有的認識》，《浙江黨務》，1929年5月5日，第36期。

〔註100〕鄭康模：《浙江二五減租之研究》，蕭錚主編：《民國二十年中國大陸土地問題資料》，成文出版社有限公司印行，1977年，第33982～33983頁。

〔註101〕鄭康模：《浙江二五減租之研究》，蕭錚主編：《民國二十年中國大陸土地問題資料》，成文出版社有限公司印行，1977年，第33981頁。

〔註102〕王遂今：《胡健中和〈東南日報〉》，《浙江文史資料選輯》，第28輯，第136頁。

日報》「無日不有反對之新聞與言論發表，所取態度並非善意的批評，概爲惡意的揣測攻擊，並故意造作新聞，及用種種煽惑之語調，冀以引起多數人之附和而發生不良影響，至措辭之侮及省政府者，亦觸目皆是。此種態度殊足妨礙省政府政策之推行，並損及省政府之威信，影響所至，尤關治安，當於本月 22日提出警告，飭即注意，茲已二日，該報並不遵照」〔註103〕爲由將該報停刊並派軍警逮捕了胡建中。此事件遂將浙江黨政因取消二五減租引發的衝突進一步升級。浙江省黨部乘機在此事上大做文章，它迅速呈遞《浙江省執行委員會呈中央彈劾浙江省政府書》，對浙江省政府擅自取消二五減租、預徵田賦及逮捕胡健中等事進行彈劾，歷數浙江省政府在這些事中所犯的錯誤，要求國民黨中央進行懲處，還表示若有不實之處，則願「束身司敗」〔註104〕。

在呈請國民黨中央對此進行處理之時，浙江省黨部還尋求其他省市黨部如南京特別市、江蘇省黨部的支持。如浙江省黨部致函南京市黨部請求其對此「一致聲罪致討，以清黨蠹」，南京特別市黨部也公開表示了對浙江省黨部的支持，其監察委員會在呈文中央監察委員會時稱：

> 關於二五減租及預徵田賦各節，業由中央監察委員會明令解決在案，唯按照黨務工作人員保障條例所規定，凡黨務工作人員，非現行犯，不得擅行逮捕，條例所載，彰彰明甚。況胡健中同志係省黨部監察委員兼黨報總編輯，既非現行犯，自無受任何制裁之理，乃該省政府竟敢不顧法理，橫加逮捕。雖經該省黨部一再交涉，不獨未允釋放，且將胡同志解京究辦，似此倒行逆施，目無法紀，倘不切實制止，則凡屬黨務工作人員，均將人人自危，而黨治法治亦將成爲空談矣。將來風聲所播，各省群起效尤，尚何黨務之足言。

希望中央監察委員會爲請轉令國府通令省政府遵照黨務工作人員保障條例切實保障不得逮捕〔註105〕。

同時，南京市黨部在對浙江方面的回函中稱「二五減租爲本黨解放農民

〔註103〕《浙江省政府主席張人傑等呈，爲杭州民國日報對於浙省取消二五減租，故意造言反對，提出警告，該報並不遵照》，朱彙森主編：《土地改革史料（1928～1960）》，國史館印行，1988 年，第 70 頁。

〔註104〕《浙江省執行委員會呈中央彈劾浙江省政府書》，《浙江黨務》，1929 年 5 月17 日，第 37 期。

〔註105〕《呈中央監察委員會爲請轉令國府通令省政府遵照黨務工作人員保障條例切實保障不得逮捕由（1929 年）》，《國民黨南京市黨部黨務稽核（決定書）》，第 86 頁。南京市檔案館館藏，檔案號：1038－297。

之政策，早具決心，志在必行，何得遂於取消，而預徵賦實爲病民苛政，往昔軍閥常藉此事搜括民眾，黨治之下，斷難容其重行現。」同時指出：

> 現貴部胡健中同志，爲黨宣勞，竟以反對省府主張，而遭非法逮捕，聞悉之下，同深憤慨。當此訓政時期，乃有此以政凌黨之舉動，黨務前途何堪設想！況黨務工作人員保障條例，早經中央明文規定，胡健中同志既非現行犯，浙江省政府竟敢藐視法令，橫加逮捕，則凡屬黨務人員均將人人自危，而於中央威信亦將破壞無餘矣。

〔註106〕

江蘇省黨部對此亦然，其於 1929 年 5 月 10 日召開執委會通過決議「呈請中央對浙省政府非法行動嚴予懲處」並慰問胡建中〔註107〕。11 日，李壽雍主持的第四次監委會議上也通過決議，認爲「浙江省黨部爲浙省政府僭越職權，違反職權，剝削民生，弁髦法令，擅捕省委，蹂躪黨權」〔註108〕。出於同氣連枝的緣故，江蘇省及南京市黨部乃不遺餘力地反對浙江省政府，非如此不能提高黨部的聲勢，而避免「各省群起效尤」即此類事件在自己身上重演。

　　按照社會學的觀點來看，一個個體自我形象的獲取，需要他人的正面評價而使自己感受到正面的自我肯定，無論自己做得如何都要通過另一方以給面子的形式來讓自己有面子，此即爲翟學偉教授所稱的「偏正結構」。在中國傳統官僚體制中，偏正結構的形成即權威（正位）與非權威（偏位）的建立，而權威又總是和正確劃等號的，若偏位讓正位認錯，那即是對其權威的挑戰，而這種挑戰的結果就是即使權威者知道自己錯了，也要把錯的作爲對的來執行〔註109〕。在這個因省政府取消二五減租引發的黨政糾紛中，省黨部意在通過減租運動爭取廣大佃農的支持，並提高黨部在地方政權中的威望，進而實現權力重構即黨權的提升，地方黨部的權力地位需要加強，本身就說明了黨

〔註106〕《函浙江省黨部爲本會對省政府非法逮捕該會監察委員事呈請中央轉令國府通令各省政府遵照黨務工作人員保障條例切實保護請查照由（1929 年）》，《國民黨南京市黨部黨務稽核（文牘）》，第 97～98 頁。南京市檔案館藏，檔案號：1038－297。

〔註107〕《蘇省黨部第十六次執行委員會》，《中央日報》，1929 年 5 月 12 日，第三張第一版。

〔註108〕《江蘇省黨部第四次監委會議》，《中央日報》，1929 年 5 月 20 日，第三張第一版。

〔註109〕翟學偉：《人情、面子與權力的再生產》，北京大學出版社，2005 年，第 142～161 頁。

部權威較之政府遜色，因而省黨部在這場糾紛中從一開始就處於弱勢地位，也就是說，省政府是處於相對權威地位的。按照偏正結構理論，省黨部要使省政府取消停止二五減租的決定，無疑是對其權威的挑戰，因而作為強勢方的省政府而言，若無超越兩者的另一權威力量即國民黨中央的介入，省政府斷不會改變先前的決定。因此，國民黨中央在此次糾紛中的態度至關重要。

3、中央權威的介入

作為國民黨中央而言，既不願意模仿中共，走發動底層農民起來暴力奪取地主土地的道路，但又不願任由不法地主豪紳拼命壓榨農民，所以二五減租的實行，不失為一條可取的道路。同時，減租政策乃孫中山手訂的民生主義之重要內容，使以繼承孫中山法統為自我期許的國民黨中央無法明確予以變更。因此，浙江在 1928 年大力推行二五減租後，也得到了國民黨中央的認可，但隨著時間的推移，由於各種主客觀原因，使得減租引發糾紛頻頻，國民政府也接到不少來自浙江士紳要求取消二五減租的電文，使其對二五減租的態度發生了轉變，但從根本上講，國民黨中央對減租的必要性是絕對予以認可，不容變更的，這從其對浙江省政府的指示中可以看出來。

針對浙江因取消二五減租引發的黨政糾紛，國民黨中央派遣戴季陶前往杭州處理，戴採取了「支持政府，保住成果」的兩面手法。浙江省政府將決議呈報給國民黨中央後，國民黨中央於 1929 年 5 月 3 日召開了第 7 次常會，戴在會上報告了處理的基本經過，並稱要全面推行減租，「必須先確立縣行政制度，完成鄉村自治之組織」，方不致被「土豪劣紳地棍流氓」所利用〔註110〕。國民黨中央最後同意了戴季陶的處理意見，認為此次二五減租在浙江推行遇到困難，其原因雖在於國民黨中央對此無全盤對策，但「中央對於此政策之推行，所以遲遲未能決定者，實在欲以全力先在注意於地方行政制度。地方自治制度之確立與推行，並非只因軍事尚未大定，地方秩序尚未完全回覆，共黨土匪尚未完全肅清而已也」，意在開脫自身之責任，而對省政府此決議表示「中央可以核准」。同時，因為浙江省政府方面的行為已引起了省黨部方面的強烈反對，後者以違背總理遺教為武器，使得國民黨中央也

〔註110〕《對浙江省政府暫停試辦二五減租辦法向中常會陳明意見案》（1929 年 5 月 3 日），見陳天錫主編：《戴季陶先生文存三續編》，國民黨中央黨史會出版，1971 年，第 111 頁。

不能小視。最後，也是爲了安撫省黨部方面，認爲此次浙江省政府議決取消試行二五減租的決議，「因措詞稍有不當，以致引起誤解」，認爲「本係爲目前實行上之困難，暫時停止其辦法，而並非取消二五減租之原則。」故而要求浙江省政府「修正文字，以除誤解」〔註111〕，這在其致省黨部電文中的說法基本一致〔註112〕，意在文字上做些修飾以給省黨部方面一個臺階下，以示公允。

出於對二五減租政策的堅持，國民黨中央爲了保住已有成果，決定「已經實行（二五減租）之地方，田主佃戶之租額已經實行減卻而無糾紛者，不得因此次省政府停止暫行辦法之故，再將租額復舊，以免再起佃業兩方之糾紛，而召來人民生活之不安。」同時要求「浙江省政府應趕速於此後兩年間，將鄉村自治機關組織完全，土地調查辦理清楚，並將二五減租之辦法規定詳密，以便施行。」〔註113〕以爲將來的浙江省繼續實行二五減租提供條件，而保住二五減租在浙江的部分成果，也體現了對浙江省黨部方面大力推動二五減租的一種肯定。

而國民黨中央這種曖昧的態度在後來浙江省政府逮捕胡健中案中則體現得淋漓盡致。就在省政府逮捕胡後，面對多方黨部函電交加的情況下，按照國民黨中央的規定，對黨務人員採取逮捕措施，必須經過該黨部的批准，更何況胡健中此時身爲浙江省黨部候補監委，因此浙江省政府此舉明顯違反了

〔註111〕《中央執行委員會函，爲二五減租案遲未能決定者，實欲先注意於地方行政制度、自治制度之確立與推行，現以浙江因暫停試行引起誤解，經決議三項辦法，即希查照》，朱彙森主編：《土地改革史料（1928～1960）》，國史館印行，1988年，第87～88頁；中國第二歷史檔案館編：《中國國民黨中央執行委員會常務委員會會議錄》，第8冊，廣西師範大學出版社，2000年，第83頁。

〔註112〕《中央已准浙省暫停二五減租》，上海《民國日報》，1928年5月6日，第二張第一面；《中央核准浙省暫停二五減租》，《銀行周報》，第13卷第18號，1929年5月14日。

〔註113〕《中央執行委員會函，爲二五減租案遲未能決定者，實欲先注意於地方行政制度、自治制度之確立與推行，現以浙江因暫停試行引起誤解，經決議三項辦法，即希查照》，朱彙森主編：《土地改革史料（1928～1960）》，國史館印行，1988年，第87～88頁；中國第二歷史檔案館編：《中國國民黨中央執行委員會常務委員會會議錄》，第8冊，廣西師範大學出版社，2000年，第83頁；《對浙江省政府暫停試辦二五減租辦法向中常會陳明意見案》（1929年5月3日），見陳天錫主編：《戴季陶先生文存三續編》，國民黨中央黨史會，1971年，第111～112頁。

國民黨中央的相關規定。但後者在接到浙江省黨部彈劾省政府的電文後，在中常會中居然做出了對雙方「分別告誡」〔註114〕的離奇判決。作爲浙江省政府而言，其非法逮捕本省高級黨務人員，理虧在先，而受到告誡，本無不合。但作爲受害方的浙江省黨部也被予以告誡，無異於遭到當頭一棒。據當事人胡健中回憶，被捕後，自己被送到南京國民黨中央黨部，並在中央黨部見到中央宣傳部部長葉楚傖，胡向其質問「推行黨的政策，宣揚黨的主義是否有罪」時，葉一時無語，只好打圓場：「你們沒有錯，不過少年氣盛，弄得張先生受不了」〔註115〕。由此可見，國民黨中央在此次糾紛中，明顯偏向省政府，而非站在省黨部一邊。

爲了調解浙江黨政之間存在的衝突，國民黨中央趁此後不久浙江省黨部召開第三次全省代表大會之機，派遣元老戴季陶蒞臨浙江，召集黨政雙方共同制定《浙江省佃農二五減租暫行辦法》，而該辦法雖然沒使「二五減租在名義上仍舊存在，然而暫行辦法內容空洞，且佃業理事局取消，另組佃業仲裁委員會，無絲毫實權。因此浙江之二五減租黯然失色，名存實亡矣」〔註116〕。之前處理業佃糾紛的佃業理事局的實際主持人基本爲各縣黨部委員，但新成立的佃業仲裁委員會則爲政府所控制，且在經費方面差別甚大，理事局經費基本獨立，而仲裁委員會在經費撥發方面「爲數甚微」，省仲裁委員會每月僅百餘元，而縣仲裁委員會則僅僅十餘元，均由省縣政府在剩餘經費中開支〔註117〕。浙江省黨部面對中央的調解，同時使二五減租名義上得到保留，其顏面因此也得到了一定的挽回，無奈之下只好對該辦法表示承認〔註118〕。

而浙江省政府的預徵田賦，已明顯違反了國民政府的相關規定，如國民

〔註114〕《討論事項（十四）》（1929 年 5 月 9 日），中國第二歷史檔案館編：《中國國民黨中央執行委員會常務委員會會議錄》，第 8 冊，廣西師範大學出版社，第135 頁。

〔註115〕胡健中：《一個中國土地各該先驅者的自白——胡健中先生談浙江二五減租及其被捕下獄的故事》，《傳記文學》，1978 年，第 33 卷第 5 期。

〔註116〕蕭錚：《清黨前後的浙江黨務與農民運動》，《傳記文學》，1978 年，第 33 卷 1 期。

〔註117〕鄭康模：《浙江二五減租之研究》，蕭錚主編：《民國二十年中國大陸土地問題資料》，成文出版社有限公司印行，1977 年，第 33992～33993 頁。

〔註118〕這從浙江省黨部後來針對該辦法制定了《浙江省佃農二五減租暫行辦法實施細則》和《浙江省佃業爭議處理暫行辦法》可以看出。見朱彙森主編：《土地改革史料（1928～1960）》，國史館印行，1988 年，第 96～110 頁。

黨二大時通過關於農民運動的決議中明確規定要「制止預徵錢糧」〔註119〕，同時在後來的中央各省區聯席會議上，也做了同樣的規定〔註120〕。1927年國民政府公佈了《佃農保護法》，再次明文規定「佃農繳納租項應在收穫時繳納」，而不得提前預徵〔註121〕。浙江省政府不顧國民黨中央的禁令，通過了相關決議，以「因辦理本省建設事業，需用鉅款」爲由，要求「各縣縣長督率本地方自治職員，廣爲宣傳，詳細說明，負責辦理，限於開徵三個月內，將本期應借之數，一併收齊，延即懲處」〔註122〕。浙省府此舉遭到了來自省黨部及一些浙江旅京人士的一致反對，因而國民政府不得不明確表示反對，財政部長宋子文對此特致電浙江省政府，稱「傾據報載，浙省預徵民國十九年錢糧，如果屬實，不特與部令牴觸，且與黨義民意顯有不合，仰即轉飭所屬，嚴行禁止爲要」〔註123〕。但常言道，上有政策，下有對策。浙江省政府面對來自中央的壓力，乃將其改爲「特種借款」，而對於借款辦法，「仍照原頒預徵田賦之方式辦理」〔註124〕，通過這種換湯不換藥的方式，規避了來自中央的干預，儘管有來自省黨部方面的抗議，省政府仍實現了預徵田賦的目標〔註125〕。

從國民黨中央在此次關於二五減租引發浙江黨政糾紛中的態度可知，其並未完全站在省黨部一邊，使黨權高於政權，而在貌似公允的處理中偏袒省政府一方。這在處理胡健中案中表現得尤爲突出。

〔註119〕　《農民運動決議案》，《中國國民黨歷次全國代表大會及中央全會史料》，第134頁。

〔註120〕　《本黨最近政綱決議案》，《中國國民黨歷次全國代表大會及中央全會史料》，第286頁。

〔註121〕　《佃農保護法》（1927年5月10日），《浙江黨務》，1928年10月20日，第20期。

〔註122〕　《浙省借徵田賦辦法》，《銀行周刊》，第13卷第15號，1929年4月23日。

〔註123〕　《財部制止浙省政府預徵田賦》，《銀行周刊》，第13卷第20號，1929年5月28日。

〔註124〕　《浙省黨部爲全省農民請命》，《南京黨務周刊》，1929年7月1日，第5期。

〔註125〕　此時浙江省黨政糾紛也使省政府方面頗感不順，如，1928年8月張靜江兩次登門拜訪以性格溫和著稱的陳布雷，希望他擔任浙江省教育廳長一職，其理由是認爲陳「性格溫和，且得人望」，此時的浙江省政府「正欲得一味甘草以調和黨政之間」，其言語懇切，陳「不忍拂其意」，遂於8月中旬前往杭州就職。見陳布雷：《陳布雷回憶錄》，東方出版社，第2009年，第123頁。

第四節　小結

打倒土豪劣紳與減輕民眾負擔有著密切的關係。以「代表民眾」爲自我期許的國民黨地方黨部而言，積極推動打倒土豪劣紳及二五減租有著貫徹黨治精神的重要意義，若順利實現以上目標，無論是在提高黨在民眾中的威信，還是實現在地方政局中的權力重構，都是不無裨益的，而面對黨權低落的現狀，此舉顯得更爲必要。但在貫徹黨部意志的過程中，常因來自同級政府的干預及中央權威對此的不予認可而成效不彰。

在打倒土豪劣紳方面，雖然黨部檢舉土豪劣紳不遺餘力，但作爲負地方行政責任的政府而言，他們所關心的主要是政局的穩定及其資源汲取的順暢，而這些都不得不仰仗這些士紳的支持，儘管他們中有的可能的確屬於爲禍鄉里的劣紳。有學者在考察了江蘇的黨政關係後就指出「1928 年至 1930 年間，國民黨江蘇省黨部內許多年輕的黨員對傳統觀念的反抗及採取的行動，與省內大部分地方政府的穩重和保守的態度形成鮮明對照。總的來說，縣政府與本地名宿的關係，要比縣黨部與他們的關係更密切。」〔註 126〕在江蘇如此，作爲「紳權素重」〔註 127〕的浙江而言，更應是如此。鄉紳在中國地方政權中扮演著重要角色的現象直到抗戰後期依然存在，如時至 1943 年，有學者周榮德在訪問雲南昆陽縣縣長時，該縣長還承認「因爲人民大多而且無組織，縣長及其爲數不多的助手不能自己接近人民」，所以士紳在其中扮演了溝通政府與民眾的重要角色，而且「事實上，縣長如果完全不同他們（指士紳——引者）合作，他就什麼事都做不成，而且還有丟官的危險。」〔註 128〕

儘管國民黨中央並未放棄打倒土豪劣紳的主張，但在實際操作中卻趨於調和。如 1930 年 3 月 31 日，蔣介石在參加浙江黨政聯合紀念周中認爲「土豪劣紳要用本黨的主義去感化他，用潛移默化的方法去糾正他，倘拿明顯的手段去打倒他，非但得不得功效，反要引起糾紛」。還表示一些地方的土豪劣

〔註 126〕〈美〉蓋斯白，許有威譯，陳祖懷校，《從衝突到沉寂：1927～1928 年間江蘇省國民黨黨內宗派主義和地方名宿》，《史林》，1993 年第 2 期；（Bradley Kent Geisert, From Conflict to Quiescence: The Kuomintang, Party Factionalism and local Elites in Jiangsu, 1927～31, *The China Quarterly*, No.108, 1986.）

〔註 127〕《軍事與財政》，《一周間國內外大事述評（〈國聞周報〉第 5 卷 1 期至第 5 卷 50 期）》，沈雲龍主編：《近代中國史料叢刊》，三編第六輯，臺北文海出版社，1988 年，第 1335 頁。

〔註 128〕周榮德：《中國社會的階層與流動——一個社區中士紳身份的研究》，學林出版社，2000 年，第 75 頁。

紳只要「他們已經改他往前的態度，只要他們不去橫行鄉里，包攬詞訟，壓迫小民，能受我們指導，我們就夠了。如果這種人士能接受我們黨部的指導，服從三民主義，改過革非，那麼指導著批人去辦理村裏制，豈不是更好嗎，這是黨部應該注意的地方。因爲我們對於土豪劣紳是要打倒他們的惡劣勢力，而並非是要打倒他們個人」〔註129〕。這就明確承認了土豪劣紳在鄉村社會中的影響，並對其作用進行了重新認定。而隨著審判土劣的特種刑事法庭迅速撤銷，更使打倒土豪劣紳成爲國民黨中央空喊的一句口號。

由於國民黨不願走中共通過暴力摧毀紳權在鄉村中的統治並奪取土地後分配給農民的道路，因而只有走和平漸進的改良之途，二五減租就是一種必要的方式〔註130〕。但減租勢必要因侵犯士紳的利益而遭到強烈反對，出於自身利益的考量，很多省區都沒有徹底實行二五減租。在訓政前期的浙江，二五減租雖然有聲有色地實行過短暫的時光，但也很快因省政府的齟齬而迅速倒退，儘管遭到作爲宣傳者和推動者的省縣黨部強烈反對，而因缺乏來自中央的支持而歸於失敗，這對大力推動減租運動的地方黨部而言打擊卻是不小，造成其「徹底堅決之精神逐漸消失，對於減租運動皆抱得過且過和有事還須無事好之態度」〔註131〕。

在此次糾紛中，國民黨中央與浙江省黨部卻是各懷心思。對於國民黨中央而言，此次糾紛僅證明由於制度建設滯後，使二五減租無法在全國迅速推行，自然認可了浙江省政府的暫停舉措。但就省黨部而言，大力推行減租當然是貫徹總理遺教的具體措施，也是其理想主義的激情所驅使。但借助此次減租運動，爲自己在地方政權中提高地位，擴大影響增加籌碼，則是其無法向國民黨中央言明之苦衷。而在本個案中，國民黨央地黨部之間的分歧正在於此。

〔註129〕《蔣主席在杭之重要表示》，《中央日報》，1930 年 4 月 1 日，第一張第一面；《浙省黨政聯合會紀念周，蔣主席出席訓話》，《中央日報》，1930 年 4 月 3 日，第三張第四面。

〔註130〕與國民黨相反，共產黨自北伐出局後就開始埋頭髮動底層革命，在鄉村中除去地主與農民之間因地緣、血緣形成的溫情，讓兩者徹底撕破臉，紳權也隨之瓦解，中共據此順利實現了鄉村政權的重組。從土地革命時期的「打土豪，分田地」至解放戰爭時期的土改，莫不如此。相關論述見陳益元：《革命與鄉村：建國初期農村基層政權建設研究：以湖南醴陵縣爲個案（1949～1957）》，上海社科院出版社，2006 年。

〔註131〕鄭康模：《浙江二五減租之研究》，蕭錚主編：《民國二十年中國大陸土地問題資料》，成文出版社有限公司印行，1977 年，第 33993～33994 頁。

作為國民黨中央，社會秩序的穩定才是其施行政令的首要選擇。對於地方尤其是縣、區黨部中成員大都為年輕人的事實，國民黨中央亦不無輕視之意，這些年輕人富有激情，但行事易走極端，更使其在與政府抗衡之時難以得到國民黨中央的支持。1930 年 3 月 5 日，在國民黨的中央全會上，孔祥熙直言：「辦黨的人尤其是在縣等地方之內，都是些初中畢業的小孩子，知識既未豐富，經驗更是缺乏，於是少年氣盛，不免同其他各方面發生衝突」。〔註132〕作為國民黨中央要人，孔祥熙將基層黨員稱為「小孩子」，基本反應了國民黨中央對於這些基層黨員的粗疏認知。

在本案例中，二五減租引發業佃衝突頻仍及士紳不滿之後，國民黨中央遂決定將此政策予以變更。訓政前期國民黨央地黨部之間的政治傾向為何明顯大異其趣，即國民黨中央之所以較之地方黨部更為保守，張鳴就提出了相當精闢的見解，他認為由於清黨使國民黨失去了最有生機的力量，不得不與中國最保守反動和落後的軍閥和武化的豪紳結盟，這個流產的革命導致的一個直接後果就是國民黨再推行任何農村的改革都要面臨非常大的困難〔註133〕。所以，這顆毀滅的種子，從國民黨決定武力清黨並從肉體上消滅共產黨人及左派國民黨員那一刻起，就已經埋下了。

〔註132〕《中國國民黨第三屆中央執行委員會第三次全體會議速記錄(第四日)》(1930年 3 月 5 日)，臺北國民黨黨史館藏，卷號：3.2／35，轉引自自王奇生：《黨員、黨權與黨爭：1924～1949 年中國國民黨的組織形態》(修訂增補本)，華文出版社，2010 年版，第 237 頁。

〔註133〕張鳴：《鄉村社會權力和文化結構的變遷（1903～1953)》，廣西人民出版社，2001 年，第 104 頁。

第五章　結　論

　　地方黨部進行的這些權力抗爭，如提高黨權運動、破除迷信運動，大力推行二五減租等都無一例外走向了失敗。在這些抗爭中，央地黨部之間爲何會出現如此大的認識分歧？國民黨中央爲何不願提高地方黨部的權力？這在權力分配與黨務經費撥發方面是如何體現的？而原因根究，既可以落實在其具體操作層面的一些失誤，又要對國民黨自身的進行檢討。

　　1920 年代對於中國政制道路走向而言，是一個重要的轉折時期。國民黨的改組，實際上表明議會道路逐漸被黨國體制路線所取代，而此後的北伐就是黨國體制構建的過程，國民黨由此執掌政權並在中國貫徹其黨治精神。對此，李劍農在他的《最近三十年中國政治史》中就精闢地指出「十三年中國國民黨在廣州開第一次全國代表大會，宣告改組，可說是中國政治新局面的開始。因爲此後政治上所爭的。將由『法』的問題變爲『黨』的問題了：從前是約法無上，此後將是黨權無上；從前談法理，此後將談黨紀，從前談『護法』，此後將談『護黨』；從前爭『法統』，此後將談『黨統』了。」〔註 1〕隨著黨治模式在中國的踐行，國民黨也作爲一個非競爭性政黨的面目出現。

　　有學者指出，「作爲後發外生型現代化的國家，黨治國家模式本是一種較爲可行的選擇。落後國家實現社會變革的一個重要條件即是必須具有一個現代化導向的動員型政黨，及由該政黨控制的國家權力中樞對各種社會力量和社會關係進行強有力的干預和調節」，因此，一黨治國，從這個意義上講，「不失爲一種確立社會秩序，強化中央權力的有效方法」〔註 2〕。亨廷頓也認爲，

〔註 1〕　李劍農：《最近三十年中國政治史》，太平洋書店，1930 年，第 531 頁。
〔註 2〕　許紀霖主編：《中國現代化史（1800～1949）》第一卷，生活・讀書・新知三聯書店，1995 年，第 418 頁。

「在處於現代化之中的國家，一黨制度較之多元政黨體制更趨向於穩定」〔註3〕。但與同樣按照蘇俄政黨模式組建的中共不同，改組後的國民黨並未完全嚴格遵循其政黨模式進行組織建設，而是隨著北伐過程的推移出現了令人難以理解的變異。這種變異很大程度上體現爲地方黨權高低上，即地方黨部與政府在同級政權中的地位乃至中央與地方黨部的權力分配問題。

1、省縣黨部等同議會？

在國民黨訓政前期，在中央一級，黨政重合較爲突出，特別是中央政治會議的組織，通過這個機構基本實現了以黨治政。但在地方，特別是1928年北伐完成後，國民黨確定了地方黨政處於平級、互不統屬的關係。從字面上看，地方黨政雙方地位平等，不相伯仲。但實際上，與掌握行政大權的政府相比，黨部的權力已大爲下降，使得地方黨權無形之間旁落。針對此種情形，有學者也認爲「國民黨的組織實際上只存在於中央，在省以下的基層，國民黨的組織形同虛設」，即體現了其組織的「中央化」〔註4〕。而按照列寧主義政黨的模式，各級黨委爲當地最高領導機關，通過向政府部門輸送幹部的方式控制政府，這與西方的議會政黨政制下的政權模式具有極大的差別。國民黨是倣仿蘇俄黨模式進行的改組，但一些國民黨中央要員對此並不完全認可，如胡漢民就認爲「照本黨黨章來看來，就可知道本黨是兼取德國和俄國政黨的方式」〔註5〕，這明顯與事實相悖。

國民黨仿照列寧主義政黨模式進行了改組，但在取得全國政權以後，在制度引入方面卻出現了離奇的變異，在中央與地方層級卻出現了不同的面相。在中央一級，通過組織中央政治會議這個黨政之間的「連鎖」，實現了以黨治政。在訓政前期，地方政權中黨部究竟應如何定位，這個問題始終難以解決。究其原因，實與國民黨中央對於地方黨部地位的認可方面有著直接關係，但這卻對地方黨部在同級政權中的位置極爲重要，直接關係著其在地方政權中的權力地位。

〔註3〕 （美）亨廷頓，王冠華等譯：《變化社會中的政治秩序》，生活‧讀書‧新知三聯書店，1988年，第390頁。

〔註4〕 許紀霖主編：《中國現代化史（1800～1949）》第一卷，生活‧讀書‧新知三聯書店，1995年，第410頁，414頁。

〔註5〕 胡漢民：《訓政期間黨部的責任如何》，《江蘇黨務周刊》，1930年3月23日，第10期；陳立夫也認爲應該國民黨「審度國情」，不能完全學蘇俄黨。見陳立夫：《成敗之鑒——陳立夫回憶錄》，正中書局，1993年，第151～152頁。

　　有學者將戰前國民黨黨政關係的確定歸結爲國民黨人對孫中山理念的繼承，孫中山的以黨治國理念來自於孫本人的「革命三序」理論、蘇俄革命經驗，同時在不同時期被賦予了不同的意義。在孫死後，是否將其理解爲黨的精英治國，還是黨義治國，還是黨組織治國，甚至是前三者的結合，在國民黨內都有不同的解釋，而不能出現一種使各方信服的理論〔註6〕。由此，黨政關係遲遲不能得到理順。從對孫中山政治理念的繼承、解讀方面來分析國民黨中央對於黨政關係處理上出現的分歧無疑是可行的。但從國民黨高層自身的教育背景、經歷上講，對其在黨政關係確定方面的影響也同樣不能忽視。

　　根據統計，國民黨第3屆中央執行委員中，有海外留學經歷者達25人，占69.4%，有歐美教育背景的有13人，其餘均留學日本〔註7〕。教育背景對於一個人的政治觀念的形成十分重要。正如國民黨改組時鮑羅廷在他的札記中寫道的那樣：「有成千上萬的中國人在美國、英國和法國的學校裏學習，與中國學校相比，這些學校也只能引起這些人的羨慕。在每年派往國外，主要是派往美國的幾千名中國學生當中，有許多人回來時成了美國等地的出色宣傳員」〔註8〕。留學歐美的國民黨中央委員，勢必很大程度上（至少是在潛意識中）認可西方的「議會政治」，這與蘇俄式的「會議政治」在根本上是互相排斥的。這種認識分歧，對於解釋南京國民黨中央爲何在處理黨政關係，特別是地方黨政關係時，將黨部置於僅僅「監督政府」的弱勢地位，具有相當的詮釋力。因爲，在他們看來，黨部的角色與歐美式的「議會」不分伯仲。

　　如留學美國並獲得哥倫比亞大學碩士學位、曾任國民黨中組部部長陳立夫就認爲省黨部應該起著議會的作用，對政府有監督、建議之權。他認爲北伐告成，進入訓政時期後，黨就具有了議會的功能〔註9〕。1932年12月25日，陳立夫作爲國民黨中央代表參加了江蘇省黨員大會，見身爲黨員的省主席顧祝同

〔註6〕 Tsai, David. 「Party-Government Relations in Kiangsu Province, 1927～1932.」 *In Select Papers from the Center for Far Eastern Studies, no.1（1975～1976）*, the university of Chicago, 1976, pp.109～110.

〔註7〕 崔之清主編：《國民黨政治與社會結構之演變（1905～1949）》，社會科學文獻出版社，中編，2007年，第969頁。

〔註8〕 《鮑羅廷的札記和通報》（不早於1924年2月16日），《聯共（布）共產國際與中國國民國民運動（1920～1925）》，北京圖書館出版社，1997年，第422頁。

〔註9〕 不僅陳有如此看法，國民黨元老吳稚暉亦然，他在江蘇省政府委員舉行就職典禮時的演說中也將黨部比做議會。但此舉引起了江蘇國民黨人的強烈不滿。見朱堅白：《怎樣辦？》，《江蘇黨聲》，1928年12月9日，第20期。

在大會上做報告，並接受黨員代表的質詢，他就認為江蘇省黨部就具有了議會的功能。陳將訓政時期的黨部定位為議會的角色，「中央黨部與國民大會相當，地方黨部與地方議會相當。」還認為「我們的黨和政府的組織，學自蘇俄，但是我們審度國情，不能完全學他們。」〔註10〕陳立夫身為國民黨中央組織部部長，尚且都在地方黨部的定位問題上出現錯亂，其餘中央要人可想而知。

其實，任職於政府的黨員在黨員大會上接受黨員質詢，僅僅體現了國民黨黨內民主貫徹得較好而已，這與議會政治尚有本質的區別。如1929年2月8日，國民黨江蘇省第一次代表大會召開後，時任民政廳長的繆斌到會報告，各縣代表紛起質問責難，直斥其所任縣長、公安局長為金錢所腐蝕，「繆忍辱含笑強詞答覆，備受嘲辱情況令人代為難過」，財政廳長張壽鏞報告時，代表予以難堪之質問，有直指其中飽發大財者，「張乃捫胸自誓曰如果中飽，那不是人等語。」教育行政院長張乃燕報告時，「代表亦紛起質問其所任各縣教育局長不得其人，張頗窮於應付，幸主席顧子揚為之出脫乃克下臺。」〔註11〕陳立夫據此就將黨部的角色定位為議會，不免過於簡單，而這與其潛意識裏的議會情節不無關係。

無獨有偶，這與同樣具有留學歐美教育背景的自由知識分子胡適的主張相契合。1929年7月2日，宋子文約見胡適，表示希望胡適等知識分子「代他們想想國家的重要問題」，胡適對此提了幾個意見，如召集約法會議、修正國民政府組織法、實行專家政治、容納異己分子等。另外值得注意的是胡適提出了國民黨的地位問題，認為「黨部今日只能暫行『議會』的職權，在中央則為中央的一個議會，在地方則為地方議會」，同時要明確劃分黨部與行政之間的權限，認為黨部有對行政的監督權、建議權，在行政否決或不予採納其建議時，其不予採納理由不當者，「應如何救濟，也應有規定」。他的設想是，否決之後，原議應送回黨部進行復議，在大多數人通過後，則成立，「如美國通行之原則」。他甚至還提出，政府是否應當有解散黨部的權力，也同樣值得討論〔註12〕。在胡適這裡，黨部的運作模式簡直就與歐美議會如出一轍。

〔註10〕 陳立夫：《成敗之鑒——陳立夫回憶錄》，正中書局，1993年，第151～152頁。

〔註11〕 江蘇省黨部編：《江蘇省黨務沿革》，出版年不詳，第15頁，江蘇省檔案館藏，檔案號：1／3／880。

〔註12〕 胡適：《胡適的日記（手稿本）》（1928年10月至1929年8月），第8冊，遠流出版事業股份有限公司，1990年，「1929年7月2日」條（無頁碼）。

　　訓政前期，「黨國體制」雖然已經構建，但一些知名人士則對黨國體製表示了深深的憂慮。如歷經晚清至民國多次重大事件的元老岑春煊，1933 年去世，5 月 7 日，《盛京時報》以《岑春煊沉痛遺言》的標題公佈了他的臨終遺言，他在遺言中對國民黨建立黨國體制大加斥責，稱其「用不成熟無意識之政黨運動」建立黨國，「獨至一黨之弊，關係太大，如不改弦更張，足以斷送國家而有餘」。〔註13〕而對於普通民眾乃至基層政府而言，黨部究竟在地方政權中扮演什麼樣的角色，卻始終沒有一個明晰的界限。時任天津市黨務指導委員會委員的潘雲超就發現，普通民眾，乃至政府對黨部的認識「都有錯誤」。最令其啼笑皆非的是，有人居然因家門口出現糞堆無人處理而跑來黨部要求解決，他慨歎道：「一般民眾的認識，以爲黨部就是以前的衙門，黨員就是官，還有以爲黨部不但是衙，黨員不但是官，而且是超乎衙門的官，一說了話，政府一定要聽他的話，所以門口一堆糞土未掃，亦要黨部負責任。」而政府方面，「亦有認黨不過是其平等機關之一，有時會認黨和以前的議會一樣，議會對政府的提議，表面上可以聽他的話，而內容則可行可不行，認自己所應當負責任的是上司，議會何能指揮我去做。」甚至還有官員認爲黨部是「一群無聊青年辦事的地方，躲遠點才好」〔註14〕。

　　而對於國民黨黨治模式的仿傚對象問題，如前所述，胡漢民認爲國民黨兼取德國和蘇俄的黨治模式，但有的國民黨員則提出了不同的看法，指出「在理論上，本黨是反對英美政黨所依據的代議制度」，認爲「英美政黨政治，只是一種爭奪政權的工具，其主張往往以黨的本身利害爲前提，始終帶有很濃厚的帝國主義的色彩」；但同時也認爲「蘇俄所謂無產階級獨裁制，完全與民主主義背道而馳」〔註15〕。作爲國民黨元老、立法院院長的胡漢民，爲了給五院制政府「擴權」，有意無意地將國民黨實體組織的權力虛化。〔註16〕這種虛化權力的做法，對於國民黨中央層級而言，因存在「中央政治會議」這個黨政聯鎖，仍然能給國民政府施加足夠的影響。但在地方層級，卻對地方黨

〔註13〕《岑春煊沉痛遺言》，《盛京時報》，1933 年 5 月 7 日，第 2 版。

〔註14〕《黨與民眾政府的關係》，《大公報》，1928 年 10 月 9 日，第二版。

〔註15〕楊幼炯：《以黨治國之理想的基礎》，《中央半月刊》，1928 年 4 月 15 日，第 1 卷第 21 期。

〔註16〕黎志輝：《論胡漢民訓政設計中的「虛黨」思想——南京國民政府訓政體制「黨治」性質再探討》，《民國研究》，2014 年春季號，社會科學文獻出版社，2014 年，第 61～75 頁。

部極爲不利，國民黨中央不允許省縣一級比照中央層級設立各級政治會議，這使地方黨部難以獲得一個與同級政府平起平坐的機會。

　　針對地方黨部紛紛在報刊上發表對於黨務、政務、外交等領域改革建議的行爲，國民黨中央表現出了明顯的厭煩乃至排斥情緒。1932 年，國民黨中央通令各級黨部：「查本黨乃革命集團，必須保持森嚴之紀律，方足以發揮其力量，完成其使命，故黨員之言論行動，均應謹受本黨之紀律，不可稍存忽視。乃近來一般黨員往往不明白自身之地位，致於黨務政治問題，不於黨內爲精密之討論，偶有所見，即滋意發表，尤於政府設施或當局之言論行動有所不滿，即肆意識評，殊屬非是！不知在以黨治國時期，政府乃本黨指導監督下之政府，設使偶有疏漏，自不乏糾正之途徑，若竟肆意宣揚，自曝其短，無異間接毀壞黨的信用，黨紀所在，自難寬假！」要求黨員對政府的意見「得經由區分部遞級轉呈向中央陳述其意見」，各級黨部不得「留中不報」，而不經此程序而擅自向外發表者，「應受黨之處分」。〔註 17〕國民黨中央此舉固然體現了黨內分歧黨內解決的用意，但也是封堵了地方黨部通過外界輿論來對其施加壓力的重要途徑。

　　地方黨部「提高黨權」的主張，亦未獲得國民黨中央的支持。如 1933 年，國民黨浙江省黨代會召開，此次大會上通過了「黨治制度限期完成訓政案」，該提案稱：「查各級黨部與各級政府之相互關係，除中央黨部與國民政府外，省縣二級之橫的關係，並無詳密規定，其於黨治，無異徒雍虛名。而省縣政府長官均由上級派任，集行政立法監察於一手，甚且兼理司法，怠弛貪污之風難泯」，故而提出建議：1、省縣政府之施政方針及預算案由省縣代表大會通過施行。2、省縣黨部對同級政府有質詢權及彈劾權；其彈劾權之行使，呈請上級黨部核定，轉由國民政府或省政府執行。3、省縣政府之政績及決算書，由省縣監察委員會或監察委員審核之，並報告省縣代表大會。可見，若根據浙江省黨部的提案，黨部有權以否決財政預算、彈劾質詢等方式來制衡同級政府，無疑將大大提高黨部的地位。但國民黨中央回覆：「查原案所列各節，窒礙難行之點頗多」，且「原案與中央有關訓政及黨政關係諸決議案不無出入」，因此「緩議」。〔註 18〕國民黨中央並未支持浙江省黨部的要求，其理由

〔註 17〕《令各級黨部》，《中央黨務月刊》，第 47 期，1932 年 6 月。
〔註 18〕《指令浙江省執行委員會》，《中央黨務月刊》，第 55 期，1933 年 3 月。

是與訓政約法與既定黨政關係原則有礙。可見，雙方在「提高黨權」方面有著完全不同的理解。

　　黨治模式的不同解釋，將直接影響地方黨部在同級政權中的地位。從以上論述可知，儘管在中央層級中，對黨治模式各有解釋，但是有一點卻取得了共識，那就是不願嚴格按照蘇俄政黨模式從上到下「將黨建在國上」。地方黨部的地位就這樣確定下來了，其「提高黨權」等呼聲及進行的種種旨增加對地方事務權影響的政治抗爭自然不會得到國民黨中央的支持〔註 19〕。因此，同級政府一旦反擊，黨部根本沒有招架之力〔註 20〕。

2、權力分配與經費撥發

　　按照慣例，一個非競爭性政黨掌握政權後，從中央層級一直到地方將實現以黨治政，黨始終高於同級政府，使黨內人才源源不斷，非如此不能擴大黨的基礎，增強黨的力量。但這個規律在完成北伐並掌握全國政權的國民黨卻並不適用，國民黨從中央到地方黨部的權力分配極不相稱：在中央層級，可以中常會及中央政治會議可以直接影響國民政府的人事任命及大政方針的制定，也有著充足的財政支持；但在地方，省縣黨部不僅無法對同級政府部門的人事任命施加影響，而且在黨務經費方面反要仰承政府鼻息。

　　在提高黨權方面，中央與地方黨部也有這不同的理解。國民黨中央曾公開表示，國民黨中央指出「本黨對於國民政府，係以整個的黨指導監督整個的政府，非橫斷的以各級黨部指導監督各該同級政府」。而且還明確指出「黨權高於一切，乃指中央黨權而言」。〔註 21〕國民黨中央的這種態度，引起了地方黨部的不滿，如江蘇省黨部的機關刊物《江蘇黨聲》發表文章稱：「自胡展

〔註 19〕　就是訓政之初，針對地方黨部紛紛在報刊上發表自己主張及爭取其他黨部支持的通電行為，國民黨中央黨部還專門訓令各黨部予以禁止，稱「如有意見，應呈報中央，不許擅布主張，及通電各級黨部遙為呼應」，指責此為「挑撥離間之舉動」。見《兩個指委會，兩個紀念周》，《益世報》，1928 年 10 月 16 日，第一張。

〔註 20〕　以蘇俄為例，黨政關係也是難以處理的問題。但與國民黨相反的是，蘇俄黨的權力過於膨脹，直接侵奪了同級政府的權力，將原本屬於政府職權範圍內的事務包攬了過來，甚至連唱片的生產，肥皂的質量諸如此類的瑣事等都需要黨來決定。見周尚文等著：《蘇共執政模式研究》，上海世紀出版集團，2010年，第 116 頁。

〔註 21〕　《指令浙江省執行委員會》，《中央黨務月刊》，第 16 期，1929 年 10 月。

堂先生從海外歸來後，一時充斥中央之聲，甚囂塵上」，「試想過去我們的領袖們，誰非時時刻刻要充實中央，而結果總不易使中央充實的，即在大家只注意一些老同志的意見，忘卻或竟蔑視了一般青年同志的呼聲。這是昔日官與百姓上下暌隔的現象，而發現在今日的民主集權制的國民黨中，這是如何的危險？於是中央就實做了中央，下面沒有著落，下級就實做了下級，上層沒有依靠，下級沒有上層依靠而無從充實，同樣的中央亦因下面沒有著落，亦無從充實，這是一個聯鎖的關係」〔註22〕。

而身為江蘇省黨部執委的朱堅白也對此表達了自己的不滿，指出因為在中央「黨部負責的同志，多半是政府負責的同志，尚能表示黨政融洽的現象外，中央以下，黨部攻擊政府，摧殘黨部一類的事實，耳聞目見，不知有多少」，並沉痛地表示「黨部與政府似已站在兩相對峙的營壘中，揮戈相向，大有不達『你死我活』的境地不止之勢，什麼同力協作，指導監督，都不過是一種好聽的口號呼聲，到了現在連這種好聽的口號都聽不見了。以黨治國的現在，竟演成黨政對敵的情勢，這是如何危險而痛心的事體！」〔註23〕他進而要求「不僅中央握有全權，就是各級黨部在中央指導之下至少也該保留一部分權力，直率的說，就是對於其同級政府的官吏還要有選舉權罷免權，對於其範圍內的法規，要有創制權復決權」。〔註24〕

而他在視察了蘇北黨務後，發現「各縣政府在其範圍以內兼具了政權與治權，各縣黨部已完全變成徒有虛名毫無實力的機關。有時看到政府的貪污腐化，不忍緘默，遂依法向省黨部檢舉，省黨部也依法轉咨省政府，可是省政府接到省黨部的咨詢文，有時竟置之不理，有時為敷衍起見，派了一個調查員去調查了一次，便算了事，調查的結果，在調查員未出發以前，大家往往已經預知」，而針對吳稚暉將省黨部比作議會的說法，他稱「有人以為吳先生比黨部為議會，是侮辱了黨部，我卻以為是太恭維黨部，現在黨部的權威，實不如從前的議會遠甚，因為從前的議會對行政機關，尚有講話的資格，現在許多黨部對行政機關的作惡，話都不敢講了。」他認為這原因在於「中央未能明確規定各級黨部的職權，和怎樣實施其職權。訓政時期的各級黨部究

〔註22〕 黃花：《充實中央與下級黨部之呼聲》，《江蘇黨聲》，第 10 期，1928 年 9 月 30 日。
〔註23〕 堅白：《黨政分野與以黨治國》，《江蘇黨聲》，1928 年 11 月 11 日，第 16 期。
〔註24〕 堅白：《黨政分野與以黨治國》，《江蘇黨聲》，1928 年 11 月 11 日，第 16 期。

竟應該具有什麼職權怎樣實施其職權」，對此他表達了對國民黨中央的不滿，稱「我很希望中央負責諸同志，於忙百中，偷點工夫，根據總理遺教，以黨治國的眞義，指示下級黨部工作同志一條光明大道，俾大家踏著這條光明大道，向總理指示我們的目標去努力；免得大家不做不好，做也不好，終日在徒喚奈何！」〔註25〕國民黨央地黨部對「提高黨權」概念理解的分歧充分體現了作爲非競爭性政黨，二者在權力分配上的畸形。

有學者在考察了戰前十年國民黨的黨政體制後，認爲由於地方政府的重要官員都是國民黨員，所以「政高於黨」這個現象與國民黨的「以黨治國」原則並不矛盾〔註26〕。眾所周知，1924 年改組後的國民黨是以意識形態認同爲原則的，我們姑且不論這些身披國民黨員外衣的地方政府負責人是否眞的信仰該黨黨義（如那些名義上屬於南京國民政府的省份），作爲以基層組織（區分部）爲堡壘的國民黨而言，黨低於政使得黨部無法管理監督同級政府中的黨員，無法眞正將國民黨黨義貫徹並落到實處，這樣只會使「以黨治國」原則在地方上遭到閹割，所以「政高於黨」與「以黨治國」兩者是在根本上互相排斥的。

在黨務經費方面，「國民黨雖然一直倡導黨員養黨，黨費自治，但實際上，中央黨務經費主要依靠政府財政撥款」〔註27〕。中央是如此，地方亦然，黨部不僅對同級政府部門的人事權毫無影響，自己在黨務經費的撥發方面反而受其所制。國民黨中央規定，地方黨部的黨務經費由同級政府撥發。儘管訓政時期，國民黨規定黨高於政，但黨部本身沒有渠道去籌措經費，同時因不能實行「黨員養黨」，黨務經費的計劃卻主要來自於政府財政預算，而政府財政預算中黨務經費的分配比例清楚的表明了黨部的次要角色。

如據學者研究，1928 年國民黨全國的黨務經費僅占總支出的 1%，而且此後呈逐年下降的趨勢，1929 年、1930 年，1931 年的全國黨務經費分別爲這 1% 的 4／5、3／5、2／5。〔註28〕在省級範圍而言，也與此十分類似〔註29〕。

〔註25〕 朱堅白：《怎樣辦？》，《江蘇黨聲》，1928 年 12 月 9 日，第 20 期。

〔註26〕 田湘波：《中國國民黨黨政體制剖析（1927～1937）》，湖南人民出版社，2006年，第 552 頁。

〔註27〕 黨彥虹：《中國國民黨中央常務委員會研究（1926～1949）》，南開大學博士學位論文，2009 年，第 259 頁。

〔註28〕 Tsai, David. 「Party-Government Relations in Kiangsu Province, 1927～1932.」 In *Select Papers from the Center for Far Eastern Studies*, no.1（1975～1976）, the university of Chicago, 1976, p.102.

對此，國民黨中央還就黨務經費問題發出通令，要求「各地黨部未經中央核准，不得向各該地方政府或路局支用款項」〔註30〕。這無異於又給地方黨部頭上戴了個緊箍咒。

據研究，1927年至1937年，江蘇省各縣黨部的經費是單列，主要由省黨部確定，經國民黨中央核准後由省政府撥付，但實際上都是由縣財政撥給。但區黨部、區分部的經費則「基本上是自籌的」。〔註31〕經費是黨賴以生存的血脈，黨務經費不足，直接影響黨務工作的開展。而且自從國民黨中央對黨政關係作出確定後，地方黨部與政府處於平等地位，雙方若無衝突倒還相安無事，倘若一旦發生糾葛，黨部往往因經費依賴政府而被迫仰人鼻息，甚至連政府下屬一些部門往往也不將同級黨部放在眼裏。如1929年3月江蘇省嘉定縣財務局因「嫉視黨務，扣發黨費」，縣黨部無奈之下只得報告省黨部，省黨部在常會後決定轉咨省政府，由省政府飭財政廳命令該縣財務局「不得扣發該縣黨部經費」。〔註32〕可見，國民黨確定黨政平行的關係後，處理黨政糾紛需要運作的程序十分繁雜，僅在此個案中，就涉及縣黨部、縣財務局、省黨部、省政府、省財政廳五個機構，倘若在哪個環節被惡意延宕，縣黨部經費問題的解決也就隨之遙遙無期。同樣，在宿遷縣，因為黨政關係惡化，該縣縣長劉昌言以縣黨部成員為共產黨或改組派為由，拒絕撥發黨務經費，使縣黨部無奈之下只好在《中央日報》上登載文章以尋求支持〔註33〕。

國民黨的地方黨務經費除了依賴政府撥發外，其黨員交納的黨費也是一個重要來源。而學界已經有證明，國民黨「黨員養黨」的目標並沒有實現，

〔註29〕 如在江蘇省1929年的財政預算中，計劃支出額為二千萬，但黨務經費僅為二十萬；而浙江的情況也類似，1929年黨務支出預算為二十五萬餘元，遠低於其他方面的預算支出，如省政府及所屬機關經費即為二百七十九萬餘元，兩者情形判若霄壤。見《蘇省十八年度預算概要》，《銀行周報》，第13卷第17號，1929年5月7日；《浙省十八年度新預算》，《銀行周報》，第13卷第37號，1929年9月24日。

〔註30〕 《各地黨部未經中央核准不得向各該地方政府或路局支用款項》，《中國國民黨中央執行委員會重要通令通告》，編者自印，第32頁。

〔註31〕 江蘇省地方志委員會編纂：《江蘇省志 國民黨志》，江蘇人民出版社，2006年，第459頁。

〔註32〕 《蘇省執委會通過六案建議三全會》，《中央日報》，1929年3月31日，第二張第三面。

〔註33〕 《宿遷縣長摧殘黨務》，《中央日報》，1929年9月29日，第二張第四面。

黨費的交納也沒有出現常態化的機制〔註 34〕。但一些地方部門居然徑直截留本部門黨員的黨費，拒不將其移交給該黨員所屬的區分部。如據南京市黨部第六區黨部呈報：

> 查近來各機關，對於黨員之黨費，無論是否黨員，一律由薪俸項下扣除，似此行為，殊屬不合，查黨員黨費，乃本黨基本費用，各機關自無徑扣之理，若不設法制止，不但有違黨紀，而且破壞黨章，為此呈請鈞部，轉呈中央迅予通令全國各機關，嗣後不得徑扣黨員黨費，並請將以前所取之黨費，一併按月歸還，以符定章等情〔註 35〕。

黨員黨費本應屬於黨部徵收範圍，但政府部門卻越俎代庖，公然將其截留，這無疑是對黨務經費原本就微薄的黨部一大打擊，使其無法開展活動，據江蘇省黨部的分析，蘇省各縣黨務停滯的內部原因之一就是「區黨部區分部經費之困難，大多數無成績之可言」〔註 36〕。在浙江，區分部經費幾乎難以為繼，對此，一名叫徐直的黨員致函浙江省黨部，稱區分部作為黨的基本組織，既缺乏人才，也「絕對沒有經濟基礎」，這直接影響一般黨務人員的生計：

> 工作人員，只得拐腹從公，負一縣市黨務之責的，生活費也足以糊口，哪還能說什麼的活動費，這簡直是限制下級黨部的活動，是逼迫下級黨部同志，向上或多利的所在去鑽營，於是他方面多冗員，而下級黨部便不能有干練的人才擔任工作，結果必為投機腐化及惡化及土劣輩所把持，黨的基本組織，就此根本崩潰了。〔註 37〕

如在江蘇省，據 1928 年的一份統計數據表明，省黨部經費長期處於實支遠超預算的狀態，如 4 至 12 月，預算總支出為 35000 元，但實際支出為117859.420 元，超出預算近 3.4 倍。〔註 38〕省黨部是如此，縣一級黨務經費只

〔註 34〕 田湘波：《中國國民黨黨政體制剖析（1927～1937）》，湖南人民出版社，2006年，第 587 頁。

〔註 35〕 《黨員黨費軍政各機關不得徑扣》，《益世報》，1928 年 11 月 23 日，第三張。

〔註 36〕 《蘇省各縣黨務障礙》，《中央日報》，1929 年 12 月 9 日，第二張第四面。

〔註 37〕 《浙省黨員一封陳述黨務的信》，上海《民國日報》，1928 年 4 月 13 日，第二張第三版。

〔註 38〕 《民國 17 年（1928 年）4 月～12 月江蘇省黨部經費支出計算書》，江蘇省方志編纂委員會編：《江蘇省志 國民黨志》，江蘇人民出版社，2006 年，第 474頁。具體參見本書圖表十七、十八。

能更爲拮据。由於經費短缺，致使一些黨部「下級職員的薪水，許多還是不能維持生活，養育家庭，於是就逼著去尋油水，去剝削平民」。〔註39〕在浙江，黨務經費更是匱乏，嚴重影響到黨務工作委員的生活。對此，1928 年，浙江省黨部不得不請求國民黨中央盡快落實辦黨經費：

> 竊查本黨各級黨部，既無固定之經費，又無確定之預算標準。過去黨務不能盡量發展，其原因雖多，而經費之竭蹶與紊亂，實造其端，甚或積欠數月，分文無著不第一切黨的設施無發揚之望，即黨部人員生活費，亦無確切之保障，加以今年以來，米珠薪桂，各級工作人員，多爲家庭之累，以至終日叫號，四處營借者有之；顏色慘淡，不惶將事者亦有之，爲黨犧牲，豈僅一身，窮迫流離，實堪掉憫。此次鈞會頒佈黨務人員之生活費，以及辦公費案，已達最低限度，如再無指定之黨費，則各省政府以至縣市政府，倘有故意刁難，扣留不發者，則江西安徽事實先在，黨務前途，何堪設想！〔註40〕

在這段引文中，我們可以看出浙江省黨務因經費匱乏而深陷發展困境。國民黨中央一味要求黨員不得以做官爲目的，黨員不得干政，黨員必須服務基層，但忽略了黨員個體對於自身利益的追求。這種單純依靠道德規訓，而缺乏激勵機制的做法，無疑將使黨務人員紛紛逃離，黨務工作自然難以爲繼，人才凋零更是題中應有之義。這種情況在縣一級政權中表現得極爲明顯。據統計，當時江浙兩省的縣長基本爲大學學歷，但相比之下，縣黨部方面實在難以望其項背。如在 1930 年國民黨中央全會上，何應欽即稱：「現在各縣縣黨部的執行委員，不要說大學畢業生是絕無僅有，就是高中畢業的人也很少；他們智識程度這樣幼稚，現在叫他們去指導督促縣長，實施地方自治及建設工作，自是不可能的事」。〔註41〕我們從何應欽這句話可以推出一個關於縣黨

〔註39〕 蜂尾：《『減薪』與『加薪』是難兄難弟》，《江蘇黨聲》，1928 年 10 月 21 日，第 13 期。

〔註40〕《浙江省黨務指導委員會呈請中央確定黨務經費》，《浙江黨務》，1928 年 7 月 21 日，第 8 期。

〔註41〕《中國國民黨第三屆中央執行委員會第三次全體會議速記錄（第四日）》（1930 年 3 月 5 日），臺北國民黨黨史館藏，卷號：3.2／35，轉引自自王奇生：《黨員、黨權與黨爭：1924～1949 年中國國民黨的組織形態》（修訂增補本），華文出版社，2010 年版，第 237 頁。

部發展的惡性循環：黨務工作地位式微→人才吸納能力低下→黨務人才素質偏低→國民黨中央不信任→黨務工作地位更爲式微。

按照馬克斯·韋伯的理論，現代官僚科層制的實現有三個要件：第一，官員有可靠的薪金；第二，職業穩定，有可靠的陞遷機會；第三，官員有明確的職位感，下級服從上級〔註 42〕。國民黨地方黨部的情形，明顯與此原則相違背，大量基層黨員幹部自然無法全力投入工作。這將嚴重挫傷國民黨地方黨部工作人員的積極性，對此江蘇省黨部執委朱堅白就概歎「遺留在黨的同志，大都是混混算了。整個的國民黨，充滿了混混的空氣，黨的前途如何得了呢！」〔註 43〕基層黨員激進的精神被殘酷的現實消磨殆盡了，沈暮之氣充斥著地方黨部。

3、小結

針對國民黨訓政前期，自己所處的不利地位，國民黨地方黨部進行了一系列的抗爭，以實現權力在地方政權中的再分配，並力圖對黨政權力分佈格局進行重新洗牌。對此，他們提出了一系列政治主張並積極付諸實施，走得比國民黨中央更遠，步子邁得更大。這既爲基層黨員的理想主義精神使然，也是一種維護自身權益的抗爭。遺憾的是，地方黨部的這些努力均以悲劇收場，而這些失敗，直接導致了具有革命精神黨員的流失〔註 44〕。而他們爲此進行的諸多利益抗爭，在微觀方面：提高黨權，得不到國民黨中央的支持；破除迷信，得不到士紳民眾的支持；減輕民眾負擔，得不到廣大農民的支持。隨著這些運動深入開展，其引發的黨政衝突也隨之升級，而作爲最終權威仲裁者的國民黨中央出於現實的考量，基本上都做出了有利於政府的判決；宏觀方面，國民黨中央對於黨內央地黨部之間的權力分配，經費撥發方面都沒有給予黨部應有的重視。這對以科層制爲主要特徵的官僚機構而言，對黨部無疑是致命的。這固然是黨部權力重構失敗的一個重要原因，而基層黨部自

〔註 42〕 （德）馬克斯·韋伯：《經濟與社會》，第 2 卷，商務印書館，1997 年，第 278～320 頁。

〔註 43〕 朱堅白：《怎樣辦？》，《江蘇黨聲》，1928 年 12 月 9 日，第 20 期。

〔註 44〕 以江蘇爲例，三谷孝就指出，國民黨基層黨員在江蘇進行了破除迷信運動的失敗，導致「國民黨江蘇省黨部逐漸喪失了其最具活力的部分」。見（日）三谷孝，李恩民譯：《秘密結社與中國革命》，中國社會科學出版社，2002 年，第 207 頁。

身存在的結構性矛盾，如組織渙散、黨員精英化、工作方式簡單粗暴等也是其走向失敗的重要因素。

　　本文通過以浙江黨務接收、江蘇破除迷信運動及浙江二五減租的停辦而引發的黨政糾紛為個案，考察了浙江省政府、黨部以及國民黨中央之間的三方互動，這個看似僅為江浙兩省內部發生的糾紛，實則另有玄機。如針對浙江二五減租停辦而發生的黨政交鋒，時人亦有相當的認知。《申報》即就此次糾紛發出自己的揣度：「此案內幕，尚不如所言之簡單，縱橫捭闔之間，似不免有政治之背景，則糾結難解，尤可想而知耳」。〔註45〕北伐勝利後，大量北方舊官吏及軍官進入到這個新建立的南京國民政府，他們帶來「行政管理方面的專長和經驗」的同時，也帶來了原有的「價值觀念、態度和方法」，這無疑令那些對新政權滿懷希望的國民黨基層黨員「感到深深失望」。〔註46〕

　　國民黨中央發動「清黨」，標誌著其右轉的同時，也表明了徹底拋棄共產黨的底層革命路線，並力求肅清其在黨內影響的決心。在二屆四中全會上，陳果夫、李宗仁等提出「制止共產黨陰謀」案，要求「所有共黨之理論、方法、機關、運動，均應積極剷除」，該提案獲得通過。〔註47〕儘管中央層級政治態度已然更易，卻無法在段時間內使整個黨組織從上而下的「易經洗髓」。如時人對此次糾紛即作了形象的描述：「黨部的主張大半屬於理想一方面的。」〔註48〕由是之故，一旦地方黨組織依照原有激進政治觀點、主張行事時，勢必與國民黨中央的政見發生牴牾。如針對學生時代是否應加入一切運動的疑問，保定市黨部直接提出，「你看現在中國的教育，是什麼樣子，全國認的字的有幾個，知道亡國奴困難的有幾個；我們學生若不領導民眾從事革命去，還有誰？所以在求學時代有加入一切運動的必要」。〔註49〕該黨部進而呼籲全

〔註45〕《浙江之財政與建設》，《申報》，1929年5月25日，第3版。

〔註46〕（美）易勞逸著，陳謙平，陳紅民等譯：《流產的革命：1927～1937年國民黨統治下的中國》，北京：中國青年出版社，1992年，第16頁。

〔註47〕《蔡元培、李煜瀛、張人傑、李宗仁、陳果夫五委員提議制止共產黨陰謀，所有共黨之理論、方法、機關、運動，均應積極剷除，請全體會議交由執監兩委員會與政治會議隨時審查執行案（1928年2月7日）》，榮孟源主編：《中國國民黨歷次代表大會及中央全會資料》，上冊，光明日報出版社，1985年，第526頁。

〔註48〕李權時：《浙省暫行取消二五減租爭論平議》，《商學期刊》，1929年第2號，1928年7月，第11頁。

〔註49〕L.C：《論現在求學時代是否仍然宜加入一切運動》，《保市周刊》，第4期，1928年11月18日，第9頁。

體黨員「鑽到民間，努力下層工作」。〔註50〕但這些主張對於已經「棄俄絕共」的國民黨中央而言，完全就是「逆潮流而動」。訓政前期國民黨內央地黨部之間的政治分歧也正在於此。

　　1928 年國民黨在領土範圍形式上實現「大一統」並宣佈訓政開始，但其內部的施政理念卻仍然上下脫節，地方黨部熱情滿懷，竭力推行大革命時期的「行動路線」，如提出「黨權高於一切」、「打倒腐化劣化勢力」、「推行二五減租」之類的政治主張，但大都因未能得到國民黨中央的支持而成效不彰。這無疑是對地方黨部權威的一大打擊，如浙江二五減租糾紛後，該省國民黨員「徹底堅決之精神逐漸消失，對於減租運動皆抱得過且過和有事還須無事好之態度」〔註51〕，即是一個明顯的例子。基層黨員放棄原有的政治主張，工作熱情的減退，這可否理解為國民黨中央對黨內政治理念的整合，尚值得疑問，至少，基層黨員工作積極性懈怠，必將嚴重影響國民黨政令主張在地方的執行力。

　　也許，從國民黨決定根據「中國實情」，僅取蘇俄列寧主義政黨之形，而摒棄其作為動員型政黨之實的那一刻起，便決定了它作為非競爭性政黨的悲劇性命運。這種畸形政黨模式的弊端，在後來的抗日戰爭中表現得淋漓盡致。

〔註50〕沖漢：《黨的糾紛與整理》，《保市周刊》，第 4 期，1928 年 11 月 18 日，第 13 頁。

〔註51〕鄭康模：《浙江二五減租之研究》，蕭錚主編：《民國二十年中國大陸土地問題資料》，成文出版社有限公司印行，1977 年，第 33993～33994 頁。

參考文獻

中文方面

一、檔案材料

1. 《呈中央監察委員會爲請轉令國府通令省政府遵照黨務工作人員保障條例切實保障不得逮捕由（1929 年）》，《國民黨南京市黨部黨務稽核（決定書）》，第 86 頁。國民黨南京市監察委員會檔案，檔案號：1038－297。

2. 《處理大王廟之經過》，《銅山縣政公報》，1929 年 7 月 15 日，第 6 期，江蘇省檔案館藏檔案，檔案號：5／30／59。

3. 《函浙江省黨部爲本會對省政府非法逮捕該會監察委員事呈請中央轉令國府通令各省政府遵照黨務工作人員保障條例切實保護請查照由（1929 年）》，《國民黨南京市黨部黨務稽核（文牘）》，第 97～98 頁，南京市檔案館館藏，檔案號：1038－297。

4. 《監督寺廟條例》，《國民政府司法例規（三）》，第 2302～2303 頁，江蘇省檔案館藏檔案，檔案號：5／30／158。

5. 《江蘇省黨務沿革》，出版年不詳，第 1～10 頁，江蘇省黨部編，江蘇省檔案館藏檔案，檔案號：1／3／880。

6. 《江蘇省政府委員會第 19 次會議記錄（1927 年 12 月 22 日）》，江蘇省檔案館藏檔案，檔案號：1001／乙／688。

7. 《江蘇省政府委員會第三次臨時會議》（1928 年 2 月 2 日），江蘇省檔案館藏檔案，檔案號：1001／乙／689。

8. 《名勝古迹古物保存條例》，《國民政府司法例規（三）》，第 2323 頁，江蘇省檔案館藏檔案，檔案號：5／30／158。

9. 《神祠存廢標準》，立法院編譯處編：《中華民國法規彙編》，第三冊，中華書局印行，出版年不詳，第 807 頁，江蘇省檔案館藏檔案，檔案號：5／30／178。

10. 《寺廟登記條例》，《增訂國民政府司法例規》，下冊，1931 年編，第 1992～1993 頁，江蘇省檔案館藏檔案，檔案號：5／30／184。

11. 《中國國民黨江蘇省銅山縣黨務沿革調查表（1930 年）》，江蘇省檔案館藏檔案，檔案號：1／3／880。

二、日記，回憶錄及資料彙編

1. 北京大學國際政治系編：《中國現代史統計資料選編》，河南人民出版社，1985 年。

2. 編者：《抗戰前的國民黨縣黨部》，《靖江文史資料》，第 3 輯。

3. 編者：《銅山縣國民黨歷史沿革》，《銅山文史資料》（江蘇），第 7 輯。

4. 編者不詳：《鮑羅廷在中國的有關資料》，中國社會科學出版社，1983 年

5. 蔡伯川：《火燒城隍廟》，《鹽城文史資料》，第 1、2 輯。

6. 曹餘濂編：《歷次公佈之〈省政府組織法〉》，《民國江蘇權力機關史略（江蘇文史資料第 67 輯）》，江蘇文史資料編輯部印行，1994 年。

7. 陳布雷：《陳布雷回憶錄》，東方出版社，2009 年，第 123 頁。

8. 陳斯白：《略談國民黨江蘇省黨部的黨務鬥爭》，《文史資料選輯（江蘇鹽城）》，第 3 輯。

9. 陳天錫主編：《戴季陶先生文存三續編》，國民黨中央黨史會出版，1971 年。

10. 陳旭麓主編：《宋教仁集》，下冊，中華書局，1981 年。

11. 丁世良等編：《中國地方志民俗資料彙編：華東卷（上）》，書目文獻出版社，1992 年。

12. 杜偉、於龍：《浙江文史集萃》，（1），政治軍事卷，上冊，浙江人民出版社，1996 年。

13. 房宇園：《我所知道的許紹棣》，《浙江文史資料選輯》第 21 輯。

14. 郭佐唐：《三十歲以前的陳希豪》，《東陽文史資料》（浙江），第 11 輯。

15. 國民黨中央組織部編：《中國國民黨整理黨務辦法彙刊》，編者自印，1928 年 7 月，南京圖書館民國文獻特藏部藏。

16. 何祖培：《張靜江事迹片段》，《文史資料選輯》，第 24 輯。

17. 胡夢華：《國民黨 CC 派系的形成經過》，《中華文史資料文庫（八）》，中國文史出版社，1996 年。

18. 胡適：《胡適的日記（手稿本）》（1928 年 10 月至 1929 年 8 月），第 8 冊，遠流出版事業股份有限公司，1990 年。

19. 黃彥編：《孫文選集》，中冊，廣東人民出版社，2006 年。

20. 季嘯風等編：《中華民國史史料外編——日本末次情報研究所資料》，廣西師範大學出版社，1997 年，第 94 冊。

21. 江蘇省民政廳：《江蘇省政府十七年度施政大綱（鉛印本）》，1928 年 7 月印行，南京圖書館民國文獻特藏部藏。

22. 李雲漢主編：《中國國民黨黨務發展史料（組織工作）》，上冊，中國國民黨黨史會出版，1993 年。

23. 林懿均等編：《續修鹽城縣志稿》，民國二十五年鉛印本。

24. 劉國銘主編：《中華民國職官人物志》，春秋出版社，1989 年。

25. 羅家倫編：《革命文獻》，第 22 輯，中國國民黨黨史編委會，1984 年。

26. 毛澤東：《毛澤東選集》，第 1 卷，人民出版社，1991 年。

27. 龐鏡塘：《「中央俱樂部」──CC 的組織及其罪惡活動》，《文史資料選輯》，第 18 輯。

28. 彭明主編：《中國現代史資料選輯（1927～1931）》，第三冊，中國人民大學出版社，1988 年。

29. 秦孝儀主編：《先「總統」蔣公思想言論總集》，中國國民黨中央黨史委員會，1984 年。

30. 榮夢源等編：《中國國民黨歷次全國代表大會及中央全會史料》，上冊，光明日報出版社，1985 年。

31. 沈雲龍主編：《近代中國史料叢刊》，楊永泰著：《革命先革心變政後變俗》，收入《楊永泰先生言論集》，第一編第 975 號，1988 年。

32. 沈雲龍主編：《論評選輯（《國聞周報》第七卷一期至第七卷五十期）》，收入《近代中國史料叢刊》三編第五輯，臺北文海出版社，1988 年。

33. 沈雲龍主編：《一周間國內外大事述評（〈國聞周報〉第 5 卷 1 期至第 5 卷 50 期）》，收入《近代中國史料叢刊》，三編第六輯，臺北文海出版社，1988 年。

34. 孫石鼇：《國民黨鹽城縣黨部醜聞一則》，《文史資料選輯（江蘇鹽城）》，第 3 輯。

35. 王健英編：《中國共產黨組織史資料彙編》，紅旗出版社，1983 年。

36. 王遂今：《胡健中和〈東南日報〉》，《浙江文史資料選輯》，第 28 輯。

37. 王仰清等標注：《邵元沖日記》，上海人民出版社，1990 年。

38. 王正華：《蔣中正總統檔案・事略稿本》，第 2 冊，臺北國史館編。

39. 羅家倫主編：《吳稚暉先生全集》，卷八，中國國民黨黨史史料編纂委員會出版，1969 年。

40. 文史資料研委會：《國民黨宿遷縣歷史簡介和派別鬥爭》，《宿遷文史資料》，第 2 輯。

41. 文史資料研委會：《國民黨宿遷縣歷史簡介和派別鬥爭》，《宿遷文史資料》，第 2 輯。

42. 蕭錚主編：《民國二十年中國大陸土地問題資料》，第 65 號，成文出版社有限公司印行，1977 年。

43. 謝持：《謝持日記未刊稿》，1928 年 1 月 3 日，第五冊，廣西師範大學出版社，2007 年。

44. 楊谷：《我所知道的國民黨省縣派系情況》，《江都文史資料》，第 2 輯。

45. 楊谷：《一九二九年江蘇省國民黨內部的一場派系鬥爭》，《江蘇文史資料選輯》，第 9 輯。

46. 章培：《蔣介石一九二七年下野返浙點滴》，《浙江文史資料選編》，第 13 輯。

47. 章有義編：《中國近代農業史資料》，第三輯，北京三聯書店，1957 年。

48. 趙如珩編：《江蘇省鑒》，下冊，「社會」，1935 年。

49. 浙江省政府秘書處編：《浙江省臨時政治會議及中央政治會議浙江分會會議紀錄彙刊》，1928 年。

50. 浙江省志編委會編：《浙江省中國共產黨志》，浙江人民出版社，2007 年。

51. 中共成都市委組織部等編：《中國共產成都市組織史資料（1922～1993）》，四川人民出版社，2000 年。

52. 中共四川省委組織部等編：《中國共產黨四川省組織史資料（1949～1987）》，四川人民出版社，1994 年。

53. 中共江蘇省委黨史工作室等編：《中國共產黨江蘇省歷次代表大會文獻彙編（1927～1994）》，中共江蘇省委黨史工作室等印行，2000 年。

54. 中共中央黨史研究室編：《聯共（布）共產國際與中國國民國民運動（1920～1925）》，北京圖書館出版社，1997 年。

55. 中共中央文獻研究室編：《周恩來年譜（1898～1949）》，中央文獻出版社，1989 年。

56. 中國第二歷史檔案館編：《中國國民黨中央執行委員會常務委員會會議錄》，廣西師範大學出版社，2000 年。

57. 中國第二歷史檔案館編：《中華民國史史料長編》，第 26 冊，南京大學出版社，1993 年。

58. 中國科學院歷史研究所第三所南京史料整理處選輯：《中國現代政治史資料彙編》，第二輯第八冊。

59. 中華民國史實紀要編輯委員會：《中華民國史實紀要》（1927 年 7 至 12 月），臺北中華民國史實紀要編輯委員會印行，1978 年。

60. 中山大學歷史系孫中山研究室等編：《孫中山全集》，第 5 卷，中華書局，1985 年。

61. 周一志：《關於西山會議派的一鱗半爪》，《中華文史資料文庫（八）》，中國文史出版社，1996 年。

62. 朱匯森主編：《土地改革史料（1928～1960）》，國史館印行，1988 年。

63、江蘇省地方志編纂委員會：《江蘇省志 國民黨志》，江蘇人民出版社，2006 年。

64. 中國國民黨北平特別市黨務指導委員會組織部：《中國國民黨北平特別市黨務指導委員會組織部六七八月份工作彙報》，1929 年 9 月印行。

三、報刊

1. 《成都商報》
2. 《傳記文學》
3. 《大公報》
4. 《地理雜誌》
5. 《廣州民國日報》
6. 《國民政府公報》
7. 《海潮音》
8. 《江蘇黨聲》
9. 《江蘇黨務周刊》
10. 《江蘇省政府公報》
11. 《江蘇旬刊》
12. 《金陵周刊》
13. 《明日之江蘇》
14. 《內政公報》
15. 《南方都市報》
16. 《南京黨務周刊》
17. 《上海民國日報》
18. 《社會日報》
19. 《申報》
20. 《時事月報》
21. 《蘇中校刊》
22. 《蘇州市政公報》
23. 《蘇州市政月刊》
24. 《新江蘇報》
25. 《益世報》
26. 《銀行周報》
27. 《浙江黨務》

28.《浙江民政年刊》

29.《浙江民政月刊》

30.《中央半月刊》

31.《中央黨務月刊》

32.《中央日報》

33.《中央政治會議廣州分會月刊》

34.《中央政治會議武漢分會月報》

35.《中央周報》

四、論文（集）

1. （俄）В·維什尼亞科娃著，吳永清譯：《1929 年中國農民運動與秘密農民團體》，社科院近代史所編：《國外中國近代史研究》，第 21 輯，中國社會科學出版社，1992 年，第 210 頁。

2. 曹成建：《「俯順輿情」重於「消除迷信」——1936～1937 年四川旱災中政府對拜神祈雨的態度》，《民國研究》，第 15 輯，社會科學文獻出版社，2009 年。

3. 曹樹基：《兩種「田面田」與浙江的「二五減租」》，《歷史研究》，2007 年 2 期。

4. 崔之清：《精英與大眾之間：國民黨社會結構與政黨形象流變綜論（下）》，《民國研究》，第 13，14 輯，社會科學文獻出版社，2008 年。

5. 黨彥虹：《中國國民黨中央常務委員會研究（1926～1949）》，南開大學博士論文，2009 年。

6. （美）蓋斯白，許有成譯，陳祖懷校：《從衝突到沉寂：1927～1928 年間江蘇省國民黨黨內宗派主義和地方名宿》，《史林》，1993 年第 2 期。

7. 郭於華主編：《儀式與社會變遷》，社會科學文獻出版社，2000 年。

8. 賀躍夫：《民國時期的紳權與鄉村社會控制》，《二十一世紀》（香港），1994 年 12 月，總第 26 期。

9. 黃金麟：《革命與反革命：清黨再思考》，《新史學》（臺北），第 11 卷 1 期，2000 年。

10. 李巨瀾：《試論抗戰前國民黨地方黨部的邊緣化》，《華東師範大學學報》（哲學社會科學版），2006 年 3 期。

11. 李珂：《改組派始末及其現象分析》，《民國檔案》，2004 年 4 期。

12. 羅敏：《「家事難言」：蔣介石筆下之情愛世界》，《南京大學學報》（哲學社會科學版），2010 年第 5 期。

13. 馬俊亞：《近代淮北地主的勢力與影響——以徐淮海圩寨爲中心的考察》，《歷史研究》，2010 年 1 期。

14. 馬佩英：《南京國民政府鄉村整合失敗原因探析——以 1929 年發生在浙江的黨政糾紛爲例》，《河南大學學報》，2003 年 2 期。

15. （美）齊錫生，徐有威等譯：《國民黨的性質（上）》，社科院近代史所編，《國外中國近代史研究》，第 26 輯，中國社會科學出版社，1994 年。

16. 沙青青：《信仰與權爭：1931 年高郵「打城隍」風潮之研究》，《近代史研究》，2010 年 1 期。

17. 沈潔：《反迷信與社區信仰可見的現代歷程——以 1934 年蘇州的求雨儀式爲例》，《史林》，2007 年 2 期。

18. 湯向東：《國民黨黨員群體結構分析——以 1929 年爲中心》，《江蘇社會科學》，2004 年 1 期。

19. 王合群：《國民黨派系鬥爭與浙江「二五減租」》，《民國檔案》，2002 年 2 期。

20. 王合群：《浙江「二五」減租研究（1927～1949）》，華東師範大學博士論文，2003 年。

21. 王奇生：《黨政關係：國民黨黨治在地方層級的運作》，《中國社會科學》，2001 年第 3 期。

22. 王奇生：《革命與反革命：一九二○年代中國三大政黨的黨際互動》，《歷史研究》，2004 年 5 期。

23. 王奇生：《民國時期縣長的群體構成與人事嬗遞——以長江流域省份爲中心》，《歷史研究》，1999 年第 2 期。

24. 王奇生：《戰前中國的區鄉行政：以江蘇省爲中心》，《民國檔案》，2006 年 1 期。

25. 王賢知：《試論抗戰前國民黨組織發展的幾個基本特點》，《民國檔案》，1990 年第 3 期。

26. 王小嘉：《從二五到三七五：近代浙江租佃制度與浙江二五減租政策的嬗變》，《中國經濟史研究》，2006 年 4 期。

27. 徐志偉：《一種「他者化」的話語建構與制度實踐——對清季至民國反「迷信」運動的再認識》，《學術月刊》，2009 年第 7 期。

28. 楊煥鵬：《國家視野中的江南基層政治（1927～1929）——以杭、嘉、湖地區爲中心》，復旦大學博士論文，2005 年。

29. 張世瑛：《罪與罰：北伐時期湖南地區懲治土豪劣紳中的暴力儀式》，《國史館集刊》（臺北），2006 年第 9 期。

30. 鄭國：《民國前期迷信問題研究（1912～1928）》，山東師範大學碩士論文，2003 年。

31. 鄭建生：《國民革命中的農民運動——以武漢政權爲中心的探討》，國立政治大學歷史研究所博士論文，1995 年。

32. 葛達：《浙江二五減租述評》，《浙江師範大學學報》，1998 年 6 期。

33. 何志明：《段錫朋：被淡忘的五四運動學生領袖》，《南方都市報》（歷史版），2009 年 8 月 6 日。

34. 何志明：《民國奇案：從打城隍到打黨部》，《文史天地》，2010 年 11 期。

35. 王舸、何志明：《戰時國民黨的黨員監察網》，《抗日戰爭研究》，2013 年第 3 期。

36. 石歆卉：《中國國民黨中央監察委員會之研究（1924～1929）》，碩士學位論文，臺灣師範大學歷史研究所，2009 年。

37. 何志明：《訓政前期國民黨中央與地方黨部的政治分歧——以 1929 年浙江二五減租爲考察中心》，《民國研究》，2014 年春季號，第 25 輯。

38. 何志明：《1928 年浙江省黨政糾紛的緣起及收場》，《文史天地》，2014 年第 2 期。

39. 何志明：《國民黨中央監察委員會的來龍去脈》，《文史天地》，2014 年第 4 期。

五、論著

1. （美）艾爾東·莫里斯等：《社會運動理論的前沿領域》，北京大學出版社，2002 年。

2. （美）查爾斯·蒂利等著，李義中譯：《抗爭政治》，譯林出版社，2010 年。

3. 陳太先，等著：《當代地政泰斗蕭錚博士傳略》，臺灣地政研究所印行。

4. 陳益元：《革命與鄉村：建國初期農村基層政權建設研究：以湖南醴陵縣爲個案（1949～1957）》，上海社科院出版社，2006 年。

5. 陳之邁：《中國政府》，第三冊，商務印書館，1946 年。

6. 崔之清主編：《國民黨政治與社會結構之演變》上中下，社會科學文獻出版社，2007 年。

7. （美）杜贊奇著，王憲明等譯：《從民族國家拯救歷史：民族主義話語與中國現代史研究》，江蘇人民出版社，2009 年。

8. 費正清等主編：《劍橋中華民國史（1921～1949）》，下冊，中國社會科學文獻出版社，1993 年。

9. 郭緒印主編：《國民黨派系鬥爭史》，上海人民出版社，1992 年。

10. 洪瑞堅：《浙江之二五減租》，正中書局，1935 年。

11. 黃宗智：《法典、習俗與司法實踐：清代與民國的比較》，上海書店出版社，2003 年。

12. 李劍農：《最近三十年中國政治史》，太平洋書店，1930 年。

13. 李宗仁：《李宗仁回憶錄》，上冊，華東師範大學出版社，1995 年。

14. （英）倫納德・夏皮羅著，徐葵等譯：《一個英國學者筆下的蘇共黨史》，東方出版社，1991 年。

15. 羅志田：《權勢轉移：近代中國的思想、社會與學術》，湖北人民出版社，1999 年。

16. （德）馬克斯・韋伯：《經濟與社會》，第 2 卷，商務印書館，1997 年。

17. （美）曼瑟爾・奧爾森著，陳郁等譯：《集體行動的邏輯》，上海三聯書店等，1995 年，第 71 頁。

18. （美）帕克斯・M 小科布爾，蔡靜儀譯：《江浙財閥與國民政府（1927～1937）》，南開大學出版社，1987 年。

19. （美）塞繆爾・P・亨廷頓，王冠華，等譯：《變化社會中的政治秩序》，三聯書店出版社，1989 年。

20. （日）三谷孝著，李恩民譯：《秘密結社與中國革命》，中國社會科學出版社，2002 年。

21. 田湘波：《中國國民黨黨政體制剖析（1927～1937）》，湖南人民出版社，2006 年。

22. 王克文：《汪精衛・國民黨・南京政權》，臺北國史館，2001 年。

23. 王銘銘：《逝去的繁榮：一座老城的歷史人類學考察》，浙江人民出版社，1999 年。

24. 王奇生：《黨員、黨權與黨爭》，上海書店，2003 年。

25. 王奇生：《革命與反革命：社會文化視野下的民國政治》，社會科學文獻出版社，2010 年。

26. 王先明：《變動時代的鄉紳——鄉紳與鄉村社會結構變遷（1901～1945）》，人民出版社，2009 年。

27. （美）蕭邦奇著，周武彪譯：《血路——革命中國中的沈定一（玄廬）傳奇》，江蘇人民出版社，1999 年。

28. 袁成毅：《民國浙江政局研究（1927～1949）》，中國社會科學出版社，2007 年。

29. 翟學偉：《人情、面子與權力的再生產》，北京大學出版社，2005 年。

30. （美）詹姆斯・R・湯森，等著，顧速等譯：《中國政治》，江蘇人民出版社，1994 年。

31. 張鳴：《鄉村社會權力和文化結構的變遷（1903～1953）》，廣西人民出版社，2001 年。

32. 張瑛：《蔣介石與「清黨」內幕》，國防大學出版社，1992 年。

33. 張仲禮：《中國紳士的收入》，上海社會科學院出版社，2001 年。

34. 鄭振滿，等編：《民間信仰與社會空間》，福建人民出版社，2004 年。

35. 中共江蘇省委黨史辦編：《中共江蘇地方史（1919～1949)》，第一卷，江蘇人民出版社，1996 年。

36. 周榮德：《中國社會的階層與流動──一個社區中士紳身份的研究》，學林出版社，2000 年。

37. 周尚文等著：《蘇共執政模式研究》，上海世紀出版集團，2010 年。

38. 梁啟超：《中國曆史研究法》，上海世紀出版集團，2006 年。

39. 王奇生：《黨員、黨權與黨爭：1924～1949 年中國國民黨的組織形態》（修訂增補本），華文出版社，2010 年版。

網絡文獻

1. 楊奎松：《1927 年南京國民黨「清黨」運動之研究》，文章來源：http://www.aisixiang.com/data/detail.php 抬 id=344

2. 王奇生：《1949 年前的國民黨爲何失去自己的黨員》，http://www.21ccom.net/articles/lsjd/lccz/article_2011022530587.html.

英文文獻

1. Bradley Kent Geisert, From Conflict to Quiescence: The Kuomintang, Party Factionalism and local Elites in Jiangsu, 1927～1931, *The China Quarterly*, No.108, 1986.

2. *Foreign Relations of the Unit States（FRUS）, Diplomatic Papers: 1929*, vol.2, China .

3. Hung-mao Tien, *Government and Politics in Kuomintang China: 1927～ 1937*, Stanford University Press, 1972.

4. Prasenjit Duara, Knowledge and Power in the Discourse of Modernity: The Campaign against Popuar Religion in Early Twenitieth Century China, *The Journal of Asian Studies*, 1991, 1 .February.

5. Tsai, David. 「Party-Government Relations in Kiangsu Province, 1927～ 1932.」 *In Select Papers from the Center for Far Eastern Studies*, no.1（1975～ 1976）, the university of Chicago, 1976.

附　錄 [註1]

民國奇案：從打城隍到打黨部

何志明

　　晚清政局動盪，迭遭變故，國人痛定思痛，乃苦苦思索救國之策，進而在軍事、政治等諸方面都出現了效法西洋的變革。遺憾的是，這些努力大都沒有實現預期目標，一些仁人志士最後發現，思想領域的守舊落後更是令人沮喪，而迷信嚴重也是一個突出的表現。所以，自上世紀初起，中國就出現了多次來自官方主導的破除迷信運動。1928 年，經過南京國民政府的授意，在國民黨地方黨部的推動下，也開展了一場以打毀城隍廟爲標誌的破除迷信運動。作爲國民政府所在地的江蘇，在黨部主導下的打城隍行動更是進行得如火如荼。由於打毀城隍廟侵犯了多方利益，遭遇了強烈反彈，如在鹽城，更是因毀城隍而發生了一場慘案。

一、鹽城縣城隍廟的概況

　　破除迷信以啓迪民智，乃孫中山的遺教之一。南京國民政府爲了革新內

〔註 1〕 收入本附錄的文章均已公開發表於貴州《文史天地》，具體見文後注。這類文章儘管爲文史類，與常規學術論文相異，但均運用第一手史料撰寫而成，絕非信口胡謅，且盡可能吸收學界最新研究成果，力求學術性與可讀性相統一。但因囿於此類文體格式，筆者無法在文中及時注明觀點來源。特在此向相關前輩學人致以最誠摯的感謝。同時，感謝《文史天地》雜誌社以及編輯姚勝祥老師長期以來對筆者的支持。

政，於 1928 年成立了專門機構內政部專司其責，直隸於國民政府。該部權力很大，依法令管理地方行政及土地、水利、人口、警察、選舉、國籍、宗教、公共衛生、社會救濟等事務，並在各省設立民政廳，受省政府與內政部的雙重管理。內政部成立後，隨即制定相關法規，要求各地積極破除迷信，並應國民黨地方黨部的建議，提出了要廢除陰曆、嚴禁算命占卜等職業、打倒地方上各種「淫祠」等諸多主張。按照內政部制定的標準，各地的城隍廟自然在應廢除之列。於是，在一些國民黨基層黨部的引導下，打毀城隍廟的行動就緊鑼密鼓地開展起來。在江蘇鹽城，城隍廟更是因其在地方上擁有巨大的影響力而被縣黨部確定為率先要打倒的目標。

城隍，是個在傳統民間社會隨處可見的一個神靈。因其職權所繫，在一般民眾心目中的地位，甚至要勝過很多神仙。根據傳說，城隍為陰間「地方政府」的主要負責人，相當於市長，執掌審判大權，專門處理那些在陽間犯下過錯的人，其職能與閻王相似。出於畏懼死後被追究在陽間所犯的過錯，民間乃築廟以紀念，以求死後不墮地獄，為城隍立廟並裝塑金身，尊崇極隆。在鹽城，該城隍廟更是歷史悠久。據記載，其建於明嘉定年間，廟址在鹽城縣城東北隅，並經過歷代擴建，形成了一個很大的建築群，氣勢十分巍峨。

該城隍廟前有橋，名謂「落魂橋」，並有牌樓一座，上懸一匾額，書「敕封忠祐侯」。在橋北，廟門兩側豎有旗杆各一，「高逾五丈」。為了顯示城隍的威嚴，廟的正大門上懸有「你來了麼」匾額，門旁掛有「萬惡淫為首，百善孝為先」對聯一副。廟的兩廂是「鬼魂候審處」，為死亡者之魂魄被捉拿來廟後，等候城隍點名審問之處，並有「你的千算百算，不抵我一算」條幅懸掛。廟內有一大天井，「能容觀眾數千人」，兩廂各有十二間，名為「二十四司」，每司均有主司官及鬼卒夜叉之像，如牛頭、馬面等，面相猙獰。每間房屋內皆塑有地獄懲治作惡者的諸多方式，如割舌、挖心、犬噬、蛇咬、過奈何橋、入血污池等多種酷刑，令觀者不寒而慄。而要在城隍正殿面見城隍，須循十八級臺階而上，城隍端坐於大堂之上，其身為檀木雕成，四肢可以活動，以便穿脫衣服。城隍面目漆黑，不怒自威，頭戴金冠，身著蟒袍，足登烏靴。為便於城隍審案，座前設置了筆墨紙硯等文房四寶，旁邊塑一判官，以便城隍審案時垂詢，場景布置得十分逼真。正殿後為城隍之寢樓，內設有城隍娘娘塑像，其像身穿鳳冠霞帔端坐龕內，相貌莊重。室內的梳粧檯、床帳被褥等用具也一應俱全。總之，「廟內所有偶像，莊嚴肅穆，令人敬畏」。

該城隍廟在當地影響巨大，善男信女聞風前來祭拜者不計其數，廟內香火更是旺盛。城隍在當地人心目中，屬於賞罰分明，剛正不阿的正神，就是歷代鹽城縣衙門也要出面組織相關紀念活動，以示尊崇。如每年無論晴雨，官方都要在清明、七月中旬、十月初舉行迎神賽會，並　城隍神像出巡，並由縣衙派差役二人，在左右扶轎而行，在城內外遊行一圈。該習俗成為該縣的重要節日之一，每當迎神賽會舉行，前來觀看城隍出巡者更是摩肩接踵，來城進廟燒香等人更是無可勝計。這樣大的人流，帶來了潛在的商機，不少商人擺放大批日用品在廟內外出售，乘機開展廟會貿易，獲利頗豐。當然，作為城隍廟的廟祝，更是對大筆的香火收入樂得不知所以。但是，他們萬萬沒有料到，隨著中國國民黨統一全國進程的加快，這樣的好日子即將到頭了。

二、從「打城隍」到「打黨部」

早在 1927 年，國民黨就在鹽城縣設立了縣黨部，並積極發展成員。但隨著國民黨組織力量的發展，由於國民黨中央遲遲沒有明確劃清地方黨部與政府之間的權力界限，使得地方上黨政衝突此起彼伏，這種情況在鹽城縣也同樣存在。按照國民黨中央的規定，省縣黨部與同級政府處於平等、互相監督的地位。鹽城縣縣長李一誠因有重大的貪污腐敗嫌疑，縣黨部乃據此向省黨部進行了多次檢舉，省黨部在省政府進行交涉後，後者最後派員進行了調查，但始終沒有結果。縣長李一誠遂對縣黨部生嫉恨之意，縣黨部與縣政府的關係自然較為緊張。隨著縣黨部不顧縣政府的反對而執意要打毀城隍廟，使得雙方的矛盾而進一步升級。

1928 年 10 月初，鹽城縣黨部為了響應各地要求破除迷信的呼聲，決定將城隍廟確定為破除迷信的首要目標，並主持召開鹽城縣各團體代表會議進行專題研究。在會上縣黨部不顧縣政府代表的反對，強行通過了將城隍廟取締，改作民樂院的決議，並成立了九人參加的相關籌備委員會。會議結束後，消息傳出，城隍的廟祝、當地士紳一時惶惶然，乃密議抵制之法。縣黨部雖得知此信息，但並未引起足夠的重視，還譏諷其為蚍蜉撼樹，螳臂當車，而是將主要精力放在如何組織力量貫徹會議精神上面。這就為後來的動亂埋下了隱患。

由於當時國民政府規定，各縣公安局主要負責人的人事任免權在各省民

政廳，縣政府對其沒有直接的管轄權，所以縣黨部設法先取得了鹽城縣公安局的支持。在得到公安局的肯定性表態後，縣黨部就大膽地幹了起來。10月6日，由該縣城一些中小學生組成的一支隊伍，在鹽城縣黨部常委徐慕予的帶領下浩浩蕩蕩地前往目的地。眾人到達城隍廟後，不顧廟祝的阻攔，衝上十八級臺階進入了城隍廟正殿。但面對城隍神像後，大家仍存有對城隍的畏懼心理，誰也不敢先下手打城隍。這是縣黨部委員彭克勤見狀，決定先行以做表率，打消眾人的疑慮。彭乃大喝一聲，提棍上前，對城隍來了個當頭一棒，只聽見噹啷一聲大響，將神像前的玻璃擊碎。這一下給眾人的壯了不少膽，大家乃一擁而上，將平時供奉謹嚴、不敢稍有怠慢的城隍老爺像拖至天井中，先撕去像身上的衣服，砸碎像身，後將其心臟拉出，見是一龜殼，眾人「群相嘩笑」。在將城隍收拾後，隊伍隨後兵分幾路，將後殿的城隍娘娘神像擊碎，偏殿的二十四司及其他鬼神像一併推倒。在將殿內眾神像打毀後，參加其中的學生乃整隊返校，縣黨部也隨後開始計劃民樂院的實施問題。

　　但隨著城隍廟被打毀的消息不脛而走，聽者莫不駭異。一些士紳指責其「廢除偶像為大逆不道」，城隍廟之廟祝更是痛罵不止。事情因而很快再生變故，就在縣黨部指揮打毀城隍後的兩天，即10月8日晚，城隍廟忽然遭人縱火，一時間，烈焰直衝雲霄。一些迷信的人乃奔走相告，四處呼喊「城隍顯聖了！」而在廟外，前來圍觀的人群越集越多，奇怪的是，眾人均僅冷漠觀望而不是去幫助滅火。半小時後，縣長李一誠率救火隊趕到，不料他非但沒有組織力量滅火，反而當眾稱「此禍為黨部與公安局等所惹」，民眾本就對黨部打毀城隍廟的行動心存抱怨，而作為一縣行政首腦的縣長此話一出，圍觀者的憤恨情緒遂被急劇放大，在場諸人等皆誤以為此火為縣黨部等所放，認為縣黨部等打倒城隍後還不滿足，竟企圖將廟燒毀，真可謂是可忍，孰不可忍！一時之間群情激憤。而在這時，圍觀者中間有人乘勢喊出了「擁護李縣長，打倒縣黨部、教育局、公安局，殺盡洋學生」等口號，眾人乃群起毆打前來維持秩序的警察，現場隨之失控。負一縣治安責任的李一誠對此非但不予以制止，反而徑直返回縣政府。而此時，政府刑事書記王秉衡更是進行火上澆油，高呼「縣長教打黨部，大家不必退縮！」在其意識地引導下，暴民乃將矛頭直指縣黨部、教育局、中小學等機構。

　　眾人在前往縣黨部途中，順路將教育局及一些中小學搗毀一空。因城隍廟旁有一華佗廟，當時鹽城中學尚未建設完工，所以將該廟暫作為學生宿舍。

火起後，鹽城中學的學生為避免火勢蔓延，乃奔向華佗廟搬取行李。在他們前往華佗廟途中，不幸與前往縣黨部的暴民遭遇，被眾人認定為縱火者而被圍毆，還將一學生王長江拋入火中，致使其慘遭焚斃。同時，黑夜中人群互相踐踏，一些不辨真相的人隨之附和，以致傷者甚眾。縣黨部面臨大禍，遂向縣政府尋求支持，後者竟然置之不理，結果縣黨部慘遭毀壞。就在縣黨部、教育局被暴徒圍攻之時，縣公安局曾派幹警前往制止，但暴民見其未攜帶武器，乃無所忌憚，還辱罵警察道：「黑狗快滾」！並揚言要接著攻打公安局，警察聞知忙飛奔回局報警，公安局如此才幸免於難。而奇怪的是，暴徒在打毀實驗小學後，轉往女子中學，途徑縣政府門口，並未有傷政府分毫。此次暴動直至深夜一二點，眾人乃闋散。

三、暴動的收場

此次暴動歷時四個小時之久，搗毀了黨部、教育局等機關三處，學校五所，造成了巨大的財產損失。此消息一出，各地驚詫莫名，在「黨國」統治下，國民黨縣黨部等機關居然被暴民明目張膽地打毀，更是地方上的一件令人矚目的大事。

在此次動亂中，縣政府方面有明顯的指使縱容嫌疑。據目擊者稱，指揮暴民的人「具係縣政府皂吏」，其帶領隊伍嚴整，事先就帶有器械，可見早有準備。他們還公然往來於縣政府及公安隊（不同於縣公安局）間。令人玩味的是，這些暴民在打毀縣黨部等機構途中，來往縣政府公安隊門口三四次，並無過激舉動，可謂秋毫無犯，所以在此暴亂中，縣政府辦公樓並無絲毫損失。同時，縣政府方面也有各種衛兵達百餘人，面臨各方求援的情況下，僅下令不得開槍，而拒不派衛隊救援。而在動亂發生後的次日，鹽城縣政府以縣黨部的名義散發了一份傳單，稱此次城隍廟失火原因「一時訪查不出」，且幸好縣長等及時趕到，分頭演講後，民眾隨後散開，對秩序並無妨礙。傳單對黨部教育局等機構被毀隻字不提，只是要求民眾不得再行擾亂治安之舉，否則「就犯法要辦罪了」。從傳單內容上看，縣政府將責任一推了事，且明顯有意縱容，並未嚴密緝拿肇事者。因而，從種種　象上看，縣政府特別是縣長李一誠在此次暴亂中具有明顯的指使嫌疑。

縣政府在此次動亂中扮演的角色，作為受害方的縣黨部等機關豈非不知，他們對此不依不饒，非追究縣政府方面的責任不可。就在暴亂發生的當

夜，縣黨部乃發電報到鎮江（時為江蘇省會所在），向省政府控訴縣長李一誠「利用差役，縱火燒死學生，搗毀黨部、教育局及中小學」，鹽城縣教育局、公安局也分別致電省教育廳、民政廳要求嚴厲懲辦肇事者。在此次暴動中受到衝擊的機關團體代表還在南京設立辦事處，坐逼國民黨中央迅速進行處理。除此之外，各地黨部、學校紛紛發表通電，要求懲辦禍首，如蘇州中學致電鹽城中學校長及教育局長稱「昨閱報載鹽城暴民擾亂情形，駭悉貴縣黨部與貴局校同遭蹂躪，並有傷害學生情事，實為教育界空前浩劫，令人髮指。此案必須嚴辦，自應一致向省方聲請，以除兇暴」。旅滬的鹽城學生更是不肯罷休，親赴南京請願要求懲辦肇事者。一時之間，給江蘇省政府造成了不小的壓力。

而在江蘇省政府方面，儘管對破除迷信並無異議，但因不少縣黨部工作方式簡單粗暴，未深入進行相關宣傳就輕率地打毀祠堂廟宇，以致基層社會衝突不斷，嚴重影響了社會秩序，所以也對縣黨部方面主導的打城隍行動頗不以為然。但此次鹽城慘案引發了社會輿論的一致譴責，省政府也不得不派員進行處理。為了調查此案，省政府及黨部派出聯合調查組前往鹽城，該調查組由省民政廳三科科長陳惟儉、省政府委員黎明華、民政廳視察員金家凰、熊　、省黨部委員李百仍及中央大學代表薛鍾泰、孔德組成。調查組抵達鹽城後，省政府代表的態度與其他代表有著鮮明對比，面對各團體的請願，熊　非但不予採納，反而斥責他們「亂子已鬧大了，不要再越鬧越大」，而且針對當地中學以罷課相威脅要求嚴厲處置李一誠等人的要求，黎明華稱他們「以罷課要挾省方，比李金（指縣長李一誠及公安隊長金品三）的罪惡還大」。經過調查組的調查，認為縣長李一誠等人在此次暴亂中嚴重失職，決定將縣長李一誠、縣司法書記王秉衡等一同送往鎮江處理，同時對被毀機關學校、遇難者的家屬進行安撫，才將此次暴亂造成的惡劣影響基本平息。

從上面可看出，在這個事故調查組中，省政府代表的態度在很大程度上即代表了省政府對此案的看法，省政府主要從維持地方秩序的角度出發，雖然未曾明言，但也表達了對縣黨部輕率地打毀城隍廟，以致引發暴亂的強烈不滿，這從後來李一誠等人並未得到應有的懲處就可以看出來。但迫於輿論壓力，江蘇省政府將李等人撤職並將其移交南京的特種臨時法庭審理，但李一誠等人很快因其後臺張靜江（國民黨元老之一）出面而被保釋，致使此案最終不了了之。

　　而城隍廟在經過此次焚毀後，已經無法恢復，後也只好被改作他用。至於城隍廟爲何爲無故起火，則另有隱因。由於城隍廟規模較很大，終年香火不絕，其每年修繕的費用亦是不小，而修繕等事主要由縣政府差役組織的「灑掃會」負責。灑掃會的費用主要來自廟內香火及一些富商巨賈捐獻的修廟款，因爲缺乏嚴格的資金管理與審計制度，其中自然就產生了不小的腐敗現象。當時擔任該會經理的是縣政府司法刑事書記王雨滋，他利用職務之便中飽私囊，從中獲利不少。但縣黨部率隊搗毀城隍廟後，他十分害怕縣黨部接著會稽核灑掃會的賬目情況。爲了逃避責任，王乃糾集該會人等密議辦法，會上決定鋌而走險，利用縣黨部打毀城隍廟不得人心之機，對城隍廟縱火，然後嫁禍給縣黨部，並藉此將相關賬目燒毀，來個死無對證。不料，此著險棋居然一舉成功，但因縱火而引發如此嚴重的社會暴亂乃至人員傷亡，則是其萬萬沒有意料到的。

本文已刊《文史天地》2011 年第 11 期

1928年浙江省黨政糾紛的緣起與收場

何志明

自國民黨 1924 年效法俄共組織模式改組到 1949 年丟失大陸政權，國民黨的地方黨政關係經歷了一個較大的變化過程。總的說來，1924 年至 1927 年，即第一次國共合作期間，在地方層級，國民黨的地位要高於同級政府，至少不分伯仲。但令人匪夷所思的是，1927 年以後，國民黨地方黨部的影響大為下降，不僅不能與之抗衡，反而成為同級政府的附庸。1928 年，浙江發生的這次黨政糾紛，則是一個很好的例子。

一、事情的緣起：接收杭州《民國日報》

早在同盟會（國民黨的前身）時代起，浙江就是其重要的活動根據地，不少國民黨要人均籍浙江，如蔣介石、陳果夫、張靜江等。1924 年，國民黨改組後，在中共的幫助下，很快在浙江建立了黨組織，1926 年 3 月，共產黨員宣中華等人就參與並組建了國民黨省黨部。1926 年，國民黨興師北伐，1927 年 2 月即佔領杭州，並成立了浙江省臨時政務會議，代行浙江省政府職權，以蔡元培、褚輔成、陳其採、馬敘倫、宣中華、蔣夢麟等為浙江省政務委員，但多數政務委員並不在浙江，所以浙江省政基本處於停頓階段。

1927 年，國民黨先後發動「四一二」及「七一五」政變，決定「清黨」，將共產黨人從國民黨中予以清除並力圖在肉體上消滅之，國共兩黨間的第一次合作最終以流血的形式宣告破裂。針對地方上共產黨人協助建立的國民黨組織，國民黨中央堅決持懷疑態度，並宣佈所有地方黨組織停止活動，聽候改組。1927 年 5 月，國民黨中央派遣蕭錚、鄭亦同、邵元沖、陳希豪等人為浙江省黨部執行委員，組建新的國民黨浙江省黨部。此時國民黨中央組織部

的實際負責人爲陳果夫，爲了控制浙江黨務，陳趁機安插私人，如陳希豪、蕭錚等均屬陳派（又稱 CC 系）。這些新任命的黨務人員到達浙江後，因爲推行「二五減租」問題，很快與張靜江爲首的浙江省政府發生了齟齬。1927 年 6 月，張靜江以蕭錚等人有共產黨嫌疑爲由，企圖逮捕並處決蕭等人，但爲蕭錚等事前察覺而逃脫。陳果夫在浙江黨中勢力遭到沉重打擊。6 月 25 日，國民黨中央對浙江省黨部進行改組，並任命張靜江、蔡元培、邵元冲等人爲浙江省黨部改組委員會委員，張兼任組織部長，邵元冲爲宣傳部長。張同時又被國民政府任命爲省政府主席，集黨政大權於一身。

張靜江爲浙江吳興縣南潯鎮四大富豪之一，其早年曾慷慨資助孫中山大筆活動經費，與孫中山建立了良好的個人關係。1924 年，在孫的提名下，張靜江當選爲改組後的國民黨第一屆中央執行委員，後又曾擔任國民黨中央常委會主席。出於對「共產」的厭惡，張靜江極力反對孫中山的「容共」政策，常以譏諷的口吻道：「孫先生要聯俄聯共，我沒有意見，但共產如其可以共妻，這我倒極爲贊成！」張靜江與蔣介石的關係也非比尋常，蔣介石早年混　滬上之時，曾在張處領取津貼及生活費，張靜江後來還在廣州與蔣介石、許崇智、戴季陶四人結爲拜把兄弟，也正是在張靜江等人及江浙財團的堅決支持下，蔣介石才大膽地發動了「四一二」政變。爲了嚴密控制浙江及投桃報李，蔣特地薦任張靜江爲浙江省政府主席及國民黨中央政治會議浙江分會主席。

張靜江爲國民黨元老且出身富豪家族，在執政方面較爲保守。他在把持省政府大權之外，還企圖向黨務領域滲透。張對國民黨的「二五減租」政策頗不以爲然，對浙江實施該政策更是不積極。1927 年 5 月，爲了控制浙江省黨部農民部長一職，張以國民黨中央政治會議浙江分會主席的名義堅持要求任命出身杭州世家的徐寶駒爲部長，但以蕭錚爲代表的省黨部方面則因其家庭背景原因予以反對，堅持以鄭亦同爲部長。農民部長事關浙江的農民運動及其二五減租政策，所以張靜江視該職爲禁臠不容他人染指。在幾經交涉未果後，張靜江便將省黨部視爲眼中釘，欲去之而後快。就在該次人事糾紛後不及一月，張靜江便企圖以共產黨嫌疑爲名逮捕並處決蕭錚等人，蕭等人聞訊逃離浙江乃得脫險。如此一來，陳果夫等人企圖將勢力滲入浙江的首次行動宣告失敗。

「寧漢合流」後，武漢、上海及南京的國民黨各派組建新的中央黨部——國民黨中央特別委員會。蔣介石因受到各方攻擊而下野。爲了與蔣共進退

及表示對新國民黨中央的不合作，張靜江等人亦辭官而去。1928 年蔣介石復職後，國民黨中央決定再次清理各地的黨組織，並派出黨務指導委員，負責重組新的地方組織。因此，為了控制浙江省黨務，1928 年 2 月 4 日，時任代理國民黨中央組織部部長的陳果夫再次向浙江省派出陳希豪、洪陸東二人為浙江省黨部改組委員，先期前往接收黨務，為後來派出黨務指導委員做準備。陳、洪二人皆 CC 系成員。

在接到命令前，陳洪等人已經前往並於國民黨中央發文當日抵達杭州，並立即開始派人前往原浙江省黨部辦理相關接收手續。他們首先接收的是省黨部內的重要部門，如秘書處、組織部、農民部、青年部等，因省黨部在國民黨中央特委會解散後應國民黨中央之命停止工等候改組之中，因而陳洪等人對這些機構均接收均較為順利。據 1928 年 2 月 6 日上海《民國日報》報導，浙江省黨部機構「大多於下午五時接收完畢」。杭州《民國日報》為浙江省黨部所辦，但陳洪二人在接收該報及前浙江省黨部的清黨案卷時，卻吃了閉門羹。時為杭州《民國日報》社負責人沈爾喬告訴接收人員「民國日報因係省政府暫管，未經省政府會議決定，不能輕易任其接收」，並以此婉言謝絕。

此時擔任浙江省政府主席的是蔣伯城。蔣伯誠，浙江諸暨縣人，1888 年出生，北伐時曾任何應欽的參謀長，浙江省政府建立後，任軍事廳廳長，省保安司令。蔣此時得以擔任浙江省府主席，實則有一段小插曲。蔣介石下野後，原浙江省政府要人紛紛隨蔣掛冠而去，如張靜江、蔡元培等人離開浙江，前往上海。浙江省政府一時無人主持，此時把持國民黨中央的是桂系李宗仁、白崇禧。白無奈之下只得以二十六軍軍長周鳳岐兼任浙江省主席。周本來為孫傳芳的部下，後來投靠白崇禧，因作戰勇武且在上海的「四一二」事變中積極屠殺共產黨人而被白所看好。周擔任浙江省主席後，將浙江視為自己的勢力範圍。蔣介石下野後返回浙江奉化老家，引起了周鳳岐的猜忌，為了將蔣逼出浙江，周乃派一秘書攜帶五萬元去見蔣，並「要他趕快離浙，以免他（周）辦事為難」，蔣聞訊大怒。此事後被時任浙江省防軍指揮官的蔣伯誠透露給何應欽並轉報白崇禧後，白大罵周鳳岐「胡鬧」，決定撤銷周的浙江省主席職務，由何應欽兼任，但何軍務繁忙，乃由蔣伯誠代理，蔣由此獲得了蔣介石和何應欽的信任。

蔣伯城代理省主席後，對省黨部的勢力擴張頗為警惕。他趁國民黨中央尚未派遣黨務指導委員前來浙江之機，將本省的輿論機關——杭州《民國日

報》以及省黨部的清黨案卷以代爲保管的名義搶先予以接收。杭州《民國日報》是大革命時期的產物，創刊於 1927 年 3 月 1 日，始由共產黨人楊賢江擔任總編輯，爲國民黨浙江省黨部的機關報。因爲該報常常刊發宣傳一些關於二五減租及民眾運動的文章，素不爲省政府所喜。後者乃趁省黨部停頓之機，將這個輿論機關牢牢控制。而陳、洪二人作爲國民黨中央特派員，前來接收該報及清黨案卷時，則順理成章地吃了一個閉門羹。一場有名的黨政糾紛由此拉開了序幕。

二、浙江省黨部爲解決糾紛做出的努力

　　此次糾紛是在國民黨地方組織呼籲提高「黨權背景」之下展開。第一次國共合作期間，在共產黨的推動下，國民黨地方黨部較之同級政府強勢。一些國民黨員由此不遵法度，肆意妄爲，他們包辦選舉，結黨營私、販賣鴉片；甚至一些人借機攘奪地方行政與司法權：「自由逮捕人民，自由審問人民，自由處罰人民」。而一些國民黨地方黨部也同樣如此，他們竟然受理離婚案件、強迫人站木籠等。諸如此類的現象在社會上激起了很大的民憤，以致流傳出「黨軍可愛，黨人可殺」的民謠。

　　1927 年國民黨中央發動「清共」後，開始有意識地壓制地方黨部的權力，於是國民黨地方黨部的風光不再。1928 年 2 月，國民黨中央就地方黨政關係做出了明確規定：「各地政府與黨部有衝突時，須分別呈報各上級機關，共同處理」。該舉對地方黨部影響甚大，根據該規定，前者在地位上與同級政府看似不相伯仲，實則手握行政大權的政府一方佔據明顯優勢。如此一來，「提高黨權」就是各地黨部的普遍呼聲。

　　在浙江黨政之間發生的此次糾紛中，爲了維護自身權益，浙江省黨部極力呼籲「提高黨權」，以打擊省政府的挑釁行爲。此次浙江省政府方面拒不歸還杭州《民國日報》及相關清黨案卷，引發了省黨部一方的強烈憤慨。在與省政府交涉無果後，1928 年 2 月 13 日，陳希豪等人代表省黨部致電國民黨中央，直指省政府的侵權行爲：「當此提高黨權之際，浙江省黨部乃有此侵越黨權之舉，能不痛心。希豪等既以身許黨，自當竭誠擁護，凡有破壞黨章，違反黨紀者，誓必力爭」，進而要求國民黨中央出面，對省政府一方進行制止，並勒令其歸還《民國日報》及相關案卷。國民黨中央接電後，在 16 日召開的

中央常委會上，做出了「電浙江省政府迅速交代」及「電陳希豪、洪陸東迅望接收保管」的決議。

　　陳洪二人在接到國民黨中央的電令後，當即趕往省政府接洽。但因代理省主席蔣伯城前往上海向省主席彙報此次黨政糾紛情況，擔任留守的蔣夢麟告知省黨部，是否移交《民國日報》及清黨案卷，需省政府代主席蔣伯誠主持召開省政府常務會議方能決定，以他一個人無法做主爲由婉拒。針對省黨部的電文，浙江省政府則避開「侵犯黨權」的爭議，稱拒不歸還《民國日報》的原因是此次前來浙江接收黨務的僅爲陳希豪、洪陸東等二人，不具備代表省黨部的資格。這使得省黨部方面儘管手執國民黨中央這個尚方寶劍，仍然無功而返。

　　根據國民黨四屆二中全會上確定的黨政關係，即同級黨部與政府發生糾紛，需報告各自上級，「共同處理」。故而浙江省政府對來自國民黨中央的這個電令產生了激烈反應，並致電國民政府，解釋拒不移交相關手續的原因，認爲陳洪二人「未能代表黨部全體」，同時稱陳洪二人在蔣介石下野後有「勾結腐惡分子，簸煽政潮，擾亂浙局挾黨報以攻擊個人，藉清黨而開脫共匪分子之舉」，且到杭州後有煽動工人罷工的舉動。同時，省政府還就國民黨中央對其直接發電令方式表示了質疑，稱接國民黨中央電後大爲「彷徨」，並以黨政分際的原則，認爲「中央黨部對屬府有所指示，是否以咨由鈞府（即國民政府——引者）轉令爲宜」。即認爲國民黨中央違反了相關規定，應該通過國民政府而不是直接對省政府下達指令。顯然，浙江省政府的這種方式則是避重就輕，試圖轉移視線。

　　爲了對省政府進行回擊，浙省黨部亦致電國民政府，針鋒相對地爲自己辯解。首先就陳洪二人代表省黨部的合法性問題進行解釋，稱自己「以九分二之人數，代表全體，此乃中央常會決議，浙省政府何能蔑視」來證明自身的合法性。同時對省政府方面稱其煽動罷工的言論進行了反駁，稱陳洪二人抵達杭州時間短促，對於一切民眾運動，「並無其他設施，有何影響社會之可能」，認爲工廠罷工，工人失業等皆爲去年底之事與己無關。爲了對省政府進行回擊，黨部方面則向國民政府揭發，稱省政府勾結西山會議派分子及腐化分子破壞黨務，濫用職權擅捕忠實同志等，進而要求將其徹查嚴辦。

　　但遺憾的是，國民政府並未對此做出任何有利於省黨部方面的舉措。無奈之下，2 月 26 日，浙江省黨部只好再次致電國民黨中央，在電文中，黨部

全力指責省政府一方「摧殘黨務」，如「派遣省防軍及憲兵營，濫捕黨務工作人員，爲一網打盡之計」。致使陳洪二人「無法行使職權」，對各縣黨部的整理工作也遲遲無法進行。爲了爭取國民黨中央的支持，省黨部還就省政府前不滿國民黨中央直接電令其辦理交接手續的態度大做文章：「推其用心，必欲利用此次浙黨政之糾紛，以抉早已消弭之裂痕，而引起中央黨部與國民政府權限之爭，該省政府得以延長期命運，乘機而攘奪黨權。其目無中央黨部，不顧黨綱黨紀，莫此爲甚。」即省政府「目無」國民黨中央，應立即予以處理。

在爭取國民黨中央支持之時，浙江省黨部還於 25 日致電何應欽，希望他能出面對省政府的侵權行爲進行干預。但黨部一方做出的這些努力，都沒有得到任何積極回應。除拒絕移交《民國日報》及清黨案卷外，省政府還藉口煽動罷工而將黨部管轄下的杭州市各工會封閉。爲此，無奈之下，黨部再次致電國民黨中央，稱省政府此舉不僅導致「人心恐慌」，而且還侵犯黨權「越俎代庖」。

同時，浙江省黨部也在海內外廣泛尋求支持。很快短短一月之內，不少地方黨部公開發表通電，表示對浙江省黨部的聲援。如浙江省政府下令封閉杭州各工會後，南京特別市黨部對此發出通電，稱「喚起民眾，爲總理手訂方針；民眾運動，爲本黨革命基礎」，而此時浙江省政府竟然出現將杭州所有工會封閉的「反動行爲」，要求「中央執委諸公，執行黨紀，分別查明，將省政府主動人員，嚴行懲處。杭市工會，全令恢復」。江蘇省黨部也於 18 日發表通電以示抗議，稱浙江省政府的「反動行爲」必須予以「嚴屬查辦」。該次糾紛造成了較大的影響，國民黨駐法總支部亦力挺浙江省黨部，稱得知浙江省政府的行爲後，「遂聽之下，憤慨萬狀」，在此黨治之政府下，浙江省居然敢「以政干黨」，並提出問題：「該省政府究據何項職權，膽敢出此背謬舉動，以摧殘革命基本力量？」要求對其「嚴加懲辦，用以保障本黨之威權，而杜姦人之效尤」。一時之間，各地函電交加，迫使國民黨中央出面對此事表態。隨著事件影響的不斷擴大，國民黨中央對於此次糾紛的態度也在逐漸發生變化。當然，這個變化卻並非有利於浙江省黨部。

三、國民黨中央的裁決及事件的收場

作爲國民黨中央，明確表態支持浙江省黨部，勒令省政府限期向黨部交

清相關手續並非難事。但就其當時面臨的特殊國內局面而言，卻無法如此輕易行事。關於此點，前文提及省政府給國民政府回電中，就已經表露無遺。在該電文中，浙江省政府除了對國民黨中央直接對其下達命令在程序上予以質疑外，還大談浙江的重要性，稱該省為國民政府下轄較為完善的省份，「值此北伐西征，軍事旁午，共匪蠢動，在在堪虞，秩序安寧，餉需供應，關係贅重，責任匪輕。」浙江省政府如此說，乃是指當時南京政府初定，亟待完成北伐統一大業，共產黨又在各地發起武裝暴動。啓動北伐與平定中共各地的起義，這些都需要大批錢糧。

為了再次啓動北伐，最終統一全國，需要湊集大量資金。此時重掌軍權的蔣介石，為了資金的問題可謂焦頭爛額。為了籌集款項，國民政府財政部發行了大量二五庫券即國債，一個月過去了，該債券仍然積壓頗多未能達到認購目標。為了催促上海實業家們購買，蔣介石親自出馬，於2月25日親自致電上海總商會、錢業工會、以及上海著名實業家，希望他們在一個月內將一千餘萬的二五庫券認購，並要求他們「無論如何為難，務希辦到」。根據新近披露的《蔣介石日記》記載，蔣還因宋子文籌款不力，「暴烈躁急」，以致兩度遷怒於宋美齡。財政上面臨的困難可見一斑。南京政府當時所能完全控制的財賦重地無外乎江蘇、浙江兩省，浙江乃江浙財團的故地，該省在財賦方面的貢獻力使國民黨中央（國民政府）不敢輕視。因此，浙江省政府在電文中所言的「餉需供應，關係贅重」倒並非妄言。

此外，省政府還挾持以自重，取以退為進之法，對國民政府施以軟語威脅，「如鈞府視浙局為無足輕重，中央黨部以陳洪為最足信任，且以二人之少數，可代黨部之全體，停止黨務活動之明令，浙省不妨例外，則請鈞府速電裁可，屬府即當遵令照交」，同時還揚言但「此後全浙安危，屬府無能為役，仍乞另簡賢能」，擺出了若不如意就要撂挑子不幹的架勢。浙江省政府之所以膽敢如此，實乃把準了國民黨中央及國民政府的軟肋。國民政府接浙江省政府電文後，只得表示將請國民黨中央派人前來處理此次糾紛，同時對其進行溫言撫慰，稱「後方治安，仍仰嚴密維持，使北伐早日完成，奠定統一，鞏固黨國」，言語之間已經流露出偏向浙江省政府的意味。在這種情況下，國民黨中央開始重新考慮對待此次糾紛的態度了。

為了盡快平息事態，1928年2月23日，國民黨中央召開第118次常委會，認為省政府「為維持治安，得封閉民眾團體」，而且在該次會議上，國民黨中

央決定「爲浙省黨部將來進行便利計」，將陳希豪、洪陸東二人調回南京，而由國民黨中組部另外派遣人員前往接收。這無疑是對省黨部方面沉重一擊。對此，陳希豪於 26 日致電國民黨中央，充分表達了省黨部方面被拋棄的心境，電文稱：

> 希豪等誠不足以孚眾，智不足以應物。既無法宣揚黨義，又無
> 權整理黨務，經黨政之糾紛，墮中央執威信，奉職無狀，惶疎奚似。
> 曲黨阿政，既非所懷；文過戀棧，更所深恥。即無鈞會之召，亦願
> 自劾以去，俯首待罪。

但此電已然無法引起國民黨中央的重視，而且在 3 月 14 日的中央政治會議第 139 次會議上，還批准了浙江省政府增補黃棨甫爲浙省政府委員的請求。因此，爲了表達自己的不滿，陳希豪以身體抱恙爲由，遲遲不返回南京。

爲了迅速解決浙江黨政糾紛，1928 年 3 月 1 日，國民黨中常會委託時在上海籌集款項的國民黨中組部部長蔣介石前往杭州協助解決。3 日，蔣介石到達杭州，省黨部對此則寄予厚望，期待他能協助收回《民國日報》及清黨案卷，並發表歡迎辭，對蔣大唱讚歌，稱蔣介石不但即將領兵北上完成統一大業，而且「現在蔣中正同志，是本黨的中央組織部長，在現在提高黨權的聲浪中，發現了浙省以政治黨的怪現象。賢明的蔣同志，自然會迅速的依據本黨紀律，來直截了當的解決的。」可見，省黨部充分表現了自己的樂觀與自信，身爲國民黨中央組織部部長的蔣介石勢必會站在自己一邊，爲「提高黨權」而努力。

1928 年 3 月 2 日下午，蔣介石以「檢閱軍隊」的名義由上海到達杭州，受到各方熱烈歡迎，蔣介石在歡迎會上的講話中，迴避了浙江此次黨政糾紛的問題，乃大談浙江的歷史及爲革命做出的貢獻，還要求「杭州各同志、同胞，不可有負先烈遺志，不可有虧歷史使命，一致努力，急起直追，擁護三民主義，促成北伐大業」。他後在接見記者時，當被問及此次浙省黨政糾紛時，蔣表示對此已有妥當解決之法，而記者問省政府是否將被改組，蔣則顧左右而言他。3 日上午，蔣介石在偕宋美齡遊覽杭州名勝後，當夜即返回上海，根本沒有任何站在省黨部一邊的具體舉措。

最後，在國民政府及國民黨中央的調解下，由與浙江省政府關係密切的張靜江、蔡元培接替陳、洪二人擔任省黨部改組委員。根據張、蔡二人的安排，決定由沈爾喬及姜紹謨代省黨部「接收」《民國日報》及清黨案卷。但此

二人本來就在省政府的任命下已掌管《民國日報》及清黨案卷，所謂「接收」只是一句空話而已。張靜江等人這種湯藥均不換的調解，實際上是站在了省政府一邊。2 月 27 日，浙江省政府第八十四次會議上也決定，根據張靜江的建議，將省黨部清黨案卷及民國日報分別移交姜紹謨、沈爾喬接收。而陳洪也於 3 月上旬應國民黨中央之召返回南京。浙江省黨部在此次黨政糾紛中徹底落敗。

1928 年 3 月 30 日，國民黨中央常委會舉行第 124 次會議，正式決定向各省派出黨務指導員，決定由何應欽、周炳琳、王漱芳、李紹英、呂雲章等九人擔任黨務指導委員。而爲了避免黨務糾紛，改任陳希豪爲上海黨務指導員，洪陸東爲南京特別市黨務指導委員。4 月 10 日，在來浙的國民黨中央元老吳稚暉等人的調解下，浙省政府解除了對各級工會的查封以及將清黨案卷、《民國日報》交還給新成立的浙江省黨務指導委員會。至此，浙江的這次黨政糾紛乃如釋重負地退出了歷史的記錄。

在此次糾紛中，浙江省黨部較之省政府明顯弱勢，這與國民黨中央（國民政府）確定的黨政關係有著直接的關係。黨政平級，不分伯仲，但實際上掌握行政權的政府幾乎力壓同級黨部。在南京國民政府時期，入黨與從政沒有直接聯繫，黨部非但無法干預同級政府的人事任命，而且在黨務經費撥發方面受制於政府。因此，政府往往成爲各類人才的首選，黨部反而成爲最末選擇。這一切，恰好坐實了當時流傳一句民謠：「學而優則政，學而不優則黨。」

本文已刊《文史天地》2014 年第 1 期

國民黨的「中紀委」──中央監察委員會

何志明

　　中國國民黨爲何失去大陸，至今是學界爭論不休的一個話題，儘管不少
專家學者紛紛從不同的角度給出了自己的解釋，但有一點則是得到了大家的
公認，那就是國民黨內日益嚴重的貪污腐敗現象，黨員鬆散的紀律觀念，成
爲其失敗的重要原因。實際上，1924 年至 1949 年間，爲了對違紀黨員進行懲
戒，國民黨從中央到地方縣市一級設立了專門的紀律檢查機構──監察委員
會，而在當時有黨內「司法機關」之稱的中央監察委員會（後簡稱中央監委
會），更是成爲國民黨的最高紀檢機構。長期以來，人們對於這個機構缺乏清
晰認識，如設置緣起、內部結構以及人事更替等，針對這些問題，本文試圖
予以回答。

一、「師俄」的產物

　　要探究中央監委會的由來，首先得瞭解國民黨自身的演變歷史。若自 1905
年中國同盟會的成立算起，國民黨可謂是一個百年老黨。在 1905 年至 1924
年間，國民黨自身經歷了很大的變化。同盟會成立後，在全國積極領導反清
起義，1911 年在同盟會及立憲派的努力下，滿清政府被推翻，此後陸續成立
的中華民國南京臨時政府及北京政府，都標誌著同盟會完成了使命，由此開
始從武裝鬥爭的革命黨到合法鬥爭的議會政黨的轉型。爲了贏得競選，在孫
中山的支持下，1912 年 8 月，宋教仁將同盟會與其他幾個小黨合併爲國民黨，
但此後宋遭到暗殺，使國民黨的合法鬥爭之路遭到重創。爲了推翻袁世凱政
府，此後，孫中山於 1914 年將國民黨改組爲中華革命黨，重啓當年同盟會之
路。1919 年 10 月 10 日，孫中山將中華革命黨改名爲中國國民黨（後簡稱國

民黨）。但因為國民黨自身並無嫡系武裝，僅依靠軍閥打軍閥，使得孫中山發動的護國、護法運動均遭到了失敗。正當孫苦悶彷徨之時，俄國人向他伸出了援手。

1917 年俄國十月革命後，新成立的蘇俄政府飽受西方世界的白眼甚至武裝干涉，為了在東方尋找盟友，經過一番考量，他們將目光投到了孫中山及其國民黨身上，希望通過援助孫中山在東方建立一個親俄的政府。為此，他們還派遣人員親自前來幫助孫中山，其中鮑羅廷就是一個關鍵人物。在鮑等人的建議下，孫中山決心對國民黨原來鬆散的組織形式進行一番改造，為此專門聘請鮑羅廷為國民黨的組織教練員。在鮑的幫助下，1924 年國民黨在廣州召開第一次全國代表大會，通過了《總章》，仿照蘇俄黨建立了從中央到地方基層較為嚴密的組織，如在由上而下設立各級執行委員會的同時，規定必須與之平行設立各級監察委員會。在中央層級即為中央監委會，與中央執行委員會共同構成國民黨中央。監察機構的目的在於通過黨紀來約束黨員以及對違紀黨員予以懲戒，進而增進黨員的信仰與戰鬥力。儘管在同盟會及中華革命黨時期曾有「評議部」及「監督院」的機構，但並未從上而下地建立監察機構。可見，1924 年這種嚴密的監察制度設計，在國民黨歷史上是沒有先例的，開創了其黨內監督的先河。因此，自中央監委會成立的那天起，就被打上了深深的俄式印記。

《總章》規定，首屆中央監委會由 10 名委員（含 5 名候補）組成，大會根據孫中山的提名，選舉出了由鄧澤如、吳稚暉、李石曾、張繼、謝持為中央監察委員，蔡元培、許崇智、劉震寰、樊鍾秀、楊庶堪為候補委員組成的第一屆中央監委會。從這個名單中看出，中央監察委員中大都早年跟隨孫中山從事反清活動且在國民黨內擁有較高的地位：鄧澤如早在 1906 年即加入同盟會，積極在廣東為孫中山募捐，擔任同盟會廣東支部長、兩廣鹽運史等職務；吳稚暉更是早期同盟會成員並在 1909 年因反擊章太炎等人在同盟會內的分裂活動得到了孫中山的充分信任；蔡元培曾任同盟會上海分會會長，1916 年始北上擔任北京大學校長。但此後歷屆中央監委會的人數逐漸增多，特別是 1947 年國民黨合併三青團（蔣介石在抗戰時期成立的另一個組織）後的監委會人數竟然達到 148 人（含 44 名候補）之眾。其中吳稚暉、李石曾（晚清著名官員李鴻藻之子）可為監委「不倒翁」，他們是 1949 年前擔任歷屆中央監察委員中僅有的兩名國民黨元老。

　　值得注意的是，國民黨「一大」的召開標誌著第一次國共合作的形成，共產黨員以個人身份加入國民黨，在此次大會上通過了中央執行委員（候補）名單中，一些共產黨員甚至名列其中，如李大釗、毛澤東、張國燾等，且執行委員總體年齡較輕；但在此屆中央監察委員中，不僅沒有一名共產黨員，而且大都為年齡較長的黨內元老，更重要的是，這些人對於孫中山的「容共」政策基本始終持反對態度，他們多次在孫面前提出「分共」，但均遭到了孫中山的訓斥。如 1924 年 4 月，馮自由、謝持等人面見孫中山對國共合作提出質疑，在解釋一個小時無果後孫相當生氣，盛怒之下準備開除馮的黨籍。儘管在孫中山的強力壓制下，這些中央監察委員還不能公然反對國共合作，但這已為孫去世後國民黨內出現的政爭埋下了隱患。

　　根據國民黨的設計，中央監委會與中央執行委員會共同構成國民黨中央，因此中央監委會有權對國民黨中央相關事務提出質詢乃至彈劾。實際上，1928 年前，中央監委會行使職權影響頗大的主要有以下兩次：

　　一是「黨團」案。1924 年 6 月，謝持等人獲得了一份青年團出版的刊物，認為其中文章有共產黨在國民黨內進行小組織活動的證明，並與監察委員張繼、鄧澤如等人聯名提出彈劾案，要求中央執行委員會「從速嚴予處分，以固黨基」。該案迅速在國民黨內引起了軒然大波並持續了兩個月之久，但因無其他直接證據及未取得孫中山的支持，監委會該次彈劾行動最終歸於失敗。

　　二是「護黨救國」案。孫中山去世後，國民黨自改組以來隱伏的「容共」與「分共」之爭再次出現，最終在 1927 年達到了白熱化。蔣介石在領兵北伐佔領江浙地區後，吳稚暉、張靜江等人在上海召開中央監委會第三次全會，決定開展「護黨救國運動」，再次對共產黨提出彈劾案。正是在中央監委會支持下，蔣介石才有底氣向從廣州搬遷到武漢的國民黨中央公開叫板並武力「清共」。

　　針對 1927 年中央監委會的彈劾行為，一些國民黨要人予以高度評價，如曾養甫稱：「民國 16 年（即 1927 年）4 月以前的中央監委會，受盡了白眼和漠視，4 月以後就不同了。4 月 2 日，監察委員會對武漢之謀害黨國，提出彈劾，開始護黨救國運動，這是監察委員為行使職權的第一聲，也是引人注意的第一次」，他進而要求擴大中央監委會的權力。但隨著蔣介石反共逐步取得成功，中央監委會也再次被邊緣化，監察委員們更是難以擁有預期所尊崇的地位。當然，為了維護自身權威，監委會也作出了一些革新努力，意在真正實現設立該機構時的初衷。

二、中央監察委員會作出的革新努力

在 1924 年至 1949 年間，國民黨中央監委會爲了強化監察職權而做出了諸多努力，主要體現在完善組織機構、落實監察職權以及創新監察方式等幾個方面。

國民黨「一大」成立的首屆中央監委會，因成員總計不過 10 人，而且分駐廣州、上海、北京等地，所以直到 1924 年 2 月中央監委會召開第三次會議乃決定由鄧澤如擔任常務委員處理日常事務。但隨著監察委員成員的不斷增多，如第二屆正式與候補委員達 19 人，這使得在監委會內部設立機構成爲必然。1926 年初經全會通過，決定在監委會內設常委會，由鄧澤如、張靜江等五人擔任常務委員，同時制定《中央監委會組織法》，要求常委會至少每月二次，但與國民黨中央執行委員會常委會不同的是，中央監委會常委會不設主席，而由常委輪流擔任。常委下設秘書一人，幹事二至六人，分別負責文件、審計與審查工作。

1929 年 5 月，第三屆中央監委會第一次全會通過《組織法》，對其機構再次予以完善，除繼續保持常委會外，決定設立秘書處，由秘書一人負責，下設文書、稽核與審查三科。1930 年，鑒於秘書處需處理經常性的繁雜工作，監委會對秘書處內部進行了分工，在監委會秘書處內按照工作類別設立各處（室），即下設總務、稽查、審核三處，具體編製是秘書長一人，每處處長一人，科長一至二人，總幹事助理若干人。據 1935 年統計，監委會秘書處人員達到了 32 人。1937 年抗戰爆發後，國民黨掀起了發展黨務的高潮，隨之而來的是監察工作量急劇上升，使秘書處原有的編製不堪重荷。在這種情況下，監委會常會於 1942 年決定再次對原有的《中央監委會組織條例》進行修正，繼續完善機構設置與加強秘書處的力量。

秘書處機構經過此次充實，科層化程度大爲提高。《條例》規定，監委會秘書處秘書長「由中央監委會全體會議推定，受常務委員之指揮總攬秘書處一切事務」，設主任秘書一人，秘書三人，「承秘書長之命，監督指揮本處職員，處理本處一切事務」，設立機要室、專員（專門委員）室、審查室、稽核處、總務處、人事室等部門，這些二級機構下增設科室，如審查處下設審議、督導二科；稽核處下設中央、地方、簽登科；總務處下設文書科、事務科等。另外，設置總幹事、幹事、助理幹事若干人，以分配各室工作。可見，監委會內部結構的進一步調整，有利於監察工作的順利展開。

　　總的說來，中央監委會的職權分爲「黨紀審議」、「黨政考覈」及「財務稽核」三大類。懲戒違紀黨員是國民黨中央監委會的一個重要職能。國民黨處理違紀黨員的處分有警告、停止黨權、短期開除黨籍和永遠開除黨籍四種。這些處分在執行程序上各有不同，如警告處分則較爲簡單，「由各級黨部監察委員會或監察委員決定，交同級執行委員會呈報上級黨部，轉呈中央備案」即可，但開除黨籍處分則相對繁瑣，必須由省一級監委會做出，交中央監委會核准，最後由中央執行委員會執行。可見，對於開除黨籍一項，中央監委會是持愼重態度的。

　　此外，中央監委會還有稽核中央執行委員會財政收支、審查中央黨務及成員的勤惰及稽核國民政府政綱是否符合國民黨政綱等三項職權。。因此，爲了落實這幾項職能，從 1928 年國民黨在形式上統一全國後，監委會就開始制訂相關黨內法規，強化對黨內財務、黨務工作等方面的監督。如 1929 年起先後通過了《各級監察委員會或監察委員審查黨務通則》及其細則；爲了保證對同級黨部的財務收支狀況進行審計，國民黨中央還通過了《各級監察委員會稽核各級黨部財政之程序》、《稽核條例》，如在《單據證明規則》中，對票據核銷相關內容做了詳細的規定，如購置清單、簽章、單據黏貼方法等；爲實現監察委員會對同級政府施政方針及其政績的審查，監委會還通過了《各級監察委員會稽核各同級政府施政方針及政績通則》，以保證國民黨黨義在行政系統中的貫徹。這些舉措，都是監委會力圖落實職權的具體行爲。

　　1937 年日本發動了全面侵華戰爭，外敵的入侵使國民黨面臨著巨大的考驗。爲了改變戰前十年國民黨黨組織虛弱、黨員紀律觀念渙散的局面，國民黨中央監委會還對黨務監察工作進行了一些創新，其中一個非常重要的內容就是設置「黨員監察網」。1938 年 3 月，國民黨在武昌舉行臨時全國代表大會，通過了著名的《抗戰建國綱領》，正式決定爲森嚴黨紀而設置黨員監察網，並由中央監委會總體負責實施。實際上，這種特殊的組織形式則是以國民黨特務機構「中統」的「黨員調查網」爲參照。經過多次籌備，1940 年 3 月至 6 月，中央監委會常委會先後通過《黨員監察網組織綱要》、《黨員監察網實施細則》，對監察網的設置情況進行了具體規定，爲其有章可循的組建奠定了基礎，具體規定如下：

　　首先規定黨員監察網直屬於縣監察委員會，由縣監委會在區分部秘密遴選一至三名合格黨員擔任監察員，凡擔任該職務的黨員必須填寫《中國國民

黨黨員監察員服務誓書》，一式三份，分別存國民黨省縣及中央監委會；

其次是監察員主要負責秘密調查區分部黨員有無「背叛主義違反決令及不遵守紀律等行為」，然後「密報於縣監察委員會依法辦理」，同時負責「對於黨紀黨德有不當之言行」的黨員進行規勉；二是承中央或省縣監察委員會之命直接調查「特種案件」，而且要求縣監察委員會每六個月（此亦為監察員之任期）就要將本縣監察員的工作報告呈遞省市監察委員會。當縣監委會接獲監察員的檢舉報告後，依據黨紀對違紀黨員進行處理，「對於監察員之姓名，並應保守秘密，不得通知被處分人」。

第三是為了防止一些監察員利用手中特權挾私報復，濫用職權，要求縣黨部在接到監察員的糾舉後，必須「採取複式考察的方式，互相對證」，以此來保證案件的準確無誤。另外，監察員若發現本區分部黨員中「有背叛本黨主義或違反法令及不遵守紀律之行為而不檢舉」，反而敲詐勒索甚至「捏造事實誣陷他人」等行為，將由上級監委會「視其情節輕重，分別予以懲罰」。中央監委會希望通過此種方式來限制監察員濫用職權。

在完成以上制度設計後，1940 年 9 月，國民黨中央發佈《中央監委會為施行黨員監察網告全體黨員書》，正式開始實施該制度。可見，從 1924 年成立到1949 年間，中央監委會無論是在成員構成、內部設置還是制度建設方面都有了很大改善，但這個有著國民黨「最高司法機關」之稱的中央監委會，長期以來淡出了人們的視野，它的存在亦幾乎被忽視。究竟是什麼原因呢？當然，這就需要介紹該機構的實施運作成效。

三、成效不彰的中央監察委員會

平心而論，為了加強對國民黨內的監督，中央監委會在 1949 年前還是開展了一些工作，但總的說來，其成績幾乎難以令人滿意，更未能實現整肅黨紀、強化黨員對黨組織的凝聚力的目標。中央監委會在當時有「老人院」之稱，即中央監察委員特別是常務委員中不乏年邁之人，如吳稚暉、張靜江、李石曾等人長期擔任監委會常委，如國民黨元老吳稚暉在 1945 年時已為 80 歲高齡。較高的總體年齡使監委會常委無論是革新黨務，還是屬行黨紀方面往往顯得力不從心。如長期擔任監委會常委的吳稚暉，卻醉心於書法、音韻，很少過問監委會的具體工作。諸如此類的原因，嚴重制約中央監委會的工作效能。具體說來則體現在以下幾個方面：

　　首先在嚴肅黨紀、懲戒違紀黨員方面，中央監委會力度十分微弱。據統計，1924 年至 1934 年間，中央監委會開除黨員 1913 人，其中永遠開除 570 人，而受各類處分總計爲 6832 人，即平均每年 700 人受到黨紀處分，而此 10 年間，國民黨總人數每年平均爲 25 萬人，所佔總人數的 0.28%。可見，這個人數無疑是極爲微弱的。而 1949 年後取代國民黨執政大陸的中國共產黨，截止 1954 年春，即有 42 萬人被開除或勸退出黨，占黨員總人數的 6.4%，若包括如警告、記過等其他處分，則更是遠遠高於國民黨的這個數字。

　　而且國民黨始終未能在中央執行委員會與監察委員會之間的職權劃出一個明確的界限，以致前者往往侵奪後者的職權，常越俎代庖處分違紀黨員，甚至事後亦不向監委會通報，這使得監委會始終難以獲得一個清晰的定位。對此，國民黨人黃季陸即指出：「本黨現今組織的弱點，即在於監察委員會的地位職權無明確之保障，故在與執行委員會相互的關係上，監察委員會實似虛設的機關，吾人在職務上，亦更難尋出監察委員會設立之必要」。

　　值得注意的是，儘管國民黨中央規定了嚴格的違紀黨員處理方式，如警告、停止黨權、短期開除黨籍、永遠開除黨籍等，但因受制於國民黨中央規定的黨政關係，黨內監察機構對於違紀黨員的處理並無多大威懾力，如從政黨員受到黨紀處分，並無行政處分相伴隨，換言之，一個黨員受到黨內處分，並不影響他在政府部門職位的晉升。這種離奇的制度設計，使黨員對於黨紀處分大多持輕視態度。

　　此外，中央監委會稽核中央執行委員會的財務收支以及政府施政方針之權幾乎停留於紙面，難以有效對執行委員會的財務和國民政府進行監督。如抗戰時期擔任中央監委會秘書處處長的王子壯在其日記中記載，在監督中央執行委員會財務方面，儘管他深知國民黨中央組織、宣傳部經手款項最多，「而浪費無度」，但是因其工作人員長期在政府部門任職，「對於報銷工作非溝通商店即有他法」，而其相關報銷手續則「彌縫無缺」，中央監委會的財務稽核權也基本無從實現；稽核政府施政方針是否符合國民黨黨義，內容較爲抽象，監察人員往往難以把握，政府也對其敷衍，並不認眞對待。

　　爲了應對抗戰的複雜局勢，同時強化對黨員的監督，1940 年中央監委會開始在國民黨控制區域推行黨員監察網。但事實表明，設置這個組織的初衷亦並未能實現。在中央監委會的推動下，黨員監察網也陸續被建立。由於監察員特殊的工作方式，使其與「中統」的特務組織「黨員調查網」十分類似，

以致監察網在當時被不少人認為是特務組織的化身，遭到各方牴觸，兼以經費匱乏，均使監察員們工作積極性大為降低。截止 1945 年 4 月，中央監委會在 990 個縣黨部中發展了 44845 名監察員，根據每個區分部布置 3 名監察員來推算，全國當時應該有 14950 個區分部，就即是說，在 990 個縣中平均每個縣 15 個區分部，區分部的地位類似於中共黨組織中的支部，一個縣才 15 個區分部，可見國民黨在縣級以下組織發展之虛弱，這直接使得監察網成為無本之木，無源之水。據中央監委會發佈的數字，1944 年至 1945 年 4 月間，這四萬餘名監察員，檢舉違紀黨員的案件總數為 2407 件，平均每人 0.05 件，足見黨員監察網實施績傚之低。

作為中央監委會的常設機構──秘書處，直接對常委會負責，承擔了監委會全會閉會期間日常事務的處理工作，對於監委會的正常運行，具有關鍵作用。但隨著秘書處內部人員的逐漸增多，其因地緣、親緣等派系纏繞其間的人事問題也日漸浮出水面。如早在 1935 年時的統計，秘書處成員共計 32 人，其中廣東籍的包括秘書長鄧吉珊（鄧為廣東汕頭人）在內共 14 人，且大多數來自汕頭。剩下的 18 人中，福建籍為 7 人，且 6 人福建閩侯人（因國民黨元老、監委會常委林森為閩侯人）。這個數字充分反映了秘書處地緣關係之複雜。這亦始終令接替鄧吉珊擔任秘書長之職長達十年的王子壯頭疼不已。對此，他在日記中多有披露，由於這些人大都屬於「關係戶」，能力低下之外往往有恃無恐，經常發生口角，「聲喧各室，為人所笑」。

秘書處問題主要體現在：作為國民黨的最高紀律檢查機構，中央監委會秘書處內部紀律幾呈鬆散之態，如稽核核處長沈英不僅不能身為表率，反而「經常遲到早退」，且與「與女職員陳琴軒私通」；幹部能力總體低下，王子壯對總務處長劉君著的評價是「懦弱無能」，審查處長王星帆更是「才具太差」。如 1943 年 2 月，他要求審查處草擬監委會關於森嚴黨紀的訓令，但其制定的訓令草案「內容平凡，無話可說，只將題目列舉」，王子壯感歎「如此重要文件而竟不能成章，實令人哭笑不得」；工作效率低下。如稽核處處長沈英「好佛讀經，督促亦至不力」，以致使稽核處「辦事遲滯，每不能照預期進行」。早在 1942 年初，王子壯即要求各處在 1942 年底上交該年的工作檢討，但到 1943 年初各處均尚未完成，這足見其工作效能之低。

為改變這種境況，王子壯曾試圖對秘書處內部的人事問題予以整頓，但常常遭到監委會常委林森、吳稚暉等人的干預。如吳稚暉常向王子壯推薦其

無錫同鄉在秘書處任職；時任國府主席、監委會常委的林森也致函王，要求將他介紹來的沈姓工作人員「因年老不能寫字」，而調到一清閒的工作；同為常委兼國民黨元老的張繼也給王子壯打招呼，稱他河北有一老同志王某，因在賑濟委員會薪酬低微，以致生活困難，希望王子壯給他一個幹事的名義，「賴以生活」……諸如此類的情況頻頻出現，使身為秘書長的王子壯常常被迫打亂既定的人事安排。無奈之下，他只好在日記中大倒苦水：「余監委會秘書處概屬老人，很少機會，偶有此缺，余又逢此，如何能望工作之有順利之進步耶？」因此，在身心俱疲之餘，王子壯最後於 1945 年抗戰勝利前夕辭去了秘書長之職。

　　事實上，國民黨中央監委會在國民黨執政大陸時期，基本未能發揮其作用，而更多的是一種超然的狀態存在。1949 年國民黨敗退臺灣後，蔣介石才痛下決心對國民黨進行一番改造。1950 年 8 月 7 日，中央監委會停止職權，將職務移交給新成立的中央改造委員會，正式結束了其長達 26 年的歷史。而它留下的經驗教訓，卻值得後人深思。

　　　　　　　　　　本文已刊《文史天地》2014 年第 4 期，標題稍有改動

附　表

圖表 1：1927～1931 年國民黨江蘇省黨部沿革表

黨部名稱	時　間	備　註
省特別委員會	1927 年 4 月至 5 月	四一二政變後，江蘇省黨部進行清黨；
改組後省特別委員會	1927 年 6 月至 8 月	因前省特委會與南京市黨部發生糾紛，經國民黨中央解散並改組成立；
省臨時執監委員會	1927 年 9 月至 1928 年 1 月	中央特委會成立，取消江蘇省特委會，成立省臨時執委會；
省（特別委員會）黨務維持委員會	1928 年 2 月至 4 月	中央特委會取消後，恢復省特委會即成立維持委員會以維持省黨務；
省黨務指導委員會	1928 年 4 月至 1929 年 3 月	國民黨中央向江蘇派遣黨務指導委員，成立省黨務指導委員會，代行省黨部職權；
省執監委員會	1929 年 3 月至 11 月	各縣市黨部在指委會指導下成立，遂成立正式省執委會；
省黨務整理委員會	1929 年 12 月至 1931 年 8 月	因省黨部有被改組派操縱的嫌疑，乃解散先前的省黨部，重新進行改組；
省執監委員會	1931 年 9 月至 1933 年 5 月	整理後的各縣黨部重新選舉省執監委員，成立省黨部。

資料來源：江蘇省黨部編：《江蘇省黨務沿革》，出版年不詳，第 1～10 頁，江蘇省檔案館藏檔案，檔案號：1 / 3 / 880；趙如珩編：《江蘇省鑒》，上冊，「黨務」，1935 年，第 5～8 頁。

圖表2：「清黨」後中國國民黨江蘇省執行委員會構成情況
（1927.9～1929.3）

屆次	時間	執行委員			候補執行委員			備註
		人數	姓名	職務	人數	姓名	職務	
臨時執行委員會	1927.9～1928.11	11	高方 楊思禮 郭福增 李壽雍 葛建時 劉炳晨 沈競 蔣子英 繆斌 何民魂 鈕　華		5	孟家泰 劉蔚淩 曹寅甫 張耀德 陳海澄		具體委員分工不詳
黨務維持委員會	1928.2～1928.4	3	葉秀峰 李壽雍 祁錫勇					過渡組織時間較短
黨務指導委員會	1928.4～1929.3	9	倪弼 葉楚傖 汪寶瑄 顧子揚 李壽雍 滕固 酆悌 狄膺 周致遠	常務委員 常務委員 常務委員 訓練部長 宣傳部長 民眾訓練委員會主任 組織部長				

圖表 3：「清黨」後中國國民黨江蘇省執行委員會構成情況
（1929.3～1929.11）

屆次	時間	執行委員			候補執行委員			備註
		人數	姓名	職務	人數	姓名	職務	
第二屆執行委員會	1929.3～1929.11	9	葉楚傖 祁錫勇 周傑人 顧子揚 滕固 汪寶瑄 朱堅白 倪弼 葛建時	常務委員 常務委員 常務委員 組織部長 宣傳部長 訓練部長	5	周厚鈞 王建今 賀其樂 祝平 張修		具體委員分工不詳 過渡組織時間較短
		7	汪寶瑄 滕固 祁錫勇 顧子揚 葛建時 朱堅白 倪弼	常務委員 常務委員 常務委員兼組織部長 訓練部長 宣傳部長	候補執行委員同上，未調整			1929年，第二屆執行委員因內部矛盾無法工作，葉楚傖辭職，至8月重新調整分工後的執委會

注：調整後的第二屆執行委員會因大部分委員被因改組派嫌疑而加以逮捕，大部分逃
　　逸，國民黨中央宣佈解散第二屆執委會，重新成立黨務整理委員會。

圖表4：中國國民黨江蘇省黨務整理委員會委員構成情況
（1929.12～1931.8）

期序	時間	整理委員會委員			備　註
		人數	姓名	職務	
第一期	1929.12 ～ 1930.7	7	張道藩 葉秀峰 朱堅白 祁錫勇 吳保豐 張淵揚 武葆岑	常務委員兼宣傳部長 常務委員 常務委員 組織部長 訓練部長	具體委員分工不詳 過渡組織時間較短
第二期	1930.8～12	7	祁錫勇 曹明煥 楊興勤 曹宇人 馬飲冰 張淵揚 胡樸安	常務委員 常務委員 常務委員 組織部長 訓練部長 訓練不知	馬飲冰又名馬元放
第三期	1931.1～8	7	馬飲冰 曹明煥 張淵揚 祁錫勇 黃宇人 楊興勤 胡樸安	常務委員 常務委員 常務委員 書記長	國民黨中央組織部新頒佈條例規定，常務委員下增設書記長，具體辦事機構由部改爲科，設主任，省執行委員會委員不兼科主任職

圖表 5：整頓後的國民黨江蘇省執行委員會委員構成情況
　　　　（1931.9～1936.2）

屆次	時間	執行委員			候補執行委員			備註
		人數	姓名	職務	人數	姓名	職務	
第三屆執行委員會	1931.9 ～ 1932.12	7	楊興勤 馬元放 曹明煥 周紹成 顧子揚 黃宇人 張人傑	常務委員 常務委員 常務委員 書記長	5	曹渭濱 謝澄宇 周厚鈞 陳康和 趙敏政		
第四屆執行委員會	1933.2 ～ 1936.5	7	周紹成 馬元放 鈕長耀 藍渭濱 張公任 邱有珍 淩紹祖	常務委員 常務委員 常務委員	5	張淵揚 陳康和 段木貞 祁述祖 武葆岑		
黨務特派員	1936.2	9	黨務特派員					1934 年 1 月，國民黨中央再度對江蘇省黨部進行調整，改派黨務特派員
			顧子揚 曹明煥 張公任 周紹成 鈕長耀 淩家祖 卞宗孟	常務特派員 常務特派員 常務特派員 書記長				

圖表 6：江蘇省歷年黨員人數統計表（1927～1931）

年　　份	省黨部名稱	黨員人數
1927 年	江蘇省臨時執監委員會	27872
1928 年	江蘇省黨務指導委員會	16050
1929 年	江蘇省執監委員會	15508
1930 年	江蘇省黨務整理委員會	13978
1931 年	江蘇省執監委員會	12285

資料來源：《江蘇省歷年黨員人數統計》，趙如珩編：《江蘇省鑒》，「黨務」，1935 年，
　　　　　第 55 頁。

圖表 7：江浙兩省 1929 年和 1934 年的黨員數及其在全國中的比例表

省份	黨員數		占全國總數的比例	
	1929 年	1934 年	1929 年	1934 年
江蘇	15508	15556	5.82%	5.34%
浙江	12530	14554	4.71%	5.0%

數據來源：《中國國民黨年鑒（1929 年）》，第 739 頁；《中國國民黨年鑒（1934 年）》，
　　　　　第（Z）39 頁。轉引自 Hung-mao Tien, *Government and Politics in Kuomintang
　　　　　China: 1927～1937*, Stanford University Press, 1972, p.30.此處統計 1929 年
　　　　　江浙黨員數與其他資料登載的有些許出入，如有資料表明江蘇黨員數爲
　　　　　14683 人，浙江爲 12143 人。詳見《第三次全國代表大會前之組織工作（1926
　　　　　年 1 月至 1929 年 3 月）》，李雲漢主編：《中國國民黨黨務發展史料（組織
　　　　　工作）》，上冊，中國國民黨黨史會出版，1993 年，第 122 頁；《浙江現有
　　　　　之黨員人數》，《中央日報》，1930 年 1 月 8 日，第二張第四面。另，這些
　　　　　黨員應該均爲正式黨員數。

圖表 8：國民黨全國黨員職業統計圖（1929 年）

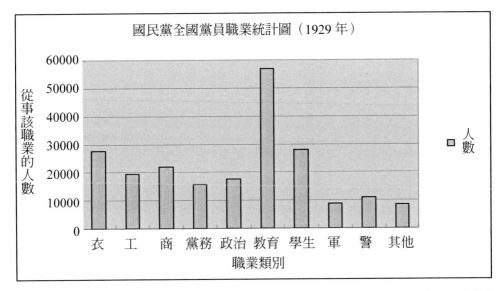

數據來源：中國第二歷史檔案館藏檔案，卷宗號 711，此表根據湯向東《國民黨黨員群體結構分析——以 1929 年為中心》一文中《1929 年國民黨黨員職業結構》一表改繪而成，具見《江蘇社會科學》，2004 年 1 期。

圖表 9：江蘇省國民黨黨員職業分佈圖（1929 年）

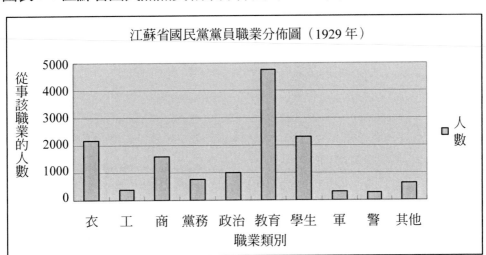

　　此圖表根據 1929 年 3 月江蘇省黨部公佈的數據繪製。數據來源：《江蘇各縣黨員職業統計》，《中央日報》，1929 年 3 月 11 日，第二張第一版。

圖表 10：浙江省黨員主要職業百分比（1929 年）

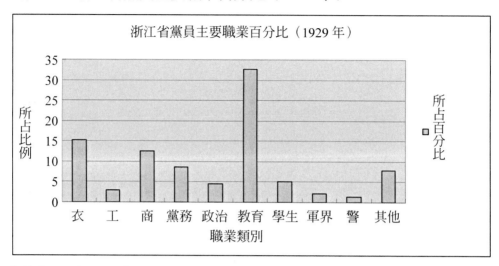

數據來源：《浙江現有之黨員人數》，《中央日報》，1930 年 1 月 8 日，第二張第四面。

圖表 11：浙江省黨員年齡段統計（1929 年）

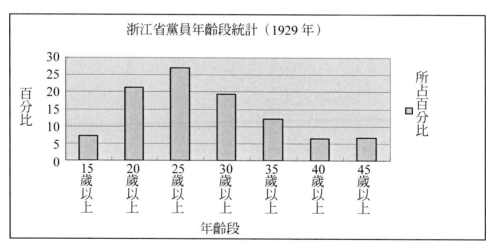

數據來源：《浙江現有之黨員人數》，《中央日報》，1930 年 1 月 8 日，第二張第四面。

圖表 12：浙江省黨員受教育程度分佈圖（1930 年）

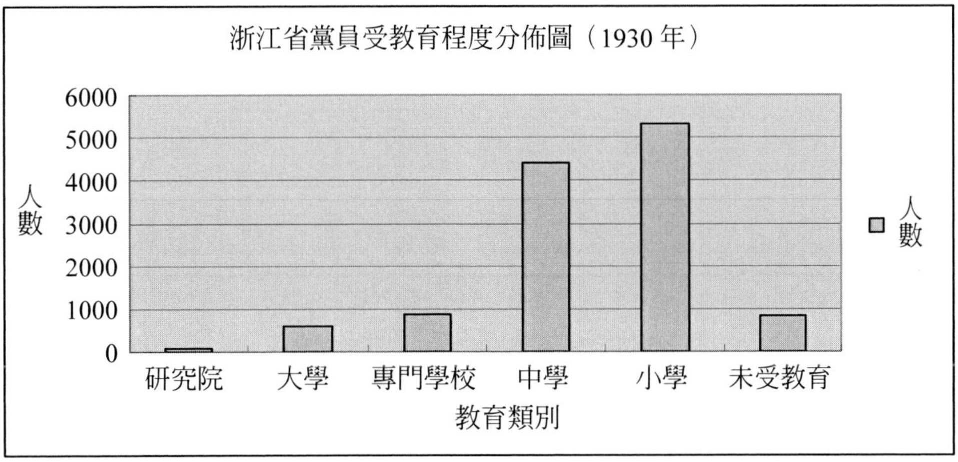

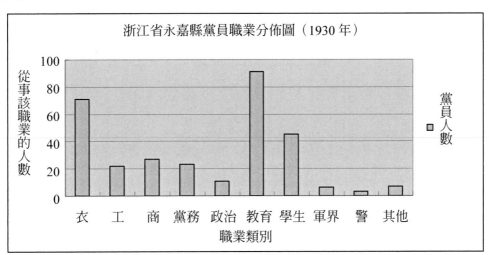

數據來源：《浙省黨務統計》，《中央日報》，1930 年 7 月 23 日，第二張第四面。

圖表 13：浙江省永嘉縣黨員職業分佈圖（1930 年）

數據來源：《浙省永嘉縣黨員最近統計》，《中央日報》，1930 年 3 月 20 日，第三張第
四面。

圖表 14：江蘇省國民黨各縣黨員性別、年齡統計表（1933 年）

縣別	性　別		年　　　　齡					總數
	男	女	20 以下	21～30	31～40	41～50	50 以上	
江寧	自 1933 年 7 月 1 日起直屬中央黨部							
句容	172	1		79	84	9	1	173
溧水	54	2		12	30	12	2	56
高淳	160			66	61	29	4	160
江浦	146	4		95	46	9		150
六合	93	3		43	43	9	1	96
鎮江	478	15	1	218	213	50	11	493
丹陽	149	4		56	88	6	3	153
金壇	205	1		129	62	15		206
溧陽	171	4		70	97	8		175
揚中	140		2	41	64	26	7	140
上海	216	3		74	85	49	11	219
松江	195	8		103	74	18	8	203
南匯	308	10	1	114	145	42	16	318
青浦	134			57	48	25	4	134
奉賢	171	3		53	85	28	8	174
金山	90	4		31	48	12	3	94
川沙	51			17	27	6	1	51
太倉	86	2		34	45	7	2	88
嘉定	96	3		31	48	12	8	99
寶山	259	1		99	109	38	14	260
崇明	117	6		42	55	18	8	123
啓東	141	5		52	71	21	2	146
海門	246	6		105	110	27	10	252
吳縣	313	10		111	113	73	26	323
常熟	215	10		116	91	17	1	225

縣別	性　別		年　　　　齡					總數
	男	女	20以下	21～30	31～40	41～50	50以上	
崑山	142	8	2	50	68	23	7	150
吳江	268	10	1	77	133	47	20	278
武進	276	6		23	182	70	7	282
無錫	335	11		145	160	38	3	346
宜興	496	4		246	212	35	7	500
江陰	424	17		150	150	87	19	441
靖江	229	16		89	110	43	3	245
南通	446	14		213	198	42	7	460
如	202	9	1	122	71	14	3	211
泰興	278	7	1	139	129	13	3	285
淮陰	131	9		75	56	9		140
淮安	163	3		53	100	13		166
泗陽	311	5		185	109	14	8	316
漣水	347	2		220	116	13		349
阜寧	291	12		199	95	8	1	303
鹽城	213	10		124	94	5		223
江都	319	6		158	131	35	1	325
儀徵	124	4		74	42	11	1	128
東臺	137	12		66	68	12	3	149
興化	88	2		30	47	13	3	90
泰縣	196	14	2	104	85	16		210
高郵	100	6		53	49	4	3	106
寶應	173	11		96	73	14	3	184
銅山	417	18		216	186	24		435
豐縣	137		4	79	45	7	1	137
沛縣	126	5		73	53	4	9	131
蕭縣	114	7	2	71	40	6	2	121

縣別	性　別		年　　　　齡					總數
	男	女	20 以下	21～30	31～40	41～50	50 以上	
碭山	124	6	4	77	41	7	1	130
邳縣	178	2	2	77	79	19	2	180
宿遷	122	9	1	53	59	16	1	131
睢寧	357	7	5	141	93	83	3	364
東海	86	2	5	54	24	5	2	88
灌雲	132	3	1	80	47	7		135
沭陽	149	2		95	47	7	2	151
贛榆	84			57	20	6	1	84
統計	12121	364	35	5612	5189	1336	313	12585

資料來源：江蘇省地方志編纂委員會：《江蘇省志　國民黨志》，江蘇人民出版社，2006
　　　年，第 448～450 頁。

圖表 15：江蘇省各縣黨員職業統計表（1933 年）

縣別	農	工	商	學	教	政	軍警	黨務	自由職業	閒居	總數
句容	13		14	1	55	29	10	26	2	23	173
溧水	1	1	9		2	8	8	5	3	9	56
高淳	18		15		55	31	1	13	3	24	160
江浦	11	2	16	8	53	23	3	8	5	21	150
六合	6		16		13	27	2	20	6	6	96
鎮江	36	6	49	5	89	107	50	81	18	52	493
丹陽	20	1	10	2	55	28	11	19	4	3	153
金壇	35	2	31	8	62	25	3	27	4	9	206
溧陽	4	4	7	1	71	32	5	27	4	20	175
揚中	29		11		38	37	1	20	1	3	140
上海	39	3	58	6	43	32	1	8	11	18	219
松江	10	5	59	3	63	25	5	22	8	3	219
南匯	35	5	62	3	81	45	7	21	24	35	318
青浦	15	2	35		34	17	3	13	4	11	134
奉賢	28		27		45	17	10	13	17	17	174
金山	2		9	3	39	15	3	8	9	6	94
川沙	5	2	3		20	11	1	6		3	51
太倉	4		11	1	29	6	2	13	10	12	88
嘉定		3	16		21	7	2	20	5	25	99
寶山	38	15	68	1	65	31		16	8	18	260
崇明	7	1	8		57	20	1	13	6	10	123
啓東	16	1	13		40	39	6	19	4	8	146
海門	24		40	1	117	17	5	18	22	8	252
吳縣	40	8	63	5	87	49	10	15	11	35	323
常熟	8	2	40	7	81	30	7	21	3	26	225
崑山	5		19	2	73	25	1	13	3	9	150

縣別	農	工	商	學	教	政	軍警	黨務	自由職業	閒居	總數
吳江	14	3	64	4	78	29	6	18	15	47	278
武進	46	2	51	10	125	67	11	24	19	27	382
無錫	5	5	59	14	140	28	15	23	18	39	346
宜興	125	5	58	6	150	63	7	20	10	58	500
江陰	146	5	57	2	67	61	8	45	16	34	441
靖江	38		13	4	68	40	10	23	8	41	245
南通	34	32	45	11	137	85	26	20	22	48	460
如	18		19	14	80	32	9	24	15		211
泰興	18		26	13	73	50	9	29	15	52	285
淮陰	19	1	8	10	38	23	8	12	3	18	140
淮安	54	1	16		62	6	13	11	3		166
泗陽	69	2	21	11	68	37	9	34	7	58	316
漣水	130		10	8	130	25	5	33	8		349
阜寧	56	11	21	9	75	44	17	38	7	25	303
鹽城	5	7	4	7	87	40	9	33	3	28	223
江都	12	15	44	8	107	32	8	27	8	64	325
儀徵	5	3	9		38	11	10	16	6	30	128
東臺	9	2	16		40	23	8	13	9	29	149
興化	9		4	4	27	10	2	23	6	9	90
泰縣	4		6	6	62	25	9	29	33	36	210
高郵	3	1	3		30	26	12	16	8	7	106
豐縣	38	1	3		42	30	5	18			137
寶應	6	2	16	11	70	25	5	25	1	23	184
銅山	84	13	27	18	134	54	27	43	2	33	435
沛縣	18		3	10	41	13		12	1	33	131
蕭縣	61	1	9	7	32	17	2	14	1		121
碭山	29		1	17	42	16	5	17	3		130

縣別	農	工	商	學	教	政	軍警	黨務	自由職業	閒居	總數
邳縣	61	1	3	3	39	29	7	16	1	20	180
宿遷	11	2	3	3	43	22	7	17	7	16	131
睢寧	145	1	44	9	79	29	10	38	4	5	364
東海	2	11	9	7	19	5	7	13	2	13	88
灌雲	38	1	9	1	33	13	16	12	1		135
沭陽	40	1	7	8	47	23	2	14		9	151
贛榆	31	8	7		14	7	1	13		3	84
總計	1803	200	1404	303	3705	1773	463	1258	457	1219	12585

資料來源：趙如珩編：《江蘇省鑒》，1935 年。表中數字個別有誤，如務農黨員總數為 1805 人，學生總數實際總數為 292 人。宜興縣黨員總數應為 502 人，灌雲縣黨員總數為 124 人，故總數不準確。轉移自江蘇省地方志編纂委員會：《江蘇省志　國民黨志》，江蘇人民出版社，2006 年，第 451～453 頁。

圖表 16：江蘇省各縣黨員學歷統計表（1931 年）

縣名	未受教育	私塾教育	小學	職業學校	中學	師範	專門學校	大學	留學	其他	總計
鎮江	1	52	17	10	169	84	97	93	12	6	541
宜興	1	65	84	15	183	61	59	31	1		500
江陰	99	95	49	2	64	59	42	22	2	16	450
銅山	10	27	89	2	143	130	17	16		1	435
睢寧	5	98	52		83	126	16	8		4	392
南通		39	102	14	90	82	26	32	4		389
武進		4	28	7	68	65	35	23		117	347
南匯	17	76	76	8	53	42	28	18	2	19	339
無錫	2	13	30	23	74	54	84	25	1	24	330
吳縣	5	57	43	6	68	55	59	18	6	4	321
泗陽	2	12	93	21	79	59	7	13		30	316
吳江	14	55	59	3	69	30	49	29		3	311
江都		54	49		106	70	12	18			309
阜寧	10	30	26	12	68	85	24	27	1	20	303
寶山	1	81	70		15	71	20	42			300
漣水	1	25	51	28	67	79	12	10		5	278
上海	19	38	70	4	30	50	28	8	1		248
海門		7	21	16	42	96	13	21		21	237
寶應	29		42	1	50	52	33	21	1		229
常熟	9	10	55	4	41	42	35	14	1	14	225
靖江	8	15	41	20	41	46	8	15		30	224
鹽城	1	6	13	17	66	76	12	31	1		223
奉賢		28	47		25	53	25	16	2		196
邳縣	5	24	22	8	56	42	25	6			188
泰縣		17	6	1	59	34	38	24			179
金壇	7	34	27	12	53	16	8	12		1	170

縣名	未受教育	私塾教育	小學	職業學校	中學	師範	專門學校	大學	留學	其他	總計
如	2	5	24	1	43	48	36	8			167
高淳		14	29		25	55	10	10		18	161
啓東		14	30	3	20	49	25	5		14	160
松江	2	11	45	10	32	26	17	14	1		158
句容	5	1	19	9	34	47	9	4	1	24	153
沭陽	4		33		58	44	8	4			151
江浦		12	26	9	74	11	7	11			150
揚中		28	46	2	31	15	7	7		13	149
泰興	3	8	16	3	28	35	42	14			149
崑山	3	6	6	12	28	61	17	11	1	3	142
灌雲	3	2	3	1	56	29	19	12	4	11	140
崇明	6	8	8	10	16	56	15	9	1	8	137
碭山	5	6	9	3	46	38	9	4		15	135
江寧	3	78	12		23	7		1		9	133
淮安		34	22	5	20	23	16	9		2	131
丹陽		21	7	4	20	36	29	11		2	130
宿遷		16	24	4	36	40	6	4			130
豐縣		7	12		35	59	15	1			129
青浦	1	24	28		63		2	8			126
蕭縣	7	12	18	1	17	52	4	10		4	125
高郵	1	6	3		23	38	13	28		10	122
嘉定	3	23	23	1	17	22	1	5	1	24	120
沛縣	8		8	8	42	34	9	7		2	118
溧陽	1	1	10	6	30	21	12	14	1	16	112
儀徵	4	1	23		22	21	15	6		16	108
金山		10	9	14	26	25	14	4		4	106
淮陰		2	15	13	17	39	12	5			103

縣名	未受教育	私塾教育	小學	職業學校	中學	師範	專門學校	大學	留學	其他	總計
興化		6	15	10	20	21	10	13		8	103
太倉		12	11	2	18	29	7	19	2	2	102
贛榆	8	18	6	6	26	27	1	4		5	101
六合	1	13	22	1	22	18	9	3	1		90
東臺	6	4	12	3	14	21	8	10		10	79
東海	1	16	4		38	13		6			80
川沙	1	5	6	2	9	20	5	7			55
溧水	3	16	6		5	11	5			4	50
總計	327	1402	1843	337	2890	2752	1226	881	48	539	12285

以上資料見趙如珩編：《江蘇省鑑》，1935年，第66～71頁。此表縱向的各縣黨部總數累計爲12285人，與表中數字相符；但橫向的各種學歷黨員總數累計爲12245人，與縱向總數相差40人。有些縣橫向學歷相加有誤。如崑山縣應爲148人，東臺縣爲88人，東海縣爲78人。參見江蘇省地方志編纂委員會：《江蘇省志 國民黨志》，江蘇人民出版社，2006年，第454～456頁。

圖表 17：1928 年 4～12 月江蘇省黨部經費收支計算書（一）

科目	預算數（元）					每月實支數（元）								
	4月份	5～8月份	9～12月份	預算總數	實支總數	4月	5月	6月	7月	8月	9月	10月	11月	12月
委員生活費	245	920	920	7605	9484.050		353	585.400	1520	1220	850	1300	1510	2115
各部處職員生活費	1671	6080	6080	50311	51229.686		1335.950	5165.910	5351.300	5868.48	6845.502	6594.794	7088.080	13479.670
勤務生活費	147	550	550	4547	4765.246	1.66	263.52	688.907	794.300	519.820	565.275	579.500	593.664	729.200
紙張簿籍	171	660	660	5451	4432.790	3.910	510.812	869.960	333.740	551.460	426.489	72.100	944.828	719.510

科目	預算數（元）			預算總數	實支總數	每月實支數（元）								
	4月份	5～8月份	9～12月份			4月	5月	6月	7月	8月	9月	10月	11月	12月
筆墨雜件	32	120	120	992	2875.426	27.875	337.440	519.978	410.395	139.210	208.430	218.770	426.388	578.965
郵票費	16	60	60	436	1413.720		32	14	133	216	300	173	302.720	243
電報費	32	120	120	997	596.540	4.96	105.440	10.500	75.380	116.100	53.480	62.030	55.050	113.600
電話費	2	6	6	50	54.950		6	6	10.250	6.950	6	6.950	6.800	6
印刷費	380	1450	1450	11980	13102.81			2250.450	1585.270	2326.960	2426.430	132	2638.850	1742.850

科　目	預算數（元）				實支總數	每月實支數（元）								
	4月份	5～8月份	9～12月份	預算總數		4月	5月	6月	7月	8月	9月	10月	11月	12月
廣告費	130	500	500	4130	4119.040	154.700	239.180	843.520	692.600	575.380	355.940	204.820	608.520	447.080
周刊費	200	500	500	6280	4560				400	1120	300	760	960	1020
電燈費	16	60	60	436	285.450							24.900	164.850	95.700
茶水	24	90	90	744	913.438	44.73	115.772	50.66	115.520	99.200	124.800	104.800	104.800	151.200
油燭	16	60	60	436	89.479				12.200	23.283		21.916	18.830	13.750

權力重構與利益抗爭：國民黨江浙黨部的政治主張及其實踐（1928～1931）

科目	預算數（元）				實支總數	每月實支數（元）								
	4月份	5～8月份	9～12月份	預算總數		4月	5月	6月	7月	8月	9月	10月	11月	12月
報紙雜誌	20	100	100	820	604.693	16.6	51	61.9	90.600	69.500	92.210	817.560	65.583	65.650
零星購置	40	150	150	1240	1052.398	31.52	141.168	33.99	260.465	125.052	13.130	83.921	167.435	215.717

數據來源：江蘇省地方志編纂委員會：《江蘇省志·國民黨志》，江蘇人民出版社，2006年，第474頁。

圖表 18：1928 年 4～12 月江蘇省黨部經費收支計算書（二）

科目	預算數（元）				實支總數	每月實支數（元）								
	4月	5-8月	9-12月	預算總數		4月	5月	6月	7月	8月	9月	10月	11月	12月
雜支	20	90	90	740	1214.154	53.815	40.102	63.465	167.509	169.849	136.707	124.174	126.118	332.415
車費	27	100	100	827	1131.029	63.380	265.824	72.563	63.104	114.784	66.766	111.628	183.309	189.411
調查費	400	1500	1500	12400	4621,991		530	255.165	348.832	1032.735	1350.671	174.285	702.900	266.389
指導費	130	500	500	4130	192.084					24.180	18.834	76.380	43.700	29.050
招待費	11	44	44	363	224.391		45.226	3.67	7.028				145.827	22.640

科目	預算數（元）				實支總數	每月實支數（元）								
	4月	5-8月	9-12月	預算總數		4月	5月	6月	7月	8月	9月	10月	11月	12月
半月刊	100	400	400	3300	1388				200	300	250	640	230	168
補助費	20	80	1080	4660	1666.78					50	112	554.780	400	550
書籍費	100	400	400	3300	1536.508	150	170	160	164.273	294.525	83.494	156.999	176.184	181.123
仕器	50	200	200	1650	2055.491	50.188	137.180	62.400	425.415	103/542	991.618	20.966	68.968	195.216
裝修費					1888.952	76.27	456.952	125.950	473.700	69.750	264.760	37.560	18.300	369.750

科目	預算數（元）		實支總數	每月實支數（元）									
	4月	5-8月	9-12月	預算總數		4月	5月	6月	7月	8月	9月	10月	11月	12月
津貼募捐款					1719.140			464	127	250	263.740	165	134.400	345
伙食津貼					140								35.823	104.795
總計	4000	15000	16000		117859.42	678.94	5137.166	12308.388	15419.760	15419.760	16110.227	12085/023	17966.534	24402.651

數據來源：江蘇省地方志編纂委員會：《江蘇省志 國民黨志》，江蘇人民出版社，2006 年，第 475 頁。

圖表 19：江蘇省政府公報所見特種刑庭判決書（1928 年 10 月至 12 月）

姓　名	罪　名	判　決	舉報者	判決時間及書號
朱桂生	附和反革命暴動	徒刑兩年	江蘇水上公安隊游擊隊第一分隊	1928 年 9 月 6 日第 179 號
陸子康沈阿大	附和反革命暴動；反革命團體	徒刑五年；徒刑十一個月	江陰縣政府	1928 年 9 月 6 日第 180 號
何紹咸何雲梯	加入反革命團體；宣傳不容於三民主義之主張	徒刑十一月又二十九日；徒刑一年	個人	1928 年 9 月 29 日第 202 號
胡阿根胡杏妹	反革命暴動；販運軍用物品附和暴動	死刑；徒刑十二面	無錫縣公安局	第 188 號（日期不詳，後同）
楊寶翰陳錦華吳惠文張阿林	參與反革命	徒刑十月及徒刑八月	江陰縣政府	第 195 號
劉夢鳴	土劣	徒刑四年，褫奪公權十年	蕭縣第六區黨部黨務人員等	第 199 號
劉寶林等	參加反革命暴動及反革命團體	徒刑六年；徒刑十月不等	江陰縣政府	第 206 號
袁子林	參加反革命暴動	徒刑一年	江陰縣政府	第 207 號
袁若盛	參加反革命暴動	徒刑三年	如　縣政府	第 212 號
吳淩虛李長恭	附和反革命行動	徒刑十五年；徒刑十年	個人	第 221 號

數據來源：《特刑地方法庭判決案三則》，《江蘇省政府公報》，1928 年 10 月 22 日，第
56 期；《特刑地方法庭判決書一束》，《江蘇省政府公報》，1928 年 11 月 12
日，第 59 期。另外還有 11 月江蘇省特種刑庭發佈的六件判決書中，全是
以「反革命」罪為判決依據，詳見《特種刑事地方法庭判決書六件》，《江
蘇省政府公報》，1928 年 12 月 3 日，第 62 期。而在兩廣地區，筆者查閱
1928 年 4 月至 10 月的《中央政治會議廣州分會月刊》，其中「司法」部分
關於特種刑庭的基本上屬於處理「反革命」案件，僅有 1 例是懲處土豪劣
紳的案件，即廣東新平縣長應特種刑庭之通緝拿辦當地土劣潘仿南。詳見
該刊第 10 期，1928 年 10 月 31 日。

致謝（代後記）

　　不知不覺，自己取得碩士學位已經三年了。在這短短的三年裏，我經歷了學生到老師，老師再到學生的重大角色轉變。莊子曾言：「吾生也有涯，而知也無涯」。之所以做出走下講臺「回爐再造」的決定，是因爲自己發現自身有太多的東西還需要進一步完善、充實，乃至提高。有句話說得好，人生路很長，但關鍵就那麼幾步。我走下講臺重返南大攻讀全日制博士學位的決定是否屬於關鍵的那一步，我不知道，我唯一能做的，就是踏實努力做好自己份內之事。至於其他，也只能盡人事，聽天命了。

　　我始終認爲我是幸運的。首先是自己未曾經歷祖輩風雲突變的命運轉折，至少還有機會走出連綿不絕的大巴山，親身去體會外面世界是否眞的精彩；其次是家人對我求學道路始終如一的支持。自己從小學、中學、本科、碩士、博士研究生一路走來，成爲我們那個家族中首個學士、碩士以及博士（生），爲父母帶來欣慰之餘，我也不會忘記他們由此所付出的汗水。他們已過知天命，看著同輩人含飴弄孫，他們內心也期盼漸近而立之年的我早日成家立業，但我重返校園的決定，至少推遲了他們實現這個願望的時間，爲此我始終對他們抱有深深的歉意。此外，姐夫岳興元、姐姐何麗君在我負笈遠遊之時，在照顧父母方面，分擔了許多原本由我承擔的義務；第三是自己求學道路上有幸領受諸位師長的諄諄教誨。四川師範大學歷史文化與旅游學院和南京大學歷史學系的老師們在我求學道路上的幫助可謂一言難盡；第四是在我的人生道路上，給予我關心與支持的諸位同道好友，我們時常談笑風生，時常坐而論道。我們相信，空間的距離，不會淡化彼此之間的友誼，只能使其更加回味悠長。由於篇幅所限，恕我在此無法一一列舉他們的名字；最後

我要特別感謝的是引領我在學術道路上前行的導師申曉雲教授。承蒙老師不棄，我得以在碩士、博士階段均受教門下，並且忝列她招收的最後一屆博士生之中。另外，各位同門師兄弟姐妹們，更是在老師的帶領下，大家親如一家，互相砥礪，共同成長。對於這些，我都始終懷著感恩之心，堅守「與人為伴，與人為善」的做人信念。

工作兩年的經歷，使我自己感悟頗深。在四川文理學院任教的兩年時間雖短，但讓我具備了作為一名高校教師所理應擁有的基本素質與技能。在工作中，我得到了來自學校、部門領導的關心和支持，使自己迅速站穩並站好講臺。這裡我要特別感謝同事段宏老師，雖然名義上是同事，但他對我來說可謂亦師亦友。在他那裡，我學會了如何處理好與領導、同事之間的關係，學會了怎樣去做好自己的職業規劃。在我彷徨繞榻之時，他給予了我及時、客觀、理性的分析。在那段時間裏，海闊天空地聊天，再加一杯清茶，往往能讓我們度過一個下午。四川文理學院中文系、初教系的同學們，在我博士論文的資料搜集階段，他們幫我做了大量的目錄索引，極大地為我節省了精力。特別是在我離開四川文理學院後，杜冬雪、楊藝菲、張紅、龍佳鈺等同學仍然在學業之餘，撥冗為我做好後續整理工作。另外，現為四川大學歷史文化學院博士生的鄒敏，時不厭其煩地幫助我解決一些日常瑣事。特在此一併致謝。

當然，最後還要感謝臺灣花木蘭文化出版社給予了我出版這篇碩士論文的機會。特別是該單位北京聯絡處主任楊嘉樂女士以及各位編輯老師，他們為出版事宜付出了很多辛勞。正是他們的大力幫助，才使自己出版夢想得以實現。為此，我向他們致以最誠摯地感謝。

何志明
2014 年 10 月 1 日於南京大學南園